大学体育与健康

主　编　王国旭　卢　博

重庆大学出版社

图书在版编目(CIP)数据

大学体育与健康 / 王国旭, 卢博主编. -- 重庆 : 重庆大学出版社, 2023.8

ISBN 978-7-5689-4012-2

Ⅰ. ①大… Ⅱ. ①王… ②卢… Ⅲ. ①体育—高等学校—教材②健康教育—高等学校—教材 Ⅳ. ①G807.4 ②G647.9

中国国家版本馆 CIP 数据核字(2023)第 119437 号

大学体育与健康

DAXUE TIYU YU JIANKANG

主 编 王国旭 卢 博

策划编辑:唐启秀

责任编辑:夏 宇 版式设计:唐启秀

责任校对:刘志刚 责任印制:张 策

*

重庆大学出版社出版发行

出版人:陈晓阳

社址:重庆市沙坪坝区大学城西路 21 号

邮编:401331

电话:(023)88617190 88617185(中小学)

传真:(023)88617186 88617166

网址:http://www.cqup.com.cn

邮箱:fxk@cqup.com.cn(营销中心)

全国新华书店经销

重庆升光电力印务有限公司印刷

*

开本:787mm×1092mm 1/16 印张:18 字数:441 千

2023 年 8 月第 1 版 2023 年 8 月第 1 次印刷

ISBN 978-7-5689-4012-2 定价:54.00 元

编委会

主　编　王国旭　卢　博

副主编　胡国华　刘国纯

参　编（排名不分先后）

谢　榭　刘　玲　高　琼　周艺文

李　玉　刘　璇　邵　杰　吴　婷

林　静　周　勇

前　言

教育是国之大计、党之大计。党的二十大报告通篇贯穿习近平新时代中国特色社会主义思想，描绘了全面建设社会主义现代化国家、实现第二个百年奋斗目标的宏伟蓝图，是我们党开启新时代新征程的政治宣言和行动纲领。报告从“实施科教兴国战略，强化现代化建设人才支撑”的高度，对“办好人民满意的教育”作出专门部署，凸显了教育的基础性、先导性、全局性地位，彰显了以人民为中心发展教育的价值追求，为推动教育改革发展指明了方向。高校是培养和造就人才的摇篮，大学体育是学校体育和社会体育的衔接点，作为学校体育的最后阶段，大学体育教育对大学生身心健康发展和自我完善起到了非常重要的作用。因此，必须构建一套与高校教育发展相适应，与“健康第一、终身教育”的新型体育教育思想相一致，与“着眼全体、尊重个体、全面发展”的素质教育理念配套的体育课程体系。

本书根据教育部印发的《全国普通高等学校体育课程教学指导纲要》等文件精神，明确了公共体育课在大学教育课程体系中的地位和作用，树立了体育课为专业课服务的理念，强调德育为先。要从学生身心特点和思想实际出发，持续深化思想政治理论课改革创新，用习近平新时代中国特色社会主义思想铸魂育人，推进思政课程和课程思政同向同行，把思想政治教育“小课堂”与社会“大课堂”在体育课堂上贯通起来，提高思想政治教育的亲和力和针对性，突出体育课的职业性特色。本书在学习、参考其他高等院校多年体育课程建设与教学改革经验的基础上，全面而系统地讲解大学生体育与健康知识。

本书以探索、改革、实践为思路，以促进学生体质健康为中心，构建具有职业服务功能的体育课程体系，注重学生个体的差异和未来职业的发展，内容简明扼要、通俗易懂，同时具有较强的可操作性、灵活性和实用性，便于学生掌握和运用，树立终身体育的意识，因此具有较高的推广和实践价值。

全书由王国旭和卢博负责拟订目录、编写提纲并统稿，具体分工如下：第1章—第4章、第12章、第14章—第16章由王国旭和卢博编写；第5章由高琼编写；第6章、第11章由刘璇编写；第7章由胡国华编写；第8章由谢榭编写；第9章由刘玲编写；第10章由邵杰编写；第13章由吴婷编写；第17章、第18章由李玉编写；刘国纯、周艺文、林静和周勇负责资料收集和整理等工作。

本书在编写过程中参考、引用和借鉴了一些书籍、资料，在此向有关作者致以谢意！由于编写人员水平有限，不妥之处恳请广大读者批评指正，以期再版时修改。

编　者

2023年5月

目 录

1
概　论

体育自产生以来，伴随人类文明的进步与发展已有几千年的历史。人们了解体育的产生和发展，认识体育的概念和组成，探索体育的本质和功能，领悟体育的真谛，以求不断提高对体育的认知，达到主动参与体育运动的目的，享受体育的力与美，从而对体育产生更深入的认识。

什么是体育？体育是一种特殊的社会现象，它是以锻炼身体、增强体质、增进健康为基本特征的教育过程和社会文化活动，可分为学校体育、社会体育和竞技体育。体育既受社会政治、经济的影响和制约，也为一定的社会政治、经济服务。

1.1 体育发展史

1.1.1 世界体育发展史

在古希腊,灿烂的文化、丰富的哲学思想和教育思想带来了体育的繁荣,各城邦之间的军事交战更加促进了人们对体育的重视。最典型的是斯巴达人,他们不仅重视尚武教育,还很注意优生。新生儿必须交送国家检查,体格强壮者才归还父母养育,患病或畸形的婴儿便被丢入山谷,任其死去。在古希腊人的祭祀活动中还诞生了辉煌的古代奥林匹克运动会,且延续千年之久,为人类体育的发展做出了贡献。

中世纪的欧洲,经济文化落后,除了在为统治阶级培养接班人的封建贵族子弟学校的骑士教育中进行体育教学外(规定了"骑士七技",即骑马、游泳、投枪、击剑、行猎、下棋、吟诗,其中有五项属于体育范畴),在一般教会学校的课程中没有发展体能的活动计划,即"没有体育的教育",致使普通人身体能力退化,加之不讲卫生,忽视疾病防治,造成流行病、传染病蔓延,民族体质日衰。

14—15世纪文艺复兴运动兴起于意大利,第一个倡导"三育"学说的是英国的哲学家、教育家洛克。他明确地把教育分成体育、德育和智育三个部分,强调"健全之精神寓于健全之身体",主张在宫廷训练学校开设体育课程。

18世纪,法国出现了以反对教学权威和封建制度为目的的启蒙运动,其代表人物之 一是法国的启蒙思想家、哲学家、教育家和文学家卢梭。他主张在教育上要顺应儿童的本性,让他们的身心自由发展。

19世纪,由于西欧资本主义发展的不平衡和民族主义倾向,各国之间接连发生战争(如克里米亚战争等),许多国家都遭受了战败的屈辱。正是强国强民的需要,迫使各国开始重视体育。作为人类社会财富的体育流传到欧亚美各洲,推动了世界体育运动的发展。正当欧洲各国纷纷采用和推广德国体操和瑞典体操时,英国由于其独特的社会条件,兴起了符合本民族特点的户外运动、娱乐和竞技运动。随着英国殖民主义的扩张以及斯宾塞教育理念的流传,英国的户外运动、娱乐和竞技运动逐渐在美国、欧洲大陆及其他国家和地区得到传播。

1.1.2 中国体育史

1. 中国古代体育发展史

当大多数人类的社会活动还只能勉强区分为求食(采集、渔猎)和攻防(对野兽和对其他人群的进攻和防卫)时,我们的祖先就发展了走、跑、跳、投、浮水等基本技能。甚至在10万年前,我们的祖先就用上了"飞石索"。弓弦箭的发明对社会生产力的发展带来了重大的影响。那时,体育作为一种社会现象开始以教育(从手段和内容上)或雏形娱乐的面孔登上人类历史的大舞台,从此人类有了萌芽状态的体育。

在奴隶社会,奴隶主阶级统治的需要和频繁的战争,刺激了军事武艺的发展和统治阶级对军队训练的重视。春秋时期出现了许多思想家、政治家和军事家,他们的哲学思想、军事思想、教育理论和体育实践,对这一时期的体育活动有很大的推动作用。如孙武不朽的军事经典《孙子兵法》,其中就有不少有关身体技能和训练的内容。孔子在他兴办的私学中除了进行六艺教育外,还主张学生郊游和游水。他本身也爱好射箭、打猎、钓鱼和登山等体育活动,注意卫生保健,因此身体强健。

特别值得注意的是汉代体育。由于汉代政策宽简,人民得以休养生息,出现了政治巩固、经济文化发展的“文景之治”。为了击退外族的侵扰,需要加强军备,使人民强身健体。正是以上两方面原因,促使汉代体育在先秦体育的基础上,获得了很大的发展。汉代雄厚的物质基础,使得宫廷和民间的娱乐性体育活动丰富多彩、种类繁多。其中有关体育的项目有角抵(包括角力、摔跤)、舞蹈(蹴鞠舞等)以及荡秋千、舞龙、耍狮、踩高跷等活动。有的活动在后世发展成为竞技运动项目,有的至今仍是人们喜闻乐见的传统娱乐活动。

两晋、南北朝时期,社会出现了混乱、分裂的局面。在体育活动方面,汉代那些能助人强身祛病的活动项目(如蹴鞠等)逐渐被废弃。但从另一个角度来看,这也促进了娱乐性体育和导引养生术的发展,如统治者提倡的弈棋、歌舞、百戏等。

隋、唐、五代时期,特别是从唐代“贞观之治”到“开元盛世”这百余年,全国统一,经济、文化、政治的发展都达到了鼎盛。在这种社会背景下,隋唐体育的发展出现了空前繁荣的景象。隋唐体育活动的特点是范围广、规模大,活动主体上起宫廷贵族,下至文官武将和平民百姓。同时,隋唐时期生产技术水平的提高,促进了体育场地和器材的改进,如唐代就出现了充气的足球和球门,以及用油料浇筑的球场。

到了宋、元、明、清时期,体育又随着社会的变革而发展变化。例如,由于北宋时沿袭了武举制,加上王安石变法,提倡富国强兵,对体育的发展起到了刺激作用。毕昇活字印刷术的发明,促进了体育图书资料的出版,对体育养生资料的挖掘、整理、研究和著述也有一定的推动作用。清朝是满族贵族建立的王朝,其中盛行于满族儿童之间的传统体育项目“嘎拉哈”及表现彩珠生活的“珍珠球”最具代表性。清军入关后,各种典章制度不断完善,体育活动也增加了宫廷的特点。每年冬至以后在太液池举行的冰嬉是清代宫廷重要的体育活动,其场面隆重、热闹。为了使八旗兵丁长久保持骑射等武功特技,清廷每年秋季均要举行规模宏大的木兰围猎活动。而“塞宴四事”[教跳(驯马)、诈马(赛马)、布库(相扑)、什榜(蒙古族音乐)]是围猎宿营时的必备节目。清代体育使中国古代体育活动得到了极大的丰富和发展,在中国古代体育史上占有重要的地位。但是,在乾隆之后,政治腐败,民不聊生,中国封建社会走向衰落。特别是清中叶以后,大量鸦片的输入毒害了广大人民的身体,加上清政府为了维护其统治,“禁民习武”,致使老百姓体质日衰,体育也由此一蹶不振。

2.中国近现代体育发展史

1)鸦片战争至辛亥革命时期的体育

第二次鸦片战争以后，清朝统治集团中产生了洋务派，在洋务运动中，西方近代体育被作为军事训练的手段首先引入中国。《光绪政要》一书反映出体育课的内容和要求是:“以升降娴其技艺，即以练其筋力，……日间中学西学，文事武备，量晷分时，兼程并课。”当时北洋水师学堂体育活动的内容有击剑、刺棍、木棒、拳击、羹匙托物竞走、跳远、跳高、跳栏、足球、爬桅、游泳、滑冰、平台、木马、单杠、双杠及爬山等。因此，洋务运动对西方近代体育的传入和中国近代体育的形成起了重要作用。

洋务运动在“中体西用”思想指导下引进部分西方近代体育运动，并未顾及它的意义和作用。中国真正传播西方近代体育思想的是维新派人士，包括康有为、梁启超、严复、谭嗣同等。维新派从德、智、体三育全面发展上宣传体育，为以后学校体育的实施创造了思想条件，他们的尚武强国论也成为军国民体育思想的先声。他们传播了西方近代体育并为培养体育人才做出了贡献。

鸦片战争以后，随着外国传教活动的扩展，中国出现了一批大、中、小学的教会学校。这些教会学校以课外活动方式开展田径、球类等运动，并进行校内、校际的一些竞赛活动，颇引人注目;而随后出现的基督教青年会为适应青年特点，对体育十分重视，为西方近代体育传入中国做了不少工作。

2)中华民国时期的体育

中华民国第五次全国教育联合会的决议案指出:“近鉴世界大势，军国民主义已不合新教育之潮流，故对学校体育自应加以改进。”

1919年五四运动作为伟大的政治革命运动与新文化运动，推动了中国近代体育的发展。五四运动作为一次反帝爱国运动，在体育上的反映就是首先促进了中国人收回体育主权。此后举办的各种体育比赛，逐渐改由中国人自己组织裁判，用中文制定规则，用国产体育器材，等等。随着科学和民主思想影响的扩大，体育越来越受到人们的重视，男女平等的思想观念也带动了女性体育的开展。在体育领域内部，隶属于“军国民主义”简单枯燥的兵式体操不再受欢迎。以强健身体为主要目的的活泼有趣的球类、田径等新鲜体育项目得到了推广。在五四运动前后，随着马克思列宁主义传入中国，也出现了一些科学论述体育的文章。

3)中国现代体育发展

1932年7月，在第10届洛杉矶奥运会上，中国代表团共6人，但运动员仅刘长春一人，在100米、200米预赛中，刘长春分列第五、第六名，惨遭淘汰。此次参赛开创了中国运动员参加奥运会比赛的历史，对中国体育发展影响深远。

1984年7月29日，中国体育代表团在第23届洛杉矶奥运会开幕后的第一天，便展示出新兴世界体育大国的风采。许海峰在男子自选手枪50米60发慢射比赛中获得金牌，实现了中华民族在奥运会上金牌及奖牌“零”的突破。现代体育的兴起是社会文明的标志之一，随着科学技术的进步和社会生活的需要，体育已成为一种普遍现象，渗透到各个阶层。

1.2 体育的概念、组成与功能

1.2.1 体育的概念

体育是通过有规则的身体运动改造人的“自身自然”的社会实践活动。体育的基本表现形式是人的有规则的身体运动,其基本任务是对人自身的改造,其作用对象是参与者的“自身自然”。体育是伴随人类社会的发展而逐步建立和发展起来的一个专门的科学领域。体育的概念有广义和狭义之分。

广义的体育也称体育运动,是指以身体练习为基本手段,以增强人的体质、促进人的全面发展、丰富社会文化生活和促进精神文明为目的的一种有意识、有组织的社会活动。它是社会总文化的一部分,其发展受社会政治和经济的制约并为社会政治和经济服务。

狭义的体育也称体育教育,是提高身体素质,增强体质,传授锻炼身体的知识、技能,培养道德和意志品质的教育过程;是教育的重要组成部分;是对人体进行培育和塑造的过程;是培养全面发展的人的一个重要方面。

1.2.2 体育的组成

体育的出现和发展,都是随着生产力的发展而发展的。它带有明显的社会特征,受一定的社会、政治、经济和文化的制约,并为之服务。体育是由学校体育、竞技体育和社会体育三个方面组成的。

1.学校体育

学校体育也称体育教育,是学校教育的重要组成部分,是全民体育的基础。作为教育和体育的交叉点和结合部,学校体育是国家体育事业发展的战略重点。学校体育教育主要通过体育课程、课余体育训练和课外体育活动等基本组织形式,以“增强体质、增进健康”为核心,全面实现学校体育的各项任务。

2.竞技体育

竞技体育也称竞技运动,是从体育实践中派生出来的。竞技体育是在全面提高身体素质的基础上,最大限度地挖掘身心潜能,以夺取优异运动成绩为目标而进行的科学训练和竞赛活动。作为全世界各国竞技体育的一大平台,现代奥林匹克运动会的口号是“更高、更快、更强——更团结”,原则是“公平竞赛”“参与比取胜更重要”。

3.社会体育

社会体育也称大众体育,是指以健身、娱乐、休闲、医疗和康复为目标的群众性体育活动。社会体育是活动内容广泛、表现形式多样、参加人数众多、适应性较强的一项群众性体育活动,是学校体育的延伸,也是现代体育发展的主要标志。

1.2.3 体育的功能

体育的功能取决于体育本身的特点和社会的需要,主要有健身功能、教育功能、娱乐功能、军事功能、经济功能、政治功能等。

1.体育的健身功能

强身健体是体育的本质功能。体育是以身体运动为基本形式,通过科学组合的身体锻炼给予各器官、系统以一定量和一定强度的刺激,促进身体在形态结构、生理机能等方面发生一系列适应性反应和趋优变化,从而增强体质、增进健康。健身功能是体育最基本、最直接的功能,是决定体育其他功能的基础。体育的基本活动方式是通过身体运动来完成的。人在进行身体运动时,机能和器官受到影响并产生适应性变化。适宜的体育运动使人体器官和身体机能产生良好的适应性变化,从而提高人的身体健康水平和适应能力。体育运动的形式多样,可使人体进行全面的活动,因此对人体可产生较为全面的影响。现代奥林匹克运动创始人顾拜旦在《体育颂》中写道:"啊!体育,你就是培育人类的沃地!你通过最直接的途径,增强民族体质,矫正畸形躯体;防病患于未然,使运动员得到启迪;……"毛泽东在《体育之研究》一文中指出:"体育于吾人实占第一之位置,体强壮而后学问道德之进修勇而收效远。"由此可见,强身健体是体育作用于人体所产生的最直接的功能。活动者通过参加体育活动对自己的身体进行改造。有关的研究和长期的实践表明,体育的健身功能可以从以下几个方面体现出来。

1)促进有机体的生长发育,改造人体骨骼和肌肉系统

体育运动能够促进人体新陈代谢,加速细胞增殖,引起细胞间质的增加,从而使人体的器官、系统结构产生适应性变化和机能的改善。骨骼是人体的支架,其生长发育不仅对人体形态有重要影响,而且对内脏器官的发育、对人体的劳动能力和运动能力都有直接影响。体育运动刺激骺软骨的增长,从而促进骨骼生长。科学研究证明,经常参加体育活动的青少年比一般青少年身高增长要快。同时,经常参加运动,还可以促使骨骼变粗,骨密质增厚,骨抗弯、抗折、抗压能力增强。实验证明,普通人的股骨承受300千克的压力就会折断,但运动员的股骨却可承受350千克的压力而不会折断。人体的任何运动都是通过肌肉工作来完成的,发达而结实的肌肉能提高劳动力和运动能力,也是人体美的重要体现。经常参加运动,可以改善肌肉的血液供应情况,增加肌肉内的营养物质,特别是蛋白质的含量,使肌纤维变粗,工作能力增强。一般的人肌肉重量只占体重的40%,而运动员肌肉重量可占体重的45%~50%。同时,运动还可以促使肌肉有更多的能量储备,以适应运动和劳动的需要,适应提高运动能力的需要。

2)改善人体内脏器系,增强机能能力

体育运动使人体能量消耗增加,新陈代谢旺盛,血液循环加速,从而使血液循环系统、呼吸系统、消化系统等系统的机能都得到改善,使内脏器官在构造上发生良性变化,机能能力

提高。如经常运动能使心脏产生运动性肥大,心肌增厚,心肌容积增大。在机能上,心脏的每搏输出量增加,而心搏频率减慢,出现“节省化”现象。肺的功能也会因运动而提高,肺活量增加,呼吸频率减慢而深度加大。

3)提高人体适应能力,增进健康水平

提高人体适应能力,增进健康水平。体育运动能增强人的免疫力,提高人体对疾病的抵抗能力;还能使人体在非常态(如倒立、悬垂、滚翻等)状况下得到锻炼。许多户外活动往往是在严寒、酷暑、高山、高空等条件下进行的,因而能提高人体对外界的适应能力。

4)调节人的心理,促进个体心理健康

运动能使人心情舒畅,精神愉快,调节人的某些不健康情绪和心理(如意志消沉和情绪沮丧)。美国心理学家德里斯发现,跑步能成功地减轻学生在考试期间的忧虑情绪。人们还发现有紧张烦躁情绪的人,只要散步15分钟,紧张情绪就会松弛下来。

2.体育的教育功能

教育功能是体育最基本的社会功能,人们高度重视体育在教育中的作用。

1)体育在学校中的教育作用

体育是学校教育中不可分割的重要组成部分。体育在学校教育中的主要使命是利用学生身心共同参与其中的有利条件,培养学生将来担任社会角色所必备的素质,以适应未来社会生活和工作的需要。要达到此目的,学校体育教育就要对学生进行政治思想、意志品质、道德情操和提高身体素质等方面的教育,使他们获得基本的体育理论知识、基本技术和基本技能,拥有良好的道德品质,学会科学锻炼身体的方法并养成锻炼身体的习惯。

2)体育在社会中的教育作用

体育能激发爱国热情、振奋民族精神;培养社会公德,培养集体观念和积极向上的进取精神。

3.体育的娱乐功能

体育有助于人们调节生活节奏,享受体育活动带来的身心愉快;加强人际交往和享受集体聚会的乐趣;挑战自我,体验创造人生价值的乐趣;欣赏体育的力与美,享受运动员的高超技艺和美的艺术。

4.体育的军事功能

加强体育训练是军事实战中攻防技术的需要,训练时可以最大限度发挥人的精神和身体能力。部分体育竞赛项目已成为军事体育运动项目并为军事服务。

5.体育的经济功能

体育产业迅速发展,已成为国民经济中一个庞大的产业体系;竞技体育的商业化已为体育竞赛注入了较强的生命力,通过体育直接盈利的契机仍被人们所利用。

6.体育的政治功能

体育服从政治的需要,同时充分利用体育也对政治有所影响。

1.3 高等学校体育

1.3.1 高校体育的目的和任务

1.高校体育的目的

高校体育以育人为宗旨,以运动和身体练习为基本手段,对大学生肌体进行科学的培育,使大学生在提高其生理潜能和心理潜能的过程中,进德、益智、促美,达到身心健康、全面发展的教育总目标。

2.高校体育的任务

增强学生体质、促进学生身心健康;促使学生努力掌握体育及体育卫生保健的基本知识、基本技术和基本技能;培养学生的道德意志品质;培养学生审美和创造美的能力;培养高水平运动员。

1.3.2 高校体育的基本途径

高等学校的体育目的和任务是不会自动实现的,必须通过多种多样的组织形式为其提供具体途径,并实施相应的教学计划才能得以实现。我国高校体育教育有以下四种基本组织形式。

1.体育课程

高校体育课程是我国高等学校教学计划的重要组成部分,是高校体育教育的中心环节,也是高校体育教育的最基本的组织形式,为确保高校体育的目的和任务的实现提供了具体的途径。

高校体育课程分理论课程和实践课程两部分。理论课程以讲解体育的基本知识和专项竞赛规则、基本技战术等为主要内容,并作为体育课程考核内容的一部分。实践课程则是以身体练习作为基本锻炼手段,通过提供体育锻炼所需的运动场地与设施,构成以教师为主导、学生为主体的专门教学过程。

2.课外体育活动

课外体育活动是体育课程的延续和补充,是高校体育教育过程中不可分割的环节,其目的在于增强学生体质,培养学生自觉锻炼身体的习惯,为实现高校体育目的和任务提供了又一重要途径。

3.课余体育训练

课余体育训练是指利用课余时间,对部分身体素质较好,并有运动专长的学生进行系统训练的一种专门教育过程。课余体育训练是学校体育的一种主要组织形式,也是高校体育贯彻普及与提高相结合方针的重要措施,其目的是提高学校竞技运动水平,推动群众性的体育活动广泛开展。

4.课余体育竞赛

课余体育竞赛是学校课外体育的组成部分,是实现学校体育目的的组织形式。它不仅具有活跃课余生活、振奋人心、鼓励激情、发展交往等作用,而且也是检查体育教学、体育锻炼及运动训练效果的一种重要手段。

1.3.3 高校体育工作对大学生的基本要求

1.树立正确的体育意识

随着现代科学文化的迅速发展,体育在现代社会中的地位和作用越来越被人们所重视,体育的作用和影响远远超出了文化和教育的范畴,具有广泛的社会学意义和心理学意义。体育是一种复杂的社会现象,体育意识作为人们的大脑对这一社会现象的反应自然也应该是十分丰富的。大学生的体育意识是指大学生对体育的认识和理解,主要包括理解体育运动的意义和作用,参与体育活动的欲望和要求等。

2.提高体育的基本能力

在学校体育教学中,加强终身体育意识及培养兴趣的同时,要注重学生体育能力的培养。教师应注意培养学生制订计划、积极组织和参加群体活动、进行体育理论知识学习等方面的能力,多途径、多渠道地培养学生自觉锻炼身体的良好习惯。

3.培养体育的兴趣和习惯

正确对待体育的兴趣和爱好。“人的本性是爱动的。”毛泽东同志早在1917年发表的《体育之研究》一文中强调“欲图体育之有效,非动其主观,促其对于体育之自觉不可”。领会其含义,有助于进一步认识到培养学生对体育的兴趣、爱好与帮助学生养成经常从事体育锻炼的习惯在奠定终身体育中的战略意义。以终身体育思想考察今日学校体育给我们以新的启迪,即“培养兴趣、发展爱好、形成习惯”——终身体育的三部曲,将其与增强体质、传授“三基”、培养优良的思想品德等学校体育的重要目标放在同等地位来考虑。

4.努力塑造强健的体魄,增强体质,增进健康

努力塑造强健的体魄,应视为我们接受体育教育的直接目标或首要任务。它既受高校体育本质功能的制约,又充分反映现代社会对提高人类自身素质的现实需要,自然也是新世纪对合格人才的基本要求。

大学阶段是塑造强健体魄的关键时期。大学生正处在青春后期和青年期，同化作用和异化作用基本平衡，生长发育日趋稳定，生理机能和适应能力发展到较高水平，这一阶段也是性发育成熟、生命活动最旺盛、身心健康加速发展的关键时期。高等学校开展体育教育的过程主要是在教师的指导下，大学生主动积极地学习和掌握体育与运动的基本知识、基本技术、基本技能的过程，促使大学生获得参与运动实践的本领和掌握身体锻炼的科学方法，这是一个参与运动、掌握技术、发展智力、增强体力的综合过程。再加上在高等学校校园体育文化整体氛围的影响下，树立正确的体育意识、提高体育的基本能力、培养体育的兴趣和习惯、塑造强健的体魄的基本要求，会在潜移默化的高校体育教育过程中，通过教师的引导和学生自身的主动陶冶来实现，从而真正地体现出体育教育使学生一生受益。

2
运动与健康

随着经济与科技的快速发展，电气化、机械化、自动化逐渐代替了人体的大部分动作，人体的运动逐渐减少。随着人们生活水平的提高，人体内吸收的高脂、高糖、高蛋白又因运动的逐渐减少而积聚增多，从而使人体的正常新陈代谢功能下降，肥胖症、糖尿病、高血压、脑卒中、心脏病等的发病率逐渐增高。

“生命在于运动。”体育运动是提高人体免疫功能、抵抗疾病入侵、延长寿命的重要手段。研究表明，经常运动的人无论细胞免疫功能还是体液免疫功能都优于一般人。

2.1 运动对增强体质的作用

2.1.1 运动对身体形态的作用

身体形态是指身体的外部形状和特征,主要包括体形、身体姿势、营养状况及身体成分等方面,反映了人体的生长发育水平。一般通过测量身高、体重、胸围、皮下组织等来考察身体形态的发育水平,其中身高、体重、胸围是衡量身体形态最基本的三项发育指标。良好的身体素质在身体形态方面表现为体形匀称、姿势正确、营养状况良好等。运动的主要作用有:①运动促进身体的发育;②运动增加肌肉的体积,增强肌肉的肌力和耐力;③运动促进身体姿态的协调和改善。

2.1.2 体育运动对身体机能的作用

身体机能是指人体在新陈代谢的作用下,各器官系统工作的能力。运动锻炼可以提高身体各器官的机能,尤其是神经系统、心血管系统和消化系统。

1.运动能改善和提高中枢神经系统的工作能力

①使人头脑清醒、思维敏捷。

②解除疲劳和精神紧张,改善睡眠。

③防止脑动脉硬化,维持大脑良好的血液供应。

④提高体温调节中枢的机能,增强人体耐寒耐热的能力。

2.运动能改善心血管系统的形态机构和机能

①提高心肌利用氧的能力。

②提高心力储备。

③降低血脂,减少心血管病的发生率。

3.运动能促进物质代谢,改善消化系统的功能

①运动使消化液分泌更多,消化管道的蠕动加强,肠胃的血液循环得到改善,消化酶和代谢中的酶的活性也有所提高。

②运动时呼吸加深、加快,膈肌上下移动和腹壁肌前后活动,对肠胃可以起到很好的按摩作用,因此对提高消化机能,促进食物的消化、吸收是很有利的。

2.1.3 运动对身体素质的作用

身体素质是指人体在活动中所表现出来的力量、速度、耐力、灵敏、柔韧等机能。身体素质是一个人体质强弱的外在表现。身体素质经常潜在地表现在人们的生活、学习和劳动中,

自然也表现在体育锻炼方面。一个人身体素质的好坏与遗传有关,但与后天的营养和体育锻炼的关系更为密切,通过正确的方法和适当的锻炼,可以从各个方面提高身体素质水平。

人体的适应能力表现在对自然环境的适应和对疾病的抵抗方面。人体长期在各种气候和环境条件下进行锻炼,能改善体温、调节机能,从而提高人体对自然环境的适应能力。同时,由于参加各种体育运动能够促进血液循环,加速新陈代谢,提高造血机能,从而提高身体对病毒、病菌的抵抗力和免疫力,能有效地预防包括“文明病”在内的多种疾病。

2.2 运动对心理健康的影响

心理健康是指心理的各个方面及活动过程处于一种良好或正常的状态。心理健康的理想状态是保持性格完美、智力正常、认知正确、情感适当、意志合理、态度积极、行为恰当、适应良好的状态。与心理健康相对应的是心理亚健康以及心理病态。心理健康从不同的角度有不同的含义,衡量标准也有所不同。

2.2.1 体育运动调节治疗心理疾病的基本原理

人的大脑与肌肉的信息是双向传导的,神经兴奋可以从大脑传至肌肉,也可以从肌肉传至大脑。肌肉活动积极,从肌肉向大脑传递的冲动就多,大脑的兴奋水平就高,情绪就会高涨;反之,肌肉越放松,从肌肉向大脑传递的冲动就越小,大脑的兴奋度就越低,情绪就不会高涨。体育运动之所以能有效地调节人的情绪,也就是运用了这一原理。

2.2.2 大学生心理疾病的主要类型及产生原因

1.焦虑症

焦虑是一种情绪反应,是个体对眼前或未来预感到的挫折的一种十分复杂的消极情绪状态。其主要原因是大学生对新的学习生活环境以及人际关系比较敏感。如新生对环境和学习的不适应,基础差的同学遇到困难和失败产生的自负和自卑心理,毕业生面临择业和对未来前途的担心忧虑,不合群导致的孤独感或恋爱问题上受到的挫折等都可能引发焦虑症。主要表现为患者终日惶惶不安、心烦意乱、提心吊胆,似乎预感到灾难将至,且经常无病呻吟、苦恼、自责,甚至恐惧,并伴有心悸、心慌、头昏、胸闷、呼吸困难、口干等症状。

2.抑郁症

抑郁是一种以情绪低落为主要表现的、对挫折情景产生的自我保护或防御性反应。大学生在遇到生活中的不幸遭遇、学习上的困难、家人的意外事件或恋爱上的失意时,尤其是在老师或同学面前自尊心受到打击或自我评价贬低时易出现抑郁症。抑郁症与个体的性格也有密切的关系,大多数患者是性格不开朗、好思虑、多愁善感和依赖性强的人,主要表现为患者对身边发生的事麻木冷漠、情绪低落、意志消沉、思维停滞、缺乏进取精神、随波逐流。

3.神经衰弱

神经衰弱是大学生中较常见的一种神经症，是由于某些精神因素使大脑神经活动长期持续过度紧张导致大脑兴奋和抑制功能失调而产生的。如大学生中常见的学习问题、人际关系问题、恋爱问题等在不能得到及时解决时易导致神经衰弱。此外，学习和生活的组织安排不当、忙乱无序，或者生活环境的突然改变，居住环境长期吵闹影响生活和休息的规律性等，也易导致神经衰弱。主要表现为注意力不易集中、记忆力差、心情紧张烦躁、头昏头痛、夜间不眠多梦、白天无精打采。

2.2.3 体育运动促进大学生心理健康

不同运动项目可以调节不良情绪和治疗不同的心理疾病，不同的体育运动项目可以锻炼和改善不同的心理机能从而缓解和治疗心理疾病。选择恰当的体育运动项目，积极参加并持之以恒，可以收到很好的效果。

1.对焦虑症的治疗

治疗焦虑症可选择趣味性较强或患者感兴趣的活动项目，如羽毛球、乒乓球、排球、篮球、游泳、爬山等，并采用强度大、速度快、幅度适中的动作练习。大强度活动时心率应达到160次/分钟，活动后要做足够的放松练习让全身得到充分放松。放松可采用小步慢跑，深呼吸走，敲、拍、抖全身肌肉等。

2.对抑郁症的治疗

治疗抑郁症可选择技巧性的集体项目，如足球、排球、篮球、乒乓球等。采用强度强弱、速度快慢、幅度大小相结合，内容变化多样的动作练习。活动持续时间应稍长，一般在40～50分钟，若身体状态较好时间可延长一些。大强度活动时，心率应达到160次/分钟。有意识地安排患者与他人合作完成活动任务，让患者通过体验合作后取得成功的喜悦来提高兴奋性。

3.对神经衰弱的治疗

治疗神经衰弱可选择患者感兴趣或重意念的活动项目，如长跑、自行车、游泳、太极拳、气功等，并采用强度适中、幅度大、速度和节奏缓慢的动作练习。活动时心率应控制在120次/分钟内。通过活动使情绪的兴奋性下降，把兴奋性控制在适中的水平。

2.3 科学锻炼的原则和方法

科学地进行体育锻炼，不但能促进大学生身心全面健康发展，而且有助于其顺利完成国家和学校规定的各项测试任务。当代大学生应该掌握体育运动的基本理论，了解科学锻炼身体的方法,努力提高基本身体素质,养成终身参加体育锻炼的习惯。

2.3.1 科学进行体育运动的基本原则

1. 自觉性原则

自觉性来源于目的性,明确体育运动目的的意义在于:有利于调动体育运动的积极性;有利于确定体育运动的内容、方法和运动负荷。要锻炼身体、锤炼意志,就必须持之以恒。“三天打鱼,两天晒网”或“一曝十寒”的做法是不会有任何成效的。无论是学习基本运动技能,还是提高运动技术水平,改善身体器官机能,提高身体素质,都需要坚持锻炼。

2. 全面性原则

人体是一个统一的有机体,因此要全面地改善身体机能,提高身体素质,掌握多种运动技能。我们从小锻炼身体,把身体练得结实健壮,是为了打好身体基础和更好地学习,也是为了将来实现中华民族伟大复兴的中国梦服务。所以在选择锻炼项目时,应从这个目的出发,不能单凭个人的爱好和兴趣,而要全面锻炼。例如把跑、跳、投掷、攀登、爬越等基本活动项目作为主要锻炼项目,还要根据性别、年龄、季节、环境来确定项目。

3. 渐进性原则

体育运动是一个适应过程,它既体现在整个运动过程中,也体现在每一次运动过程中。体育运动之所以能够增强体质,是由于其具有一定的刺激作用,使机体产生相应的变化。如运动负荷过小,则不能促进机体发生变化,达不到锻炼身体的目的;运动负荷过大,超过了机体承受的范围,则会引起不良的反应,出现血压降低、脉搏急促而微弱、面色苍白、出冷汗、头晕、恶心、睡眠质量差、食欲不振、长期不能消除疲劳等现象。怎样的运动负荷比较合适呢?一般来说,每次体育运动以后感到稍累,但没有上述不良反应,通过休息能较快恢复,这样的运动负荷基本是合适的。

4. 经常性原则

“用进废退”的生物学原理同样适用于体育运动。如何在体育运动中持之以恒? 强化体育意识,确定合理目标,选择适合自己的运动项目,把体育运动纳入作息时间表,结合日常生活进行体育运动。

5. 实事求是原则

一切从实际出发包括主观、客观两个方面。每次参加体育运动前,要根据体育项目的特点,活动一下相应的身体部位,即准备活动。人体各器官的机能有一定的生理惰性,准备活动是使人体从相对安静状态转换到活动状态,即使人体的“后勤部”(血液循环、呼吸等系统)动员起来,发挥最大的工作能力。在体育运动之后,要做好整理活动,特别是做放松动作和调整呼吸的动作(如深呼吸),这样能帮助补偿身体所欠的“氧债”,使呼吸和血液循环畅通,氧和养料供应充分,也能快速消除代谢产物,并有利于消除疲劳,使机体逐渐过渡到相对安静的状态。

2.3.2 体育锻炼的时间与内容

1.选择合理的体育锻炼时间

合理的体育锻炼时间如表2.1所示。

表2.1 合理的体育锻炼时间

早晨	机体状态欠佳、空气质量差，不宜剧烈运动
下午	机体状态良好，空气质量较好，可作为主要的体育运动时间
晚上	机体状态一般，因接近睡觉时间，不宜剧烈运动

2.选择合适的体育锻炼内容

选择体育锻炼内容的要求：①重视性别、年龄、健康状况的差异；②重视劳动性质和工作条件的差异；③充分利用现有的条件，尤其是自然条件。

3.体育锻炼内容的分类

体育锻炼内容的分类如表2.2所示。

表2.2 体育锻炼内容的分类

按能量代谢体系分类	有氧代谢类	长跑、健美操、自行车
	无氧代谢类	短跑、举重、拳击
按目的分类	竞技类	篮球、足球、乒乓球
	健身类	健身走、健身跑、太极拳
	健美类	形体操、健美操
	休闲类	保龄球、台球、飞镖
	康复类	气功、医疗保健操
	极限类	登山、攀岩、潜水

2.3.3 体育锻炼的方法

1.科学把握适宜的运动负荷

①运动强度：运动强度是指锻炼者练习时的用力紧张程度。一般通过测量心率监控运动强度。在有氧代谢条件下运动的强度是最适宜的健身运动强度。

②运动密度：运动密度是指课中用于各项活动的时间（包括教师指导、学生练习、相互帮助与观察、练习后的休息及组织措施等）与课程总时间的比例。

③运动持续时间：运动持续时间与运动强度直接相关，强度越大，运动持续时间就越短；强度越小，运动持续时间就越长。

④运动频率:运动频率是指每日或每周运动的次数。每日可以1～2次,每周可以3～5次,应根据运动量的大小和身体的状况而定。有氧运动的项目最好隔天一次效果更佳。

2. 掌握适当的运动时间

运动时间一般根据运动强度而定,每次5分钟以上都属于有效范围。青少年可采用大强度、短时间的练习,体弱者及老年人宜采用低强度、长时间的练习。条件允许的情况下,以30分钟至1小时为佳。运动时间与运动强度如表2.3所示。

表2.3 运动时间与运动强度

运动强度	运动时间				
	5分钟	10分钟	15分钟	30分钟	60分钟
小	70%	65%	60%	50%	40%
中	80%	75%	70%	60%	50%
大	90%	85%	80%	70%	60%

注:运动强度以最大摄氧量的百分比表示。

3. 合理安排体育运动的次数

前次体育运动产生的疲劳基本消除即可进行下一次体育运动。每周至少锻炼一次,最好不少于三次。运动量大,间隔时间长;运动量小,间隔时间短。

2.3.4 提高身体素质

在神经系统支配下,人体运动系统表现出的速度、力量、耐力、灵敏性、柔韧性等,是身体素质的重要内容。其中力量、速度、耐力是最基本的三项身体素质。身体素质发展得越充分,机体就能发挥出越大的活动能力,越能表现出良好的运动技能。

1. 力量素质

1)影响力量素质的主要因素

①肌肉的生理横断面。肌肉的收缩力与其横断面大小成正比,横断面越大,肌肉的收缩力越大。

②肌肉收缩前的初始长度。在一定范围内肌肉收缩前的初始长度越长,收缩力越大。

③机体的物质储备与供应条件。

④神经系统的调节作用。

2)发展力量素质的方法

发展力量素质的方法如表2.4所示。

表2.4　发展力量素质的方法

	力量素质	速度素质	耐力素质
强度	大(80%～100%)	中(60%～80%)	小(40%～60%)
组数	多(6～10组)	中(4～6组)	少(2～4组)
次数	少(1～5次)	较多(5～15次)	多(15～30次)
速度	混合速度	快速	快速或者慢速
密度	较大	中等	较小

3)增加肌肉体积的方法

用中、小重量(大体上只能重复8～12次的重量)使肌肉工作到极限。完成3～5组,可以增加肌肉的围度。

发展力量素质的注意事项:肌肉力量提高,必须不断加大负荷,以提高肌肉负荷能力;练习时间安排,以隔日练习为好;注意全身协调发展,大肌肉群、小肌肉群、上下肢肌肉群均衡发展;练习后必须放松肌肉。

2.速度素质

1)影响速度素质的主要因素

①机体能量供应特点。速度练习时间短、强度大,机体在无氧条件下工作。因此,要求有较强的无氧代谢能力。

②肌肉自身特点。肌纤维有白纤维和红纤维两种。白纤维适于快速用力,但易疲劳。红纤维可长时间工作,但力量小、速度慢。如白纤维在肌肉中占优势则是良好速度素质的物质基础。

③神经调节作用。速度取决于神经系统的灵活性、准确性、协调性和同步作用。

2)发展速度素质的方法

①发展快频率练习。如快速高抬腿跑、快速小步跑等。

②发展爆发力练习。主要是快速力量练习,即在不降低速度的条件下加大负荷量的练习。如徒手或负重的跳跃练习等。

③提高无氧代谢能力的练习。多采用重复跑、间歇跑等方法。

3.耐力素质

1)影响耐力素质的主要因素

①心血管系统和呼吸系统的功能。

②大脑皮层运动中枢机能的稳定性。

③肌肉中红纤维所占的比例。

④机体内能量物质储备水平。

⑤心理素质水平。

2）发展耐力素质的方法

一般来说，进行中速运动或是匀速跑步，脉搏保持在150次/分钟的训练对耐力的增长较为有效。其练习内容有折返跑、中长距离跑、定时跑、马拉松跑、爬山、越野跑等。

2.3.5 加强体育运动的计划性

1.制订体育运动计划的注意事项

①从个人实际出发，选择合理的内容、方法、时间，制订切实可行的计划。

②个人兴趣与全面发展相结合。

③课外体育锻炼、体育课与学生体质健康标准的要求相结合。

④注意计划的系统性、科学性，留有余地。

⑤合理安排运动量。

2.制订体育运动计划的步骤

①自我测评。

②确定目标。

③制订计划。

④实施计划。

⑤检查评价。

⑥修订计划。

⑦继续实施。

2.4 体育锻炼效果的评定

体育锻炼的目的是增强体质，提高各器官系统的机能，而要验证体育运动对身体机能的良好影响，就要对体育锻炼进行客观评定。体育锻炼效果是指经常参加体育锻炼者在体育锻炼的影响下各器官、各系统在形态、结构和机能等方面所产生的适应性变化和良好反应。评定体育锻炼效果的指标有许多，这里我们主要介绍一些比较容易测定又客观的生理指标。

2.4.1 身体体形指标评定

1.身高标准体重

身高标准体重如表2.5所示。

表 2.5　身高标准体重

标准体重(男)	[身高(厘米)-100]×0.9(千克)
标准体重(女)	[身高(厘米)-100]×0.9(千克)-2.5(千克)
正常体重	标准体重±标准体重×10%
超重	大于标准体重10%
轻度肥胖	大于标准体重20%
中度肥胖	大于标准体重30%
重度肥胖	大于标准体重50%以上

注：体质指数（Body Mass Index，BMI）：计算一个人身高和体重比例的工具。BMI的数据对于大多数人来说是一个可靠的测量身体脂肪含量的方法。

BMI范围:<18.5体重过轻,18.5～24.9正常体重,25～29.9初期肥胖,>30肥胖。

2.维尔维克指数

维尔维克指数主要反映人体的长度、宽度、围度、厚度和密度,即身体匀称度,与心肺机能有着密切关系。可作为营养指数,能较好地反映体格状况和体质水平。

$$维尔维克指数 = \frac{体重(千克) + 胸围(厘米)}{身高(厘米)} \times 100$$

女性三围理想标准如下:

$$胸围(厘米) = 身长(厘米) \times 0.535$$
$$腰围(厘米) = 身长(厘米) \times 0.365$$
$$臀围(厘米) = 身长(厘米) \times 0.565$$

注:实际计算得出的指数与标准指数±3厘米均属标准。小于5厘米,说明过于苗条(偏瘦);大于5厘米,说明过于丰满(偏胖)。

2.4.2　身体机能指标评定

1.肺活量体重指数

肺活量体重指数反映人体的肺通气功能,是评价人体心肺功能的一个重要指标。

$$肺活量体重指数 = \frac{肺活量(毫升)}{体重(千克)}$$

2.台阶试验指数

台阶试验指数是反映人体心血管系统机能状况的重要指数。

$$台阶试验指数 = \frac{踏台上下运动的持续时间(秒) \times 100}{2 \times 3次测定脉搏的和}$$

3. 脉搏的测定

①普通人安静时的脉搏约为75次/分钟，运动员特别是长期从事耐力项目训练的运动员为40～50次/分钟或更少。

②运动时或运动后的即时脉搏，普通人可达到160～170次/分钟，运动员可达到200次/分钟以上。

③运动后的恢复脉搏，由运动停止的即时脉搏降低到运动前时脉搏，其恢复时间应不超过5～6分钟；运动后的次日晨脉，波动次数应不超过通常晨脉的2次/分钟。

2.4.3 身体素质指标评定

1. 立定跳远

主要反映人体下肢肌肉的爆发力及身体协调能力的发展水平。

2. 握力体重指数

主要反映人前臂和手部肌肉的力量，同时也与其他肌群的力量有关，而且还是反映肌肉总体力量的一个很好的指标。

$$\text{握力体重指数} = \frac{\text{握力(千克)}}{\text{体重(千克)}} \times 100$$

3. 12分钟跑评定法

通过12分钟跑的距离来评定一个人的工作能力和锻炼前后的体质变化，如表2.6所示(此法国外较流行)。

表2.6 12分钟跑评定法 单位：米

	极差	差	稍差	好	极好
男性(30岁以下)	<1 600	1 600～1 999	2 000～2 399	2 400～2 799	≥2 800
女性(30岁以下)	<1 500	1 500～1 799	1 800～2 199	2 200～2 599	≥2 600

除上述检测评定方法外，还可以通过观察锻炼前后的自我感觉如食欲、睡眠、情绪、心率等变化情况进行锻炼效果评定。

3 体育卫生与安全

学校体育是在以学校教育为主的环境中，运用身体运动、卫生保健等手段，对受教育者施加影响，促进其身心健康发展的有目的、有计划、有组织的教育活动。在这个过程中，卫生习惯的养成和运动安全的保障是受教者能否健康、愉悦地完成相关活动内容的关键。

体育运动必须遵循人体生理变化的规律，符合运动卫生的要求，才能有效地增强体质，防止运动损伤和疾病的发生。

3.1 体育卫生保健常识

3.1.1 体育锻炼保健卫生

1.女性锻炼保健卫生

1)制订适合自己的锻炼计划和选择科学的锻炼方法

女性在青少年时期,骨盆尚未发育完全,不要过多地进行负担量过大的练习或做过量的负重练习,最好避免采用剧烈震动和引起腹内压升高的身体练习,如高跳、举重和憋气的练习。青春后期可多从事一些增强腰背肌、腹肌、盆底肌肉的练习和增强上肢力量的练习。由于女性循环系统和呼吸系统机能较差,在体育锻炼中,要掌握适宜的运动量。运动量过大,不利于女性的健康和身心发展,运动量过小则达不到锻炼效果。因此,要因人制宜,从个人的身体实际情况出发,制订适合自己的锻炼计划和选择科学的锻炼方法。

2)月经期锻炼注意事项

月经是女性正常的生理现象,在月经期间,人体一般不会有明显的生理机能变化。所以,身体健康的女性在月经期间不必完全停止体育锻炼。进行适度的体育锻炼不仅可以改善盆腔的血液循环,减轻盆腔充血现象,而且由于腹肌和盆底肌的收缩与放松活动,还能对子宫起到柔和的按摩作用,有助于经血的排出。但女性在月经期间参加体育锻炼应注意以下几点:

①运动量要适宜。在月经期间参加体育锻炼,运动量应小些,锻炼时间也不宜太长,应避免从事强度大或震动大的跑跳动作,如速度跑、跨跳等,也不要做使腹内明显增压的憋气和静力性动作,如推铅球、俯卧撑、倒立、收腹等,以免子宫受压、受推而引起经血过多或子宫位置改变。

②月经期间不宜游泳,因为月经期子宫口开放,子宫内膜破裂出血,如果这时参加游泳活动,病菌容易侵入内生殖器官,引起炎症性病变。

③月经期间要避免寒冷刺激,如冷水浴锻炼,以免发生痛经、闭经或月经淋漓不尽等。月经期间也不宜进行日光浴锻炼。

④如遇月经紊乱、痛经等现象发生时,则应暂时停止体育锻炼。

3)痛经发病原因和体育疗法机理

女性痛经是妇科的一种常见病。一般是由于内分泌失调,体质虚弱和缺乏运动所致。其症状主要表现为腰部酸痛、小腹痛、腹部下坠感、精神不振、乏力、头晕等。

体育疗法治疗妇科病的价值早已为国内外所公认。体育疗法主要在于通过多种专门性练习,以改善盆腔血液循环,纠正子宫位置,减轻盆腔内压、会阴部下坠感、尿频、痛经、腰酸等症状。

4)痛经体育疗法

①提肛缩肾法。坐位(立、卧位亦可),全身放松,意念肛门,做提肛缩肾收腹动作。提肛时吸气,放松时呼气,依次反复练习。

②增强腹肌、膈肌法。屈膝仰卧位,两臂放于身体两侧,用力下压,同时腹部抬起成桥形,稍停后放下。依次练习,略感疲劳为度。

③仰卧位,两手放于枕后,做两腿依次上举练习。或两腿同时上举,或两脚夹住实心球上举,以增加难度,然后慢慢放下。

5)痛经体育疗法的注意事项

女性痛经病情各异,上述练习大多在特殊体位下进行,要求患者必须树立信心,持之以恒。整个疗程的运动量由小逐渐增大,心率一般控制在130次/分钟左右,以稍微出汗和疲劳为度。动作要正确、协调,活动幅度逐步增大。练习结束后,要做腹部放松运动。

2.体育锻炼环境卫生

1)气候变化与健康

自然界气候的变化是多种多样的,对于这种变化,一般情况下人们基本都能适应。但有时会出现时令与气候反常的现象,由于人体一时适应不了,就有可能导致疾病。寒潮袭来,突然降温,会使人体呼吸道的抵抗力降低,容易使人伤风感冒和发生气管炎等疾病。热浪天气,不仅容易使人中暑,也会使慢性病患者病情加重。因此,遇有这样的天气和四季气候的变化时,人体有一个适应的过程。为了顺应春温、夏热、秋凉、冬寒的气候特点,一般应"春夏宜凉,秋冬宜温",尤其贵在"温凉适中",这样就可以保持身体健康。

2)空气与健康

空气是人类赖以生存的物质。成人每天吸入空气量约为15立方米,空气对人体健康有举足轻重的影响。新鲜空气含有21%的氧,还含有大量的负离子。氧是人体生命活动所需的重要物质。负离子能调节大脑皮层的功能,振奋精神,消除疲劳,提高学习和工作效率;能降低血压,改善睡眠;能改善肺的呼吸功能,提高基础代谢率;还能提高免疫系统的功能,增强人体抵抗力。空气负离子对人体健康大有裨益,有人誉之为"空气维生素"。

当空气中的污染达到一定浓度时,就会对人体产生危害。这些危害来自自然污染、人为污染和生产污染。在生活中要提防污染的空气侵害我们的机体。为了身体健康,应当注意保持室内空气新鲜。为此,要注意经常打开窗户通风换气,同时避免在室内吸烟,以防烟雾弥漫,危及健康。尘埃也会污染室内空气,它还充当各种病菌的庇护所和传播者,因此,要经常洗擦家具和扫地,保持室内洁净。有条件时,还可相应采取一些净化措施,见表3.1。

表3.1 典型环境中空气负离子浓度比较

环境	空气负离子浓度（个/立方厘米）	环境	空气负离子浓度（个/立方厘米）
海滨、瀑布、森林	1 000 ~ 2 000	绿化地带	200 ~ 400
乡村	1 000 ~ 5 000	城市办公室	100
旷野、郊区	700 ~ 1 000	城市房间	40 ~ 50
公园	400 ~ 1 000	工业净化区	0

3.运动场地卫生要求

运动场地周围应合理栽种各种树木，这样可以改善体育场地的空气环境。

室外篮球、排球、网球场，以硬质为宜，场地须结实平坦，不应有浮土。足球场最好是草皮场，要求保持平整，地面上不应有石子、杂物和垃圾。田径场的跑道应平整、结实而富有弹性，没有浮土，并保持一定的干湿度。在跳远坑里，应垫上干净的沙子，使用前应将沙子掘松，用耙子理平。投掷标枪、铁饼、铅球的区域，地面要平整，铁饼投掷区应三面围上铁丝网。

体育馆应有完善的通风和照明设备，如果没有机械通风设备，应经常开窗通风换气。体育馆内应经常保持清洁卫生。馆内应设有更衣室、温水淋浴室和厕所。

3.1.2 运动保健必备常识

1.定期进行体格检查

为了了解体育锻炼对增强体质的功效，了解运动中身体健康和机能的变化状况，检查锻炼的方法是否正确、运动量是否适宜等，应定期进行体格检查，从而进一步修订体育锻炼计划和改进锻炼方法。

2.运动前要做好准备活动

准备活动是指在体育锻炼或运动训练前所进行的一系列身体练习，其目的在于使身体各器官系统机能迅速地进入工作状态。准备活动的作用在于提高中枢神经系统的兴奋性；扩大肌肉、肌腱和关节的活动范围；克服内脏器官机能的惰性，加强心血管和呼吸器官的活动能力，使机体各方面的功能达到适应锻炼或训练时的要求，预防或减少肌肉、关节和韧带的损伤。准备活动量大小和时间长短，应根据锻炼项目、内容、强度以及季节、气候的不同而有所差异，一般达到微微出汗，身体各大肌肉群和韧带、关节都得到适量的活动，感到灵活、舒适即可。

3.运动后要做整理活动

运动结束时，应做些身体放松的练习，这样可使人体更好地从紧张的运动状态逐渐过渡到相对的安静状态。整理活动是促进体力恢复的一种有效措施。因为运动对身体所引起的一系列生理变化并不会随着运动的停止而同时消失。如呼吸和血液循环等机能变化,在运动停止后还会维持在较高的水平上,需要有一个恢复过程。同时,通过整理活动,可以改善肌肉的血液循环,使肌肉中血液畅通,有利于偿还氧债,排出二氧化碳和清除代谢产物,以减轻肌肉酸痛和消除疲劳。

4.饭后不宜剧烈运动

有些人常常放下饭碗就去打球或从事一些剧烈的运动,这是不符合卫生要求的。因为饭后胃肠道已开始紧张地工作,毛细血管开放,大量血液流入消化器官。此时若进行剧烈的运动,大量的血液就要从胃肠道流进骨骼肌,使消化机能减弱。长此以往,轻则引起消化不良,重则导致消化道慢性疾病,如胃炎、胃溃疡等。同时,饭后胃内充满了食物,进行剧烈运动时,由于食物的重力和运动的颠簸作用,会牵拉肠系膜,容易引起腹痛。因此,应当避免饭后进行剧烈运动。

5.运动饮水卫生

参加体育锻炼时,由于出汗多,需要补充水分,不然会造成机体缺水,影响正常生理机能活动,导致全身无力、口唇发干、精神不振和疲劳等现象。但剧烈运动时和运动后,均不宜一次性大量饮水。如果在运动中大量饮水,会使胃部膨胀,妨碍膈肌的活动,影响呼吸,不利于运动。同时,大量饮水会使血液量增多,增加心脏、肾脏的负担,有碍健康。运动时的饮水应以少量、多次为原则,同时应饮接近于血浆渗透压的淡盐开水或饮料,以保持体内水盐的平衡。

6.运动衣着卫生

服装能保护人体免受外界环境的各种不良影响。服装的保温性、透气性、吸湿性、溶水性和其他性能,均具有重要的卫生作用。因此,运动时穿的衣服要轻便、舒适。经常从事体育锻炼的人,要勤洗勤换运动衣裤,尤其是内衣裤,以免汗液和细菌侵害机体健康。

鞋子的尺寸应以合适为原则。鞋号大了,运动不便,容易发生踝关节扭伤;鞋号小了,容易挤压足部血管,影响足的正常功能和发育。从卫生学的观点看,运动鞋应当轻便、富有弹性、具有良好的透气性,不要穿硬底鞋锻炼。另外,穿用的袜子应当通风良好,吸汗性强,而且干净、柔软、有弹性。

3.2 运动损伤的预防与处理

3.2.1 产生运动损伤的原因

造成运动损伤的原因是多方面的,既与锻炼者的运动基础、体质水平有关,也与运动项目的特点、技术难度以及运动环境等因素有关。

①思想麻痹大意是所有运动损伤因素中最主要的因素。其中包括运动前不检查器械、

预防措施不得力,好胜好奇,盲目和冒失地运动。

②运动前准备活动不充分,特别是缺乏针对性准备活动,使运动器官、内脏器官机能没有达到运动状态,易造成损伤。

③运动情绪低下,或在畏难、恐惧、害羞、犹豫以及过分紧张时易发生伤害事故。有时缺乏运动经验、缺乏自我保护能力也会致伤。如摔倒时用肘部或直臂撑地,造成肘关节或尺骨、桡骨损伤。

④运动中不按科学方法练习,超负荷以及技术动作错误等都可造成损伤。如投掷铁饼或标枪时上臂外展,屈肘小于90°,肘部低于肩部时,容易造成肌肉拉伤,甚至肱骨骨折。

⑤运动场地狭窄,地面不平坦,器械安置不当或不坚固,锻炼者拥挤或多种项目在一起活动,容易相互冲撞致伤。

⑥空气污浊、噪声、光线暗淡、气温过高或过低,以及运动服装不符合要求等原因,都可直接或间接造成损伤。

3.2.2 运动损伤的预防

①加强运动安全教育,克服麻痹思想,提高预防损伤的意识。

②认真做好准备活动,对可能发生运动损伤的环节和易伤部位,要及时做好预防措施。

③合理组织安排锻炼,合理安排运动量,防止局部运动器官负荷过重。

④加强保护与帮助,特别要提高自我保护能力。如摔倒时,立即屈肘低头,团身滚动,切不可直臂或肘部撑地。由高处跳下时,要用前脚掌着地,注意屈膝、弯腰,两臂自然张开,以缓冲和保持身体平衡。

⑤消除场地设备隐患,防止重大伤害事故发生。

3.2.3 常见的运动损伤

1.软组织损伤

这类损伤可分为开放性损伤和闭合性损伤两类。前者有擦伤、撕裂伤、刺伤等;后者有挫伤、肌肉拉伤、肌腱腱鞘炎等。

1)擦伤

原因与症状:因运动导致皮肤擦伤。如跑步时摔倒,在体操运动中身体擦磨器械受伤,擦伤后皮肤出血或组织液渗出。

处置办法:小面积擦伤,用红药水涂抹伤口即可;大面积擦伤,先用生理盐水洗净伤口,后涂抹红药水,再用凡士林油纱布覆盖,最后进行包扎。

2)撕裂伤

原因与症状:在剧烈、紧张运动时,或突然受到强烈撞击时,造成肌肉撕裂。其中包括开放伤和闭合伤两种。常见的有眉际撕裂、跟腱撕裂等。开放伤顿时出血,周围肿胀;闭合伤触及时有凹陷和剧烈疼痛。

处置办法：轻度开放伤，用红药水涂抹伤口即可；伤口大时，则需止血和缝合伤口，必要时注射破伤风抗毒血清，以防破伤风症。如肌腱断裂，则需手术缝合。

3）挫伤

原因与症状：因撞击器械或练习者之间相互碰撞而造成挫伤。单纯挫伤在损伤处出现红肿，皮下出血，并有疼痛感。严重挫伤合并某些器官损伤时，则出现头晕、脸色苍白、心慌气短、出虚汗、四肢发凉、烦躁不安等症状，甚至休克。

处置办法：在24小时内冷敷或加压包扎，抬高伤肢或外敷中药。24小时后，可按摩或理疗。进入恢复期可进行一些功能性锻炼。如果怀疑内脏有损伤，则作临时性处理，再送医院进行检查和治疗。

4）肌肉拉伤

原因与症状：通常在外力直接或间接作用下，肌肉过度主动收缩或被动拉长易引起肌肉拉伤。特别是准备活动不充分者，动作不协调者以及肌肉弹性、伸展性、肌力差者更易被拉伤。损伤后伤处肿胀、压痛、肌肉痉挛，触诊时可摸到硬块，严重时肌肉被撕裂。

处置办法：轻者可即刻冷敷，局部加压包扎，抬高伤肢，24小时后可施行按摩或理疗。肌肉已大部分或完全断裂者，在加压包扎急救后，应立即送医院进行手术治疗。

2.关节、韧带损伤

运动损伤中，关节、韧带损伤最常见，单纯的韧带、关节损伤少见，多是关节和软组织的复合损伤。

1）肩关节扭伤

原因与症状：一般因肩关节用力过猛以及反复劳损所致。也可因技术错误，违反解剖学原则而造成损伤。如投掷、排球扣球、大力发球时常出现此类损伤。其症状有压痛、疼痛，急性期有肿胀，慢性期三角肌可能出现萎缩，肩关节活动受限。

处置办法：单纯的韧带扭伤，可采用冷敷，加压包扎。24小时后可采用理疗、按摩和针灸治疗。出现韧带断裂时，应立即送医院进行缝合和固定处理。当肩关节肿胀和疼痛减轻后，可适当进行功能性锻炼，但不宜过早活动，以防转入慢性。

2）髌骨劳损

原因与症状：髌骨劳损是膝关节长期负担过重或反复损伤累积而成的，直接外力撞击也可致伤。如篮球滑步急停，跳高和跳远时踏跳不合理或摔倒受击，都可导致这种损伤。

处置办法：采用中药外敷、针灸、按摩等。平时加强膝关节肌群力量练习，如采用高位静力半蹲，每次保持3～5分钟即可。病情好转时，可逐渐增加练习时间，每日进行1～2次。

3）踝关节扭伤

原因与症状：运动中跳起落地时失去平衡，使踝关节过度内翻或外翻致伤。在准备活动不充分、场地不平坦的情况下，容易造成此类损伤。其主要症状为伤处疼痛、肿胀、韧带损伤处有明显压痛，皮下瘀血。

处置办法：受伤后，应立即冷敷，用绷带固定包扎，并抬高伤肢。24小时后，根据伤情采取综合治疗，如外敷伤药、理疗、按摩等，必要时作封闭疗法。待病情好转后，进行功能性锻炼。对严重患者，可用石膏固定伤处。

4）腰部损伤

原因与症状：运动时，身体重心不稳定或肌肉收缩不协调，容易引起腰部扭伤。多数损伤因腰部受力过重，或脊柱运动时超过了正常生理范围所致。例如，挺身式跳远中，展体过大；举重上挺时，过分挺胸塌腰；跳水时，下肢后摆过大，都有可能造成腰部扭伤。损伤后，当场会感到疼痛，有时能听到瞬间"咯咯"的响声，有时会出现腰部肌肉痉挛和运动受限。

处置办法：腰部急性扭伤后，让患者平卧，一般不应立即扶动。如果剧烈疼痛，则用担架抬送至医院诊治。处理后，应卧硬板床或在腰后垫一枕头，使肌肉韧带处于放松状态；也可针灸、外敷药或按摩。

3.关节脱位

原因与症状：因受外力作用，关节面失去正常的连接关系，称关节脱位或脱臼。关节脱位可分为完全脱位和半脱位（或称错位）两种。严重的关节脱位，伴有关节囊撕裂，甚至会损伤神经。运动中发生的关节脱位，大多是间接外力撞击所致。如摔倒时，用手撑地，引起肘关节或肩关节脱位。关节脱位后，常出现畸形，与健肢对比不对称，因软组织损伤而出现炎症反应，局部疼痛、压缩和关节肿胀，并失去正常活动功能，甚至发生肌肉痉挛等现象。

处置办法：用长度和宽度相称的夹板固定伤肢。如果没有夹板，可将伤肢固定在自己的躯干或健肢上，防止震动，随后及时送医院治疗。如果没有把握做整复处置，切不可随意做整复手术，以免增加伤害。

4.骨折

原因与症状：运动中，身体某部位受到直接或间接的暴力撞击时，易造成骨折。例如，踢足球时，小腿被踢，造成胫骨骨折；摔倒时，手臂直接撑地引起尺骨或桡骨骨折；跪倒时，易造成髌骨骨折等。

骨折是比较严重的损伤，但发病率很低。骨折分不完全性骨折和完全性骨折两种。常见的骨折有肱骨骨折、前臂骨骨折、手骨骨折、大腿骨折、小腿骨折、肋骨骨折、脊柱骨折等。骨折发生后，患处立即出现肿胀，皮下瘀血、剧烈疼痛（活动时加剧），肢体失去正常功能，肌肉产生痉挛，有时骨折部位发生变形，移动时可听到骨摩擦声。严重骨折时，常伴有出血和神经损伤、发烧、口渴、休克等全身性症状。

处置办法：若骨折时伴有休克，应先进行处理，即点按人中穴并进行人工呼吸或心脏胸外按摩；若伴有伤口出血，应同时实施止血和包扎。骨折后禁止移动伤肢，应用夹板或其他代用品固定伤肢，及时护送至医院检查和治疗。

3.3 运动性疾病的预防与处理

运动性疾病是对因运动引起或与体育运动有直接关系的一系列疾病的统称。常见的运动性疾病主要有过度疲劳、低血糖、晕厥、运动中腹痛、肌肉痉挛、中暑,以及游泳性中耳炎等。

3.3.1 过度疲劳

过度疲劳是指违反运动安全性和循序渐进的原则,持续进行大负荷的体育运动,或伤病后身体未完全康复就投入常规训练,连续疲劳积累所引起的一种病理状态。

1. 产生原因

训练中未遵守循序渐进和系统性的原则,过多采用与身体训练水平不相适应的运动量;比赛过多,缺乏足够的休息时间;病后身体未完全康复;生活习惯被打乱,得不到充分的休息。

2. 处理方法

贯彻“早发现及时处理”的原则。在过度训练的早期,只要调整训练计划,减少运动量,改变训练的内容和方式(例如,对速度反应不佳时,应多练习耐力项目,适当减少专项训练,辅以全面训练和放松性练习),注意休息,增加睡眠,即可得到纠正。如果未能在早期发现,病情有了进一步发展时应停止训练(一般不需要完全停止训练),调整生活方式,进行温水浴、恢复按摩和医疗体育(如太极拳、气功等),并进行药物治疗,如服用维生素B1、维生素C、维生素B12、葡萄糖、镇静剂等。过度训练者经过正确治疗,轻者2~3周可好,较重者需要2~3个月,严重者往往需要半年以上。病愈后恢复训练时,应逐步增加运动量。

3. 预防措施

主要预防措施是合理安排训练。在制订训练计划时,要考虑到人体机体的可接受性与个人特点,加强身体全面训练,遵循循序渐进原则。遵循健康的生活规律,注意劳逸结合,摄取富含维生素的饮食,生病时不要参加训练和比赛,加强医务监督工作。训练期间,要认真进行自我监督,系统填写训练日记,以便及时预防过度疲劳。

3.3.2 低血糖症

正常人血糖维持在一定的水平(80~120毫克),当血糖低于50~60毫克时,会出现一系列症状,称为低血糖症。

1.产生原因

运动中发生的低血糖,主要是因长时间剧烈运动使体内血糖大量消耗和减少,皮质调节糖代谢的机制紊乱所造成的。运动前饥饿、情绪过分紧张或身体有病,都可能成为低血糖症的重要诱因。

2.处理方法

使患者平卧、保暖。对意识清醒者可采用喝浓糖水或姜糖水,并吃少量食品的方法,一般短时间内即可恢复。对昏迷者,则立即采用针刺或用手指掐人中、百会、涌泉、合谷等穴的方法,并尽快请医生处理。若有条件,可给患者静脉注射50~100毫升浓度为50%的葡萄糖溶液,提高血糖浓度,病情会迅速好转。

3.预防措施

平时没有锻炼基础,或患病未愈,或空腹饥饿时,不要参加长时间的剧烈运动(如万米跑、马拉松比赛、长距离滑冰等)。举行马拉松比赛时,主办方应准备一些含糖的饮料供运动员途中饮用。

3.3.3 晕厥

晕厥是指由于剧烈运动或长时间运动使脑部血液突然供给不足而出现的一时性知觉丧失。

1.产生原因

在长时间站立、下蹲过久骤然起立、情绪过分激动或带病参加比赛等情况下,都可能发生晕厥。在田径运动中,运动员赛跑后如果立即站立不动,会由于下肢毛细血管和静脉失去肌肉收缩对它们的挤压作用,加上血液本身的重力关系,大量血液积聚在下肢舒张的血管中,使回心血量减少,因而心脏输出血液减少,导致脑部突然缺血引起晕厥,这种晕厥通常称为“重力休克”。

2.处理方法

使患者平卧,足部略抬高,头部放低,解开衣领,注意保暖,用热毛巾擦脸,自小腿向大腿做重推按摩和全手揉捏。如果仍不苏醒,可针刺或用手指掐人中、百会、涌泉、合谷等穴,或使患者闻嗅氨水。在知觉未恢复以前,不能给患者喝任何饮料或服药,如有呕吐,应将患者的头偏向一侧,如停止呼吸,应进行人工呼吸。患者苏醒后可让其饮用热茶,并盖上被子休息。当晕厥的前驱症状出现时,患者应立即蹲下或平卧,避免昏倒。对轻微的晕厥,在昏倒前搀扶患者走一段路可使症状消失。

3. 预防措施

平时要坚持参加体育锻炼，增强体质，提高健康水平；久蹲后不要骤然起立，要慢慢地站立起来；患病时不要参加剧烈的运动和比赛；疾跑后不要立即站立不动，而应继续慢跑并加深呼吸。

3.3.4 运动中腹痛

运动中腹痛是指直接由运动引起的腹部疼痛。腹痛是运动中最常见的症状之一，多见于竞走、中长跑、自行车等项目。

1. 产生原因

①饭后过早运动。运动前吃得过饱、喝得过多（特别是冷饮过多），空腹锻炼（胃酸或冷空气对胃的刺激）等，都可能引起胃痉挛，其疼痛部位在上腹部。运动前吃了易产生气体或难以消化的食物（如豆类、薯类、牛肉），可引起肠痉挛，其疼痛部位多在脐周围。

②准备活动不足。运动一开始，在内脏器官功能还没有提高到应有的水平时就突然加大运动强度，特别是心脏力量较差时，搏动无力，影响静脉血回心，下腔静脉压力上升，肝静脉回流受阻的情况下，会引起肝脾瘀血肿胀，产生疼痛，肝痛在右肋部，脾痛在左肋部。

③夏季进行剧烈运动，由于大量排汗丧失盐分，水盐代谢失调，加上疲劳，会引起腹直肌痉挛。这种腹痛多发生在运动后期，疼痛部位比较表浅。

④慢性肝炎、溃疡病或慢性阑尾炎患者参加剧烈运动时，由于病变部位受到牵扯、振动等刺激，也易引起腹部疼痛。

2. 处理方法

运动中发生腹痛时，一般只要减速慢跑，加深呼吸，按压疼痛部位或弯着腰跑一段，疼痛即可减轻，直至消失。如疼痛仍不减轻，甚至反而加重，就应停止运动，口服十滴水，用针刺或用手指点揉内关、足三里、大肠俞等穴位，都能缓解腹痛。若为腹直肌痉挛，则可进行局部按摩，做体后屈动作拉长腹肌。如果上述措施均不见效，就应立即请医生处理。

3. 预防措施

合理安排膳食；饭后1～2小时以后才可进行剧烈运动；经常参加体育锻炼，提高身体的机能水平；运动前做好准备活动，运动中注意呼吸节律；夏季运动要适当补充盐分；对各种慢性疾病引起的腹痛，应就医检查，彻底治疗，在疾病未愈以前，应在医生的指导下进行体育锻炼。

3.3.5 肌肉痉挛

肌肉痉挛（俗称抽筋）是指肌肉不自主地强直收缩，变得僵硬。运动中最常发生痉挛的肌肉为小腿腓肠肌,其次是足底的屈拇肌和屈趾肌。

1.产生原因

①寒冷的刺激。在低温环境中运动时,若未做准备活动或做得不够,肌肉受到寒冷的刺激即可能发生痉挛。例如,游泳时受到冷水刺激,冬季户外锻炼时受到冷空气刺激,都可能引起肌肉痉挛等。

②大量排汗。进行剧烈运动时,特别是夏天,由于大量出汗,体内氯化钠含量过低,可引起肌肉痉挛。

③肌肉收缩失调。在训练或比赛中,肌肉过快地连续收缩,放松时间太短,极易引起肌肉痉挛。短跑运动中,经常可以见到这种现象。

④运动中身体过度疲劳有时也可能成为肌肉痉挛的原因。

2.处理方法

牵引痉挛部位的肌肉,即可使之缓解。例如,腓肠肌痉挛,可伸直膝关节,用力将足背伸。足底屈拇肌、屈趾肌痉挛,可用力使足和足趾背伸。此外,还可配合局部按摩,采用重推摩、揉捏、叩打、点穴(如委中、承山、涌泉等穴位)等手法使其缓解。

3.预防措施

加强锻炼,提高身体耐寒能力和耐久力;运动前做好准备活动;容易发生肌肉痉挛的部位应事先做适当按摩;冬季锻炼要注意保暖;夏季进行长时间运动要注意补充盐分;游泳下水前应先用冷水淋湿全身,水温低时游泳时间不要太长,尤其不能在水中停止活动;疲劳和饥饿时,不宜进行剧烈运动。

3.3.6 中暑

中暑是因较长时间受到烈日照射或高温闷热而引起的一种机体体温调节机能紊乱的急性病症。

1.产生原因

在高温环境下长时间进行体育锻炼,特别是在天气闷热、身体疲劳、缺乏饮水和头部缺乏保护而受到烈日照射等情况下,体温调节功能出现障碍则容易发生中暑。

2.处理方法

轻度中暑时,患者应迅速离开闷热环境,到阴凉处休息,喝些凉开水,食用人丹、十滴水或藿香正气水,很快就会恢复。中度中暑时,患者应移至阴凉通风的地方,安静仰卧,头部垫高,松解衣服,用扇子扇风,额部做冷敷,用温水(水温可逐渐降低)或浓度为50%的酒精(白酒也可以)擦身,饮用冷开水、冷茶、淡盐水或西瓜汁等。严重中暑导致肌肉痉挛者,可服大量盐开水,用纱布蘸白酒或醋在抽筋处反复摩擦。如有昏迷,可用针刺或用手指掐点人中,或使其闻嗅氨水，并在四肢做重推摩和全手揉捏，同时尽快请医生来处理。

3.预防措施

在高温炎热的夏季进行运动时，应穿浅色、单薄、宽松的衣服，并准备解热消暑的冷饮（如绿豆汤、浓度为0.1%～0.2%的盐开水等）；室内运动时要注意通风；烈日下运动要戴白色凉帽保护头部；夏季运动的时间不宜太长，应有适当的休息时间；运动量大的项目（如长跑）应放在上午或傍晚进行。此外，平时要坚持在较热的环境中运动，逐步提高身体的耐热能力。

3.3.7 游泳性中耳炎

游泳性中耳炎主要是指在游泳时，不洁净的水进入中耳，造成细菌感染而引起的炎症。

1.产生原因

游泳后，因耳朵内有积水，人感到极不舒服，便用棉花棒、火柴棍或手指盲目地乱掏，易使鼓膜破损，细菌进入中耳，引发中耳炎症。此外，中耳炎还会因呛水时水由咽部的耳咽管进入中耳而引发。

2.处理方法

发生了游泳性中耳炎应卧床休息，多喝开水，吃流质食物，并及时请医生处理。

3.预防措施

游泳时可用耳塞堵住外耳道口，防止水进入耳道内，并保持正确的呼吸方式，避免呛水。如果耳朵内进了水，不要随便掏耳朵。可采用头偏向进水耳朵一侧，用掌根在颞骨处轻轻叩击数次，同时用同侧腿进行原地单脚跳的方法将水排出。除此之外，还可采用手掌紧压在进水耳的耳孔上，屏住呼吸，头偏向进水耳朵一侧，然后迅速提起手掌的方法将水吸出。

4

学校群体性体育竞赛的策划与组织

体育竞赛是广大群众和青少年喜爱的活动之一，开展体育竞赛活动，对丰富人们的文化生活，提高人们的体育运动水平有着积极的作用。

4.1 学校群体性体育竞赛的特点及意义

4.1.1 学校群体性体育竞赛的特点

1.比赛项目少,但内容广泛多样

可以进行体育课上学过的球类、田径类等单一项目或多个项目的比赛;也可以进行课间或课外活动中的“达标”项目和队列、广播操、跳绳、踢毽等项目的比赛;还可以结合季节气候特点,进行越野跑、滑冰、游泳以及民族传统体育项目(如拔河等项目)的比赛;等等。

2.群众性强

可以吸引较多人参加,而且可以进行班内、班级间、年级间和校际间的比赛。

3.时间分布广

比赛活动分布在平时的课外时间和节假日期间,既能丰富课余生活,又有助于调节紧张的学习节奏。

4.名目繁多

每次竞赛可以冠以“三好杯”赛、“五爱杯”赛、“友谊杯”赛、邀请赛、对抗赛、达标赛、测验赛等,使竞赛活动形式更丰富多彩,更有意义。

5.实效性强

通过比赛,学生不仅能够提高运动技术水平和能力、增进健康,还可以增强团结,促进友谊,培养朝气蓬勃、积极进取、勇敢顽强、坚韧不拔、遵守纪律、服从裁判等各种优良品质和道德风尚。特别是通过参加组织、编排和裁判工作,还可以学到有关竞赛的知识,锻炼他们组织体育竞赛的能力。

4.1.2 开展群体性体育竞赛的意义

1.开展体育竞赛的必要性

竞赛是体育运动的特点之一,特别是对于大学阶段的青少年而言。开展体育竞赛可以丰富学生的课余生活,激发学生的运动兴趣,促进学生的身心健康。

2.培养学生运动兴趣的需要

从生理机制来说,兴趣与人脑的定向反射机能有关;从生理机能来说,兴趣与自主神经系统的活动有关,可以使心肺及某些激素积极活跃起来,体内血糖上升,肌肉力量增强,情绪高涨，精神饱满。制订合理的竞赛体制，让学生明确学习目的，提高学生学习的主动性和兴趣。

3.为学生树立终身体育思想奠定基础

终身体育是指一个人终身进行体育锻炼和接受体育教育。青少年学生正处于青春期，生理和心理的变化有所显现，这个时期经常性地有计划地组织一些体育比赛，提高学生的运动能力，让他们学会一两种或多种自己感兴趣的运动项目，为以后经常参加体育活动打好基础。

4.充分体现体育的魅力

体育的魅力在于其娱乐性，而体育的娱乐性主要隐藏在体育的竞技性之中，甚至许多人文的、意识形态的积极因素都来自体育的竞技性。

5.符合新课程改革的需要

新课程中体育的指导思想是"以人为本，健康第一"。学生通过身体锻炼实践、开展群体性竞赛体现身体、心理、社会三维健康观。要把这一指导思想落实到每个学生的体育实践中，让学生积极主动地参与体育锻炼，促进学生身体、心理、社会适应能力等方面的全面发展，就必须在学校体育管理中建立一种机制。

4.2 学校群体性体育竞赛的组织（球类组织）

体育竞赛的组织工作可分为竞赛前的准备工作、竞赛期间的工作和竞赛的结束工作三个阶段。

4.2.1 竞赛前的准备工作

竞赛前的准备工作主要包括成立组织机构、制订竞赛规程、准备场地器材、接受报名、组织抽签、组织裁判学习、编排竞赛秩序、印发秩序册等。

竞赛规程一般由竞赛主办单位根据竞赛的目的、性质、规模、时间和场地设施等情况制订。其内容主要包括竞赛名称、目的、日期、地点、竞赛项目、竞赛办法、报名资格、报名人数、报名截止时间、报到日期、录取名次、采用的竞赛规则等。

秩序册是各运动队参加比赛和各有关部门开展工作的主要文件依据。其内容一般包括 竞赛规程；组织委员会名单；裁判员名单；领队、教练员名单及运动员姓名号码对照表；竞赛日程；团体比赛秩序表；单项比赛秩序表；场地平面图等。

4.2.2 竞赛期间的工作

竞赛期间的主要工作是记录和公布成绩。

较大规模的竞赛应设立记录组。记录组的任务是负责审核记分表,迅速记录比赛成绩并公布结果。

4.2.3 竞赛的结束工作

竞赛的结束工作主要包括:

①编印成绩册。

②颁发奖品。

③总结工作,并向有关上级汇报工作情况。

④竞赛资料归档。

4.3 学校群体性体育竞赛的制度、编排

竞赛制度是为了决定出比赛名次而采用的比赛方法。球类竞赛中经常采用的竞赛制度有循环制、淘汰制和混合制三种。组织竞赛时,应根据比赛的目的和任务、竞赛时间、参赛人数、比赛场地及经费等因素,选择一种比较合适的竞赛制度。

1.循环制

循环制分为单循环、双循环和分组循环三种方式。

①单循环:所有参赛队都要相遇一次,最后按各队在全部比赛中的成绩排定名次。

②双循环:进行两次单循环,即所有参赛队都要相遇两次(重大比赛大多采用“主客场制”),最后按各队在全部比赛中的成绩排定名次。

③分组循环:指在参赛人员数或参赛队比较多的时候,可以通过分组的方法,在各组内进行单循环。

1)循环制的编排方法

单循环比赛轮数中,如果参赛队是单数,则比赛的轮数等于比赛队数。如果参赛队是双数,则比赛的轮数等于比赛的队数减一。双循环比赛的总场数比单循环增加一倍。分组循环比赛的总场数则等于各组的场数相加之和。

$$单循环比赛总场数=\frac{参赛队数\times(参赛队数-1)}{2}$$

比赛轮次表的编排:单循环比赛轮次表的编排,通常采用“轮转编排法”。编排时,不论参加队数是双数或单数,一律按双数编排。如果参加比赛的队数是单数时,就用一个“0”号代表一个队,使之成为双数。编排方法是:先用号数代表队数,将其平均分为两半,具体编排

如下：

种子队的确定和编排：确定种子队，应事先收集材料，研究各队的实力，把实力较强的几个队定为种子队，其数量应根据参赛队的多少而定。种子队确定之后，应把种子队安排在不同的区域。如果第一轮有轮空队，要首先安排种子队轮空，然后再让非种子队抽签。

如7个队参加比赛，其编排方法见表4.1。

表4.1 7个队参赛编排

第一轮	第二轮	第三轮	第四轮	第五轮	第六轮	第七轮
①—0	①—7	①—6	①—5	①—4	①—3	①—2
2—7	0—6	7—5	6—4	5—3	4—2	3—0
3—6	2—5	0—4	7—3	6—2	5—0	4—7
4—5	3—4	2—3	0—2	7—0	6—7	5—6

上述编排方法是常用的固定①编排法，可总结其编排技巧为：将①固定原位，其余逆时轮回。

轮次表排完以后，召集各队进行抽签，将各队队名按抽到的号签填入轮次表中，编出比赛日程表。

双循环是采用两次单循环进行比赛，其编排方法与单循环相同。

2）循环制比赛的计分方法（不同运动项目积分方式不同）

循环制确定比赛名次时，以积分多少排列名次。即胜一场得2分，负一场得1分，弃权得0分，积分多者名次列前。

若遇两队积分相等，按两队相互间比赛的胜负决定名次，胜者名次列前；若遇三队或三队以上积分相等，按积分相等各队相互间比赛的胜负场（局）数多少决定名次，胜场（局）多者名次列前；若相互间的胜负场（局）数再相等，则按相互间的得失分率决定名次（得失分率=总得分/总失分），得失分率高者名次列前；若仍相等，则按他们在单循环赛中所有比赛的得失分率排列名次。

注：计分方法和名次决定的方法，应在竞赛规程中明确规定。

2.淘汰制

淘汰制分单淘汰和双淘汰两种，下面重点介绍单淘汰赛。

运动员（队）按排定的秩序进行比赛，胜者进入下一轮，负者淘汰，最后一场比赛的胜者为冠军，负者为亚军，即为单淘汰赛。

单淘汰赛的优点：单淘汰赛的比赛双方具有强烈的对抗性，败一次即失去继续的资格。这种竞赛方法，需要比赛的场次很少，而且整个比赛逐轮推向高潮。就体育竞赛的特点来说，单淘汰赛是一种很好的竞赛方法。

单淘汰赛轮数的计算：单淘汰赛的位置数必须为$2n$，轮数$=n$。

单淘汰赛场数的计算：

$$场数 = 队(人)数 - 1$$

单淘汰编排方法：如果参加比赛的队数是2的乘方数(4、8、16、32等)，则第1轮所有的队都正常参加比赛。

轮空队数的计算和编排：当报名队数少于标准队数，应在标准号码中设置必要数量的轮空号码位置，使其实际队数加上轮空号码的总数满足标准位置的数目。这样第一轮有的队会遇到一个轮空号码而轮空，不通过比赛直接进入第二轮。

计算轮空数目：

$$轮空位置数 = 号码位置数 - 运动员人数$$

确定轮空位置：出于保护强队的考虑，轮空的机会尽可能安排给强队。轮空位置可以查轮空位置表获得。

注：轮空队的编排是为了使实力较强的队较晚相遇，使最后一轮比赛更为精彩，编排时应将轮空位置安排在种子队旁边。

3.混合制

混合制就是把一次比赛分为两个阶段，前一阶段采用循环制，后一阶段采用淘汰制；或前一阶段采用淘汰制，后一阶段采用循环制。通常采用较多的是前者。目前大型的足球赛就是采用先分组循环，然后再淘汰的混合制。

4.4 学校群体性体育竞赛的积分成绩计算方法

不同体育竞赛的积分成绩计算方法各不相同，本节主要介绍篮球、足球、羽毛球、乒乓球比赛的积分成绩计算。

4.4.1 篮球比赛积分排名办法

球队应按他们的胜负记录来排列名次，胜一场得2分，负一场(包括比赛因缺少队员告负)得1分，比赛因弃权告负得0分。

本程序应用于每个队伍和本组内的对手只打一场比赛(单循环巡回赛)或者每个队伍和对手打2场或者以上的比赛(主客场赛制的比赛或者其他巡回赛)。

如果2个或2个以上的队伍相互间的比赛胜负、记录积分相同，剩下的应该遵照以下顺序来判断：

①同积分队伍之间的净胜分；

②同积分队伍之间的总得分；

③同积分队伍组内的净胜分；

④同积分队伍组内的总得分。

如果在这个程序的任何阶段中，积分相等的球队减少到仍多于2个，则从顺序③开始重复。

附加程序如下：

当所有球队打完他们所在小组所有比赛时，①和②不适用。

如果还有球队没有打完他所在小组的所有比赛，且有2个或2个以上球队的胜负记录相同，那么用所有他们比赛的净胜分来确定名次排列。

弃权：某队无正当理由不出席预定的比赛或在比赛结束前从球场上撤离，应由于弃权使比赛告负并在名次排列中计0分。如果某队第二次弃权，该队所有比赛成绩应无效。

4.4.2 足球比赛积分排名办法

计算积分。胜一场积3分，负一场积0分，平一场积1分，积分高者名次列前。

如果两队或者两队以上积分相等，则按以下顺序排名：

①净胜球；

②总进球数；

③相互战绩（相互对阵积分、相互对阵净胜球、相互对阵总进球数）；

④公平竞赛积分（红黄牌会受到减分，黄牌-1分，二黄变一红-3分，红牌-4分，黄牌加直接红牌-5分，同一球员在一场比赛中只会扣除一次分数）；

⑤抽签决定。

4.4.3 羽毛球比赛积分排名办法

①按获胜场数定名次，多者名次列前；

②如两队（人）获胜场数相等，则两者比赛的胜者名次列前；

③如三队（人）或三队（人）以上获胜场数相等，则按在该组比赛的净胜局数定名次，多者列前；

④计算净胜局数后，如还剩两队（人）净胜局数相等，则两者间比赛的胜者名次列前；

⑤计算净胜局数后，还剩三队（人）或三队（人）以上净胜局数相等，则按在改组比赛的净胜分数定名次；

⑥计算净胜分数后，还剩两队（人）净胜分数相等，则两者间比赛的胜者名次列前；

⑦还有三队（人）或三队（人）以上净胜分数相等，则以抽签决定名次；

⑧团体赛按以上办法，依胜次、场数、局数、分数顺序计算成绩。

4.4.4 乒乓球比赛积分排名办法

循环赛是乒乓球竞赛的一种基本比赛形式。所谓循环赛就是使参加比赛的各队相互之间都直接比赛一次，也称乒乓球单循环赛。采用重复比赛两个循环，即参加比赛的各方相互之间都直接对抗两次，称为双循环赛。乒乓球比赛如果参赛球队不多，而且时间和场地都有保证，通常采用乒乓球单循环赛。

积分计算：胜一场积2分，负一场积1分，弃权积0分。

如果三个人积分相同，则先计算三个人之间的胜负局比值(或净胜局数)，多者列前；如相同，再计算三人之间的胜负分数比值(或净胜分数)，多者列前；如再相同，则 抽签决定名次。一般不重新进行比赛。

如果两个人积分相同，则查看两个人之间的胜负关系，胜者列前。

5
田径运动

田径运动是由田赛和径赛、公路赛、竞走和越野赛组成的运动项目，包括走、跑、跳、投等基本活动方式。田径运动是目前世界上较为普及并易于开展和推广的体育运动项目之一。田径运动能全面、有效地发展人的身体素质和运动技能，对其他各项运动技术的发展和成绩的提高都有很好的作用。

5.1 田径运动概述

田径运动是一项古老的体育运动。远古时代,人们为了获得生活资料,在和大自然以及飞禽走兽的斗争中,需要快速地奔跑、灵敏地跳跃和准确地投掷等本领。由于在劳动实践中经常重复这些动作,便逐渐形成了走、跑、跳、投等各种技能。为了提高同大自然作斗争的能力,人们又有意识地进行走、跑、跳、投的练习,逐渐形成了这些项目的比赛形式。据记载,最早的田径比赛是公元前776年在希腊奥林匹克村举行的第一届古代奥林匹克运动会,当时的比赛只有短跑一项,跑道是一条直道,长192.27米。到公元前648年,又增加了跳跃、投标枪、掷铁饼、摔跤等比赛项目。

田径运动是各项运动的基础。它能全面、有效地发展人的身体素质和运动技能,对其他各项运动技术的发展和成绩的提高都有很好的作用。因此,各项体育运动都把田径运动作为提高身体素质的训练手段。实践证明,许多优秀运动员(特别是球类运动员)都有较高的田径运动能力和素质水平。可见,田径运动是各项运动的基础,是对体育运动的科学总结,正确地反映了体育运动之间的内在联系。

田径运动的项目较多,锻炼形式多样,场地、设备和器材比较简单,练习时不易受性别、人数、时间和季节等条件的限制,便于广泛开展。

田径运动包括竞走、跑、跳跃、投掷以及由跑、跳跃、投掷的部分项目组成的全能运动等。其中以时间计量成绩的项目为径赛;以高度或远度计量成绩的项目为田赛;由跑、跳跃、投掷部分项目组成的,用评分方法计算成绩的组合项目称为全能运动。

田径运动的定义有不同的表述,我国体育学院专修通用教材《田径》认为:田径运动是包括男女竞走、跑、跳跃和投掷等40多个单项以及由跑、跳跃、投掷部分项目组成的全能运动。最具权威的解释应该属于国际田联。《国际田联章程》对田径运动所下的定义为:田径运动是由田赛、径赛、公路赛、竞走和越野赛组成的运动项目。

田径在体育运动中占有重要地位。"田径运动是基础""田径是体育运动之母"等通俗、概括的名言,肯定了田径运动对增强人类体质、获得运动技能、提高运动成绩、培养意志品质的重要作用。在竞技体育中,田径以独特的魅力在世界体坛独树一帜;在体育教育中,它是造就德、智、体全面发展的优秀人才的重要手段;在全民健身的大众体育中,它是锻炼身体、增强体质、延年益寿最为普遍的方法之一。国家体育总局前局长伍绍祖在评价田径运动的地位时,称其是体育运动之本、之母、之源。

5.2 跑类项目

5.2.1 短跑

400米和400米以下的竞赛项目称为短跑。短跑是测试人的快速运动能力的主要标志，是人体大量缺氧状况下持续高速的极限强度运动。

短跑可分为起跑、起跑后加速跑、途中跑、弯道跑和终点跑五个部分。短跑成绩是由起跑反应速度，起跑后的加速能力，保持最高跑速的时间和距离，弯道跑（200米、400米）的协调能力，终点冲刺能力以及各部分的技术动作完成质量决定的。

1.起跑

起跑是由静止到起动的过程。任务是获得向前的冲力，迅速摆脱静止状态，为起跑后加速跑创造条件。

1）起跑器的安装

短距离跑竞赛要求采用蹲踞式起跑，起跑前要安装起跑器，起跑器的作用是使两脚有牢固的支撑，并形成良好的预备姿势，以获得较快的起跑速度。现代短跑起跑主要采用普通式和拉长式两种，如图5.1所示。

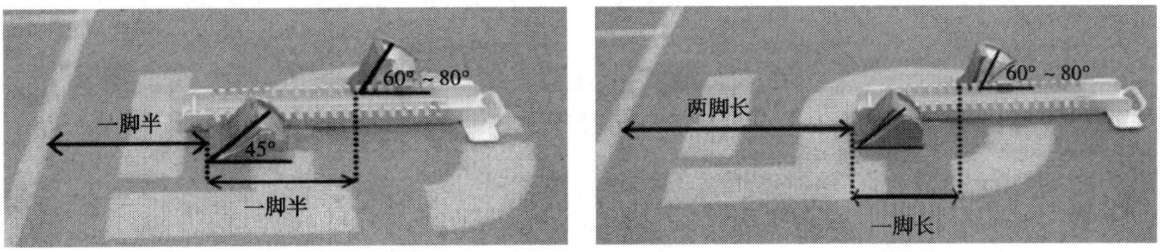

普通式　　拉长式

图5.1　起跑器的安装

2）起跑

短距离跑的起跑技术包括“各就位”“预备”“鸣枪”三个阶段，如图5.2所示。

图5.2　蹲踞式起跑技术

各就位:运动员应轻快地走到起跑器前,两手撑地,两脚依次踏在前、后起跑器的抵足板上,后膝跪地,两手收回紧靠起跑线后沿并撑地面,两臂伸直,两手间距离比肩稍宽(此宽度与臂长短有关),手指成拱形做弹性支撑,头与躯干保持在一条直线上,身体重量均衡地落在两手、前脚和后膝关节之间。

预备:逐渐抬起臀部,使身体重心向前上方移动,此时身体重量主要落在两臂和前腿之间,其重心投影点距起跑线15~20厘米。臀部稍高于肩,两肩稍超出起跑线。

鸣枪:两臂屈肘有力地前后摆动,两腿迅速蹬离起跑器,使身体向前上方运动,后腿快速蹬离起跑器后,迅速屈膝向前上方摆出,前摆时脚掌不应离地过高,以利摆动腿迅速着地和过渡到下一步。前腿有力地蹬伸,当前腿充分伸展,髋、膝、踝三关节蹬离起跑器时,后腿已完成前摆且积极下压着地完成第一步动作。

2.起跑后加速跑

起跑后加速跑是从后腿蹬离起跑器,到途中跑开始的一个跑段。任务是充分利用向前的冲力,尽快达到最高速度。起跑后加速跑的技术要求是前倾角适宜,蹬摆迅速有力,如图5.3所示。

图5.3　起跑后加速跑

加速跑的距离一般为30米左右,起跑出发的第一步不宜过大,一般为3.5~4脚长,第二步为4~4.5脚长,以后逐渐增大。在跑进时,两臂应积极摆动,两腿依次用力蹬地,上下肢协调配合,以迅速获得加速度。在加速跑的开始阶段,上体前倾很大,随着步长和速度的不断增加,上体逐渐抬起,重心逐渐提高,直到正常姿势即转入途中跑。

加速跑最初几步,由于运动员的身体是由静止开始起动,跑速较慢,所以两脚是沿两条相距不宽的直线着地,随着速度的加快,两脚着地点也逐渐趋于一条直线。

3.途中跑

途中跑是全程跑速度最快的一段,任务是继续发挥最高速度。途中跑的技术要求是后蹬、折叠、前摆、扒地,动作轻松、协调、有弹性、节奏快,屈蹬效果好。跑步中的一个周期由两个单步构成,有两个支撑时期和两个腾空时期。支撑时期又可分为着地、垂直支撑和后蹬三个阶段。腾空时期是指后蹬腿的脚离地,即进入无支撑阶段的时期。

1)着地

腾空后期,摆动腿的大腿积极下压带动小腿前伸,膝关节几乎伸直下扒,前脚掌富有弹性地着地。着地瞬间，为了减缓前制动，应随惯性迅速推动踝、膝、髋关节的屈曲前移，过渡到垂直支撑阶段。同时，摆动腿的小腿应顺惯性向支撑腿大腿靠拢，摆动腿的膝关节折叠角逐渐减小。

2)垂直支撑

随着身体重心的前移，髋、膝、踝关节的屈曲，身体重心移至支点垂直上方，即进入垂直支撑瞬间。摆动腿大小使腿折叠角处于最小状态，一般为28°左右。脚跟几乎触及臀部。

3)后蹬

当身体重心移过支点垂直上方，即进入后蹬阶段。此时，支撑腿在摆动腿的拉动下，快速有力地伸展髋、膝、踝关节，摆动腿同侧骨盆送髋，迅速有力地屈膝向前上方摆出，使身体重心向前运动。

4)腾空

支撑腿蹬离地面便进入腾空阶段，此时，刚结束后蹬动作的支撑腿的小腿因蹬地后惯性作用和大腿的摆动，迅速向大腿靠拢，形成大、小腿边前摆边折叠的动作。同时，摆动腿大腿积极下压，膝关节放松，小腿随大腿下压的惯性向前下方摆出，做积极的下落扒地动作。当摆动腿膝关节几乎伸直下落着地时，腾空阶段结束，如图5.4所示。

图5.4　途中跑

途中跑时，上体应稍前倾(前倾角为8°～12°)，头部应正直并与上体保持一致，颈部放松。摆臂时，应以肩为轴，手指成半握拳或自然伸掌，轻快而有力地做前后摆动，前摆时手的高度稍超过下颌，后摆时肘关节稍向外，摆至大臂约与肩平，前后摆动幅度为115°～125°。整体技术动作要做到轻松自然。

4.弯道跑

1)弯道起跑

弯道起跑的任务是迅速摆脱静止状态，为起跑后加速跑创造条件。其技术要求是蹬腿摆臂有力，起动迅速。起跑时，右手撑在起跑线后，左手撑在起跑线后5～10厘米处，身体正对切线方向，如图5.5所示。

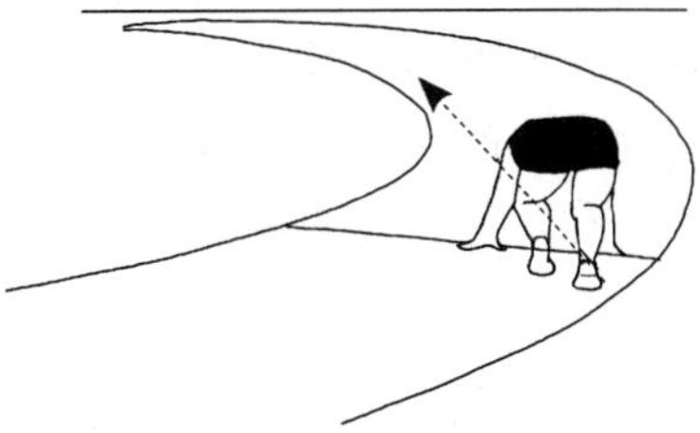

图5.5　弯道起

2)弯道起跑后加速跑

弯道起跑后加速跑的技术要求是前倾角适宜，蹬摆有力。要渐增步幅，渐抬重心，渐成直线。在弯道起跑后加速跑阶段，上体要早些抬起，便于跑入弯道时和在继续跑进中，身体保持平衡。

3)弯道途中跑

弯道途中跑的技术要求是保持途中跑动作技术，特点是身体技术动作幅度右侧大于左侧，如图5.6所示。从直道跑入弯道时，身体应有意识地逐渐向内倾斜，加大右腿的蹬地力量和摆动幅度。后蹬时，右脚前脚掌内侧用力，左脚前脚掌外侧用力。前摆时，右膝稍向内，左膝稍向外，右膝摆动幅度比左膝大。右臂摆动幅度大于左臂，前摆时稍向左前方，后摆时右肘关节偏外，左臂稍离躯干做前后摆动。弯道跑时的蹬地与摆动方向都应与身体向心方向倾斜趋于一致。从弯道跑进直道，应在弯道的最后几米处，身体逐渐减小内倾角度，并顺其自然跑2～3步后转为直道途中跑。

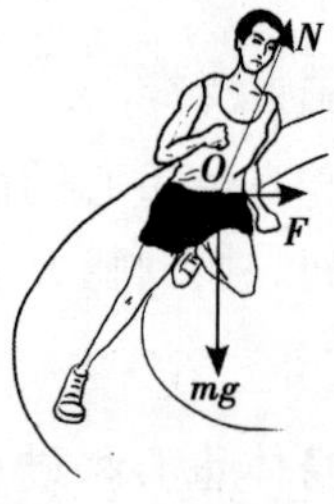

图5.6　弯道途中跑

5.终点跑

终点跑(最后15～20米的距离)的任务是尽可能保持途中跑的最高速度冲过终点。终点跑应力求在疲劳情况下保持途中跑的正确技术，动员全部力量以最快的速度跑过终点。技术上要求上体适当前倾，并注意加强后蹬和两臂的摆动力度。到离终点最后一步时，上体迅速前倾，用身体有效部位撞终点线。跑过终点后应逐渐减速，不要突停，以免跌倒受伤。

5.2.2　中长距离跑技术

中长跑是耐力性运动项目，它要求运动员在跑时既能保持一定速度，又能跑得持久。因此，对中长跑技术总的要求是：动作轻松自然，身体重心移动平稳，节奏性强，肌肉用力和放松交替能力好，既有实效性，又能节省能量消耗。

1.起跑和起跑后的加速跑

起跑和起跑后的加速跑是指在中长跑比赛或测验时，运动员使身体摆脱静止状态迅速出发，并根据战术需要尽快发挥正常跑速和占据有利位置的过程。

中长跑比赛或测验时，采用站立式起跑。起跑前，先做1～2次深呼吸，然后站在起跑线后3米集合线处听候起跑口令。当“各就位”口令下达后，慢跑或走向起跑线，两脚前后开立，将有力腿的脚放在起跑线的后沿，另一脚放 在距离前脚跟约一脚长的地方，两脚左右间隔约半 脚长。两腿弯曲，上体前倾，重心落在前脚上，后 脚用前脚掌着地。两臂在体前自然下垂或前腿异侧 臂在前，同侧臂在后，身体保持稳定，集中注意力听枪声。听到枪声后，后腿立即蹬地并迅速前摆，前腿也迅速用力充分蹬伸，如图5.7所示。两臂配合两腿动作做快速而有力的前后摆动，使身体迅速向前冲出，进入加速跑阶段。

图5.7 中长跑起跑技术

加速跑时，上体前倾较大，两腿交替跑进速度较快，摆臂、摆腿和后蹬都应迅速而积极。应尽量按跑道内突沿的切线方向并朝有利跑进位置跑去。

2.途中跑

途中跑是中长跑的主要阶段，它是运动员比赛时发挥训练水平的过程。因此，掌握途中跑技术是极其重要的。

后蹬阶段是途中跑技术的主要环节。后蹬动作应该迅速而积极，依次伸展髋、膝、踝三个关节，后蹬角度一般为55°左右。

当支撑腿后蹬的同时，摆动腿前摆。前摆时，小腿应自然放松，依靠大腿的前摆动作，膝关节领先并带动髋部向前上方摆出。

支撑腿离地后，人体即进入腾空阶段。因此，蹬离地面的支撑腿应该放松，依靠后蹬反作用力的惯性和大腿的向前动作，使小腿折向大腿，形成膝关节弯曲，大、小腿折叠的动作。但这种折叠动作比短跑要小一些。

当摆动腿前摆结束时，大腿开始向下运动，膝关节随之自然伸直，用前脚掌在离身体重心投影点的前方约一脚到一脚半处着地。前脚掌着地后，膝关节稍稍弯曲，进入垂直支撑时，再过渡到全脚掌着地。这种顺势的缓冲动作可以减小脚着地时对身体前进产生的阻力并使人体尽快转入后蹬。着地时，脚尖应向前，两脚足迹内缘要在一条线上。中长跑比长跑的下落着地动作应积极一些。

中长跑时，上体接近垂直或稍前倾，头部正直，胸部正对前方并微向前挺，整个躯干姿势自然而不僵硬。摆臂时，肩部要放松，两臂弯曲，肘关节约成90°，两手半握拳，前后自然摆动。前摆时稍向内，后摆时稍向外。

中长跑时，有一半以上距离是在弯道上跑进。根据向心力的特点，在跑的技术上也应与短跑一样有相应的变化。但由于跑速较短跑慢，因此变化的程度也较短跑小。

中长跑时，由于机体能量消耗大，因此对氧气的需要量增加。为了保证机体对氧气的需求，呼吸必须有一定的频率和深度，还必须与跑的步伐相配合。一般是跑2～3步一呼气，跑2～3步一吸气。随着跑速的加快和疲劳的出现，呼吸的频率也会增加，可采用跑一步一呼气，跑一步一吸气的方法。呼吸一般用鼻子与半张开的嘴同时进行。冬季练长跑或顶风跑时，为了避免冷空气和强气流直接刺激咽喉，应将舌尖上翘，微微舔住上腭。

中长跑时，由于内脏器官工作条件的改变，氧气供应落后肌肉活动的需要，所以跑一段时间后，会出现胸闷、四肢无力、呼吸困难、跑速降低等现象，产生难以继续跑下去的感觉，这种现象称为“极点”。这是一种正常的生理现象。当极点出现时，一定要以顽强的毅力坚持跑下去，要加大呼吸深度，适当调整跑速，极点现象就会缓解，身体机能就会得到明显好转，这就是生理上所谓的“第二次呼吸”。

3. 终点跑

终点跑是指临近终点时的冲刺跑。运动员要以顽强的意志，加快摆臂，加强腿部的蹬摆，奋力跑到终点。终点冲刺跑的距离应根据项目、训练水平、战术要求、个人特点和临场情况而定。通常800米可在最后约300米，1 500米在最后约400米，3 000米以上在最后400米或更长一些距离进行冲刺跑。不论终点跑距离长短，在冲刺跑之前，都必须抢占有利位置，并注意观察对手情况，动员身体全部力量冲过终点。

5.3 跳跃项目

5.3.1 跳远

跳远技术由助跑、起跳、腾空和落地四个不同的技术环节组成，各个环节紧密相连、相互联系、相互作用，共同构成一个完整的跳远动作。其特点在于技术动作数量少、结构简单，具有高速度、高强度的运动性能。

1. 助跑技术

助跑是跳远技术的重要组成部分，它的主要任务是通过助跑获得可控制的最大水平速度，准确地踏上起跳板，为快速有力的起跳做好准备。一般助跑距离是30 ~ 50米，助跑至起跳前跑的步幅和步频不断增加，上体逐渐直立，将由水平速度转换为垂直速度，所以，助跑力求做到快、准、稳、直。

快：包括“三快”，即“助跑快”“上板快”“起跳快”，特别是助跑的最后四步，传统理论认为，助跑最后几步的步长应为大、中、小，跑的节奏越快越好。

准：就是要准确地踏上起跳板。

稳：就是助跑的起跑姿势、跑的技术、跑的距离和加速方法要稳定，不能随意变化。

直：就是要保持直线跑进，体现出经济性和实效性。

2. 起跳技术

起跳是充分利用助跑所获得的速度，在较短时间内创造尽可能大的腾起速度和适宜的腾起角度的技术环节。起跳技术分为起跳脚着地、缓冲和蹬伸三个动作阶段。

1）起跳脚着地（即着板）

起跳脚应积极、主动地着地。这既可减少着地时的冲撞力，又为着地后快速前移身体做准备。

起跳脚着地时，起跳腿几乎伸直，与助跑道成60° ~ 70°的夹角，用脚跟先触地并迅速滚动到全脚掌着地。着地瞬间,上体略微前倾,躯干角度为90°~110°,膝关节为175°~178°,眼睛注视前上方,在起跳脚着地前,摆动腿已经开始折叠并迅速前摆跟上起跳腿。在起跳脚着地瞬间,两臂摆动到靠近躯干两侧。

2)缓冲

起跳脚着地至膝关节的弯曲程度达到最大时,这一动作过程为缓冲阶段。缓冲的作用主要在于减缓起跳的制动力,减少助跑速度的损伤,积极前移身体,为蹬伸创造有利条件。

在起跳脚着地的瞬间,由于助跑速度的惯性和身体重力的作用,对起跳腿产生了很大的冲击力,迫使起跳腿的髋、膝、踝三个关节很快地弯曲缓冲。膝关节角一般成140°~150°。两臂配合腿的动作继续摆动,起跳腿同一侧臂自体后向前摆动,另一侧臂自体前向后摆动。上体保持较直的姿势,使身体重心处于相对较高的位置。

3)蹬伸

蹬伸阶段是由起跳腿膝关节最大弯曲时开始,至起跳脚蹬离地面瞬间止。

当身体重心及时而准确地移压到起跳腿上时,起跳腿就快速用力蹬地,充分蹬直髋、膝、踝三个关节,同时摆动腿以髋发力带动大小腿成折叠状,以膝领先,快速而协调地向前上方摆动,摆至大腿成水平。两臂协调一致地配合腿的动作向前上方摆动,摆至上臂与肩平时,要有意识地做"突停"。蹬伸动作结束时,起跳腿髋、膝、踝三个关节充分蹬伸,蹬地角约75°,摆动腿大腿接近抬平,小腿自然下垂,上体和头部保持正直,两臂摆出体侧上方。

3.腾空技术

跳远起跳离地后,人体向空中腾起,并在空中完成各种动作的过程为腾空阶段。跳远腾空阶段的任务是维持身体平衡,最大限度地利用身体重心的抛物线轨迹,将两腿充分向前伸出,为合理、完善的落地动作创造有利条件,按空中不同的运动姿势,腾空可分为蹲踞式跳远、挺身式跳远和走步式跳远。

1)蹲踞式跳远

蹲踞式跳远时,腾空步的时间相对较长(约占整个腾空时间的2/3)。其摆动腿大腿抬得较高,膝关节的曲度较大,两大腿之间的夹角也较大。腾空步后,起跳腿向前摆动与摆动腿靠拢,然后两腿一起上举,膝部接近胸部成蹲踞姿势。蹲踞式的摆臂技术比较简单,腾空后两臂上举,以加大上肢与身体重心之间的距离,加长旋转半径,从而减小身体前旋的角速度,然后两臂下落。落地前上抬大腿,前伸小腿,当脚跟一触及沙面即屈膝缓冲向前跪,两臂经体侧摆到体后,如图5.8所示。

图5.8 蹲踞式跳远

蹲踞式跳远的动作简单易学,适于初学者。由于在空中做蹲踞姿势时下肢靠近身体重心,容易使身体前旋,这样会影响落地的远度。因此,要注意保持上体与头部的正直姿势,以抑制身体前旋,维持身体的平衡。

2)挺身式跳远

挺身式跳远起跳后,保持腾空步的时间较蹲踞式稍短。腾空步后,下放摆动腿,伸髋,向前送髋,摆动腿与身后的起跳腿靠拢。两臂在腾空步开始时一前一后摆动,当摆动腿放下时,两臂也同时下落,然后摆动腿继续向后运动,两臂外展,肩和头也同时做稍向后运动,并挺胸送髋使躯干微呈反弓形。继而收腹举腿,两臂上举,准备做落地动作。落地动作前两膝向胸部靠拢,小腿和两臂前伸,增加落点的远度。接着两臂引向体后,以便两脚着地后两臂迅速前摆协助身体重心移过落点,如图5.9所示。

图5.9 挺身式跳远

3)走步式跳远

起跳后,摆动腿下落向后方摆动,同时,起跳腿屈膝以大腿带动小腿前摆,在空中完成一个自然的换步动作,成为起跳腿在前、摆动腿在后的空中动作。两臂积极配合腿做大幅度绕环摆动,同时摆动腿屈膝以大腿带动小腿前摆与起跳腿靠拢,然后收腹举腿,两臂由上方向前下方摆动,小腿前伸,准备落地,如图5.10所示。

图5.10 走步式跳远

4.落地技术

从起跳脚离地后,运动员身体重心抛物线的移动轨迹就已经被决定了。但在实际跳跃中,身体重心的落点要比足跟的落点更远一些。因此,减小身体重心轨迹与足跟落点的距离是落地技术的主要任务之一。

良好的空中动作技术是合理落地的基础。落地前,上体不要过于前倾,以免引起身体前旋，大腿要向前提举，膝关节主动向胸部靠拢，小腿前伸，尽可能加大着地点和身体重心投影点之间的距离。即将落地时，膝关节伸直，脚尖勾起，同时两臂后摆。脚跟接触沙面后，紧接着前脚掌下压，两腿迅速屈膝，骨盆前移，两臂积极前摆，使身体重心迅速移过落点，避免后倒坐于沙坑中。

5.3.2 跳高

跳高运动由助跑、起跳、过杆和落地四部分组成。其中最重要、起决定作用的是起跳技术，其他部分可以看作是它的准备和延续。跳高按过杆姿势可分为跨越式、俯卧式、背越式等。在这些不同姿势的跳高技术中，背越式跳高是最先进的技术，而跨越式跳高则是以最接近自然动作完成的垂直高跳的跳高技术。因此，在学校的一般跳高项目教学中，跨越式跳高是最常用的练习项目。跨越式跳高是经过助跑、起跳后，摆动腿一侧先过杆，以骑跨姿势越过横杆的一种跳高技术。这种姿势简单、易学，具有较强的实用锻炼价值，如图5.11所示。

图5.11 跨越式跳高

1）助跑

跨越式跳高助跑从摆动腿一侧开始，助跑的角度与横杆成25°～45°，用外侧腿起跳，起跳点与横杆投影线的距离为30～70厘米。助跑步数一般为6～8步，助跑可以是直线，也可以是略微弯曲的弧线。跨越式跳高助跑的距离可以用走步的步数来测定，也可以用反向跑的方法来确定。一般走步的步数是助跑步数的2倍减去2。确定步点后应反复练习和调整，以确定最后的助跑距离和助跑起动点。

2）起跳

跨越式跳高的起跳点根据运动员的年龄和水平的不同，离横杆的距离也不同。起跳点的位置一般位于助跑侧跳高架横杆的1/3处，距横杆投影线30～70厘米。起跳从助跑最后一步起跳脚着地的瞬间开始，到起跳脚离开地面的瞬间结束，可分为放脚、缓冲和蹬伸三个紧密相连的过程。

3）过杆和落地

跨越式跳高起跳腾起后，随着摆动腿的上摆，上体开始前倾。摆动腿过杆时，躯干与摆动腿大腿的夹角最小。在此过程中，两臂小幅下摆于体侧。摆动腿过杆后，要积极内旋下压，躯干向起跳腿方向扭转。同时，起跳腿积极上提，形成杆上的骑跨姿势。此时，躯干继续向横杆方向扭转，摆动腿也继续内旋下压，起跳腿随之迅速向上高抬跨过横杆。过杆后，上体抬起，侧对横杆，两臂上举下落，用摆动腿先着地，并及时从屈膝缓冲过渡到双脚着地。

5.4 投掷项目

投掷项目主要包括推铅球、掷铁饼、掷标枪、掷链球等，根据普通大学生公共体育课教学的需求，主要学习推铅球技术。

推铅球时，站在2.135米直径的投掷圈内，单手将铅球握好，持于肩轴线前，抵住颈部或下颌，站位靠近投掷圈后部内沿处，经过助跑，采用自下而上的用力顺序，动员全身最大力量，以匀加速的用力形式，沿合理的出手角度将球从肩上推出，使铅球落在34.92°的扇形投掷区内，以远度决定成绩，如图5.12所示。

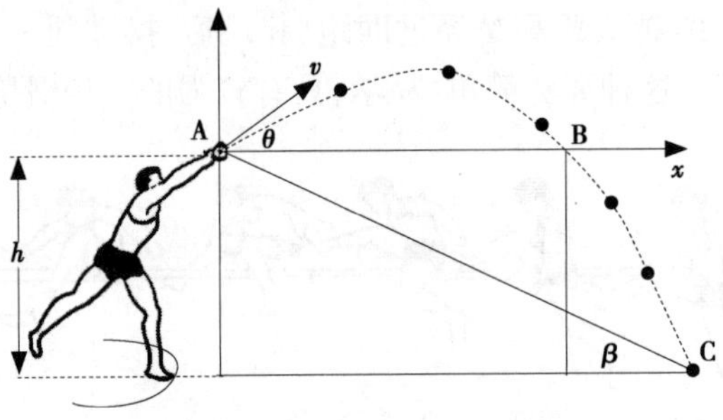

图5.12 铅球推出角度及抛物线

推铅球技术可以分为滑步推铅球技术和旋转推铅球技术两大类。滑步推铅球技术又可 分为侧向滑步推铅球技术和背向滑步推铅球技术，这里主要介绍背向滑步推铅球技术。一个完整的背向滑步推铅球技术可分为7个部分，即握持铅球、滑步前的预备姿势、预摆与准备滑步、滑步、过渡阶段、最后用力和铅球出手后维持身体平衡。下面以右手推铅球为例来介绍背向滑步推铅球技术。

5.4.1 握持铅球

1.握球方法

握球的方法是五指自然分开，把铅球放在靠近食指、中指和无名指的指根处，拇指扶在球体侧面，掌心空出，手腕背屈。手指和手腕力量较强者，可将铅球适当地移向手指的第二指节处；手指和手腕力量较弱者，可将铅球放在更靠近指根处，如图5.13所示。

2.持球方法

握好铅球后，将铅球持于肩轴线前，抵住或靠近颈部或下颌，头部略向右转，拇指处于肩的上方、球体的下方，其余四指大体上处于球体的侧面，掌心向内，右臂屈肘，肘部略低于肩或与肩平，躯干保持正直，左臂前上举，如图5.14所示。

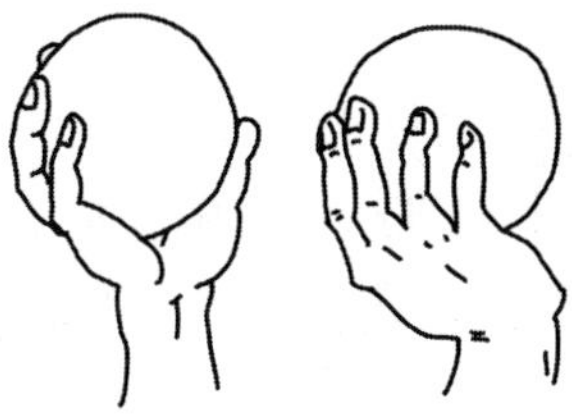

图5.13 握球方法

图5.14 持球方法

5.4.2 滑步前的预备姿势

1.高姿势

运动员持好球后,站立在投掷圈的后沿内,背对投掷方向,两脚前后站立,右脚以全脚掌着地,靠近投掷圈后沿。左脚位于右脚后20~30厘米处,以前脚掌或脚尖着地,脚跟提起。右腿伸直,重心放在右腿上,左腿自然屈膝,髋部稍向上提。右手持球于肩上,肘略外展。躯干正直放松,左臂前上举。目视投掷相反方向前下方3~5米处。

2.低姿势

背对投掷方向,两脚前后站立,右脚以全脚掌着地站于投掷圈靠近后沿处。左脚位于右脚后50~60厘米处,以前脚掌着地。两腿弯曲,重心落在右腿上。上体前倾与地面平行,低头含胸,两眼目视前下方23米处,右手持球于肩上,肘外展,左臂自然下垂。铅球的投影点在右脚的右侧前方。

5.4.3 预摆与准备滑步

1.高姿势

做好预备姿势后,上体前屈,使躯干接近水平位置。左腿向后上方摆动,右腿伸直,使重心均匀地分布在整个右脚掌上。完成预摆动作并维持好身体平衡后,紧接着低头、含胸收腹,右腿屈膝下蹲,左腿屈膝回收至靠近右膝处,形成团身动作。随着屈膝团身动作的完成,开始向投掷方向平移臀部,完成准备滑步动作。

2.低姿势

做好预备姿势后,弯曲的左大腿平稳地向后上方摆动,同时上体保持前倾姿势,左臂前伸,头与背部基本呈直线。左腿摆动到一定高度并保持身体平稳。右腿弯曲,重心均匀地分布在整个右脚掌上。

完成预摆动作并维持好身体平衡后,迅速回收左腿并靠近右腿。与此同时,右腿逐渐屈膝形成弓背团身姿势,并向投掷方向平移臀部,完成准备滑步姿势。后续动作同高姿势推铅球。

5.4.4 滑步

完成准备滑步动作后，当身体重心向投掷方向平移且超过右腿支撑点时，左大腿带动小腿以脚跟为力点向抵趾板方位积极摆插；右腿积极向投掷方向用力蹬伸，当右腿蹬直、右脚跟（右脚掌）即将离地时，两大腿的夹角约为125°，躯干与右大腿夹角约为80°。身体在左右腿的摆蹬用力下形成一个低腾空形态，躯干保持前倾姿势，左臂伸向投掷反方向后下方，目视投掷反方向的后下方。在低腾空的下落阶段，右腿积极内收、提拉，超过投掷圈圆心10～30厘米，以右脚前脚掌内侧着地，右脚尖与投掷方向约成135°，右腿弯曲，右膝关节约成135°，如图5.15所示。

1　2　3　4　5

图5.15　滑步动作

5.4.5 过渡阶段

图5.16　过渡阶段动作

从右脚着地至左脚着地为过渡阶段。右脚着地后，立即向投掷方向前下方用力转动右髋、右腿、右脚。左腿在插向抵趾板时，以前脚掌为力点伸踝外翻，带动大腿小腿外展，以左脚掌内侧为力点着地。左脚外展与投掷方向夹角约为30°，左脚的脚尖与右脚的脚跟在一条直线上，左膝角约为160°。身体重心落在弯曲的右腿上。躯干保持前倾姿势与地面夹角约为45°，左臂伸向投掷反方向后下方，目视投掷反方向的后下方。从整个动作的外形看，由左脚、左腿、左髋、左侧躯干至左肩形成一个圆滑的弧形，使身体处于背部拉紧、腰髋部拧紧和右腿压紧的“三紧”状态，如图5.16所示。

5.4.6 最后用力

完成过渡动作后，左脚着地即开始最后用力。左臂屈肘积极快速向左前上方弧形运动，在左臂的积极引领下，躯干开始逐渐抬起，同时右髋向投掷水平方向前下方快速转动用力，在髋的作用下右腿积极转蹬用力，保持弯曲程度向前运动。由右脚掌内侧开始转动并向前滑动，躯干稍抬起。此时，从左脚着力点到左膝、左髋、左侧躯干、左肩，形成与之对抗的左侧支撑轴。

左臂继续向投掷方向弧形运动至身体左侧停下并固定左肩和左侧支撑轴。左臂大小臂夹角约为90°,左手掌心朝向投掷方向。在左侧支撑轴的对抗用力下,右髋向投掷水平方向前下方继续转动用力,带动右腿继续向投掷方向转动蹬伸,脚跟转向投掷的反方向。右脚向投掷方向移动约两脚间距离的1/3。由于右髋、右腿的运动,推动右侧躯干抬起,向投掷方向转动。抬头挺胸,眼睛看着前上方。右臂屈肘外展朝向投掷反方向并略低于肩,将铅球用力顶在颈部,形成出手前最后用力的良好超越器械的姿势。

在形成良好的超越器械姿势的前提下,继续积极蹬伸右腿,使身体重心由低向高、由右向左移动,左侧支撑轴中的左腿用力撑蹬,右肩在胸的带领下向投掷方向积极运动,躯干转成正对投掷方向。头部转向左侧,右肩高于左肩,以大臂带动小臂呈匀加速的形式将铅球沿着38°~42°的出手角度推出。在投掷臂伸直的同时手腕稍内旋,使铅球从指根向指尖滚动,当铅球离手瞬间,在指屈的作用下最后以右手中指指尖为力点作用在铅球的几何重心上,用力将铅球拨送出去。铅球离手后,右手五指并拢,指尖和掌心朝外,完成最后用力动作,如图5.17所示。

图5.17 滑步与用力示意图

5.4.7 铅球出手后维持身体平衡

为了缓冲铅球出手时产生的向前的惯性作用和冲力,避免犯规,获得有效的运动成绩,应迅速弯曲双腿,降低身体重心,左右腿及时换步,维持身体平衡。在铅球落地和身体稳定后,从投掷圈的后半部走出。

5.5 田径运动的裁判规则

5.5.1 径赛项目

在田径运动会中,所有赛跑项目(包括跨栏及接力跑)都属于径赛项目。参赛者的名次取决于其身体躯干(有别于头、颈、臂、腿、手或足)抵达终点内侧之垂直线为止时的顺序。径赛成绩相同而影响进入下一赛次时,若情况许可,均予以取录,否则应予重赛。在决赛中成绩同是第一,总裁判有权决定是否重赛,若认为无须重赛,则维持赛果;至于其他名次,就算成绩相同,也无须重赛。

1.短跑及中长跑

在国际赛事中,所有400米或以下的径赛项目,必须采用蹲踞式起跑及使用起跑器。在"各就位"及"预备"口令之后,参赛者应马上完成相关动作,任何参赛者不能在合理时间内完成相关动作,则属起跑犯规。除此以外,在"各就位"后,以声音或动作扰乱他人的参赛者,可判以起跑犯规。在枪声响起前有任何起跑动作,则属起跑犯规。对起跑犯规的参赛者,发令员将取消其参赛资格(此例不适用于男子十项全能及女子七项全能比赛)。400米以上的竞赛项目,口令只有"各就位",当所有参赛者均准备妥当及静止后,便可鸣枪开始比赛。

在划分赛道进行的径赛项目中,参赛者不得越出其指定的赛道,否则会被取消资格。在任何径赛项目中,若冲撞、突然切入或阻碍其他参赛者,也会被取消资格。反过来说,若任何参赛者被推或迫离指定赛道,只要未获得实际利益,不必取消其参赛资格。同样情况,任何参赛者在直道中越出其跑道或在弯道中越出其跑道之外侧,只要没有得益及未阻碍他人,也不算犯规。

2.跨栏

各参赛者必须在自己的赛道内完成比赛,而且当参赛者跨越栏架时,若其腿或足从低于栏架项的水平线跨越,或跨越并非自己赛道上的栏架,均应取消其参赛资格。若裁判员认为参赛者故意以手或足撞倒任何栏架,也应取消其参赛资格。

3.接力跑

4×100米接力跑是分道进行的,接棒者可以在接棒区前10米内起跑。在4×400米接力跑中,第一棒全程及第二棒的第一弯道是分道跑,第二棒运动员要跑至抢道线后方可自由抢道。第一棒的传接必须在参赛者指定的赛道内进行,其余各棒的传接,裁判员会根据第二及第三棒运动员通过200米起点处之先后,按次序让第三及第四棒的运动员在接棒范围内,由内至外排列等候接棒。所有接棒者均不可在接棒区外起跑。

接力棒必须拿在手上,直到比赛结束为止。任何人掉了棒,必须由本人拾回,而且要在不影响他人的情况下,方可越出自己的跑道以拾回接力棒。所有接力赛事,必须在接棒区内完成交接棒。接棒区内的判定是根据接力棒的位置,而不是根据参赛者的身体或四肢的位置。任何参赛者在传接棒完毕后故意越出跑道以妨碍其他参赛队伍,其队伍可以被取消资格。

5.5.2 田赛项目

所有赛跑项目以外的赛事,均属于田赛项目。田赛项目可分为掷类及跳类。除跳高外,若参赛人数超过8人，每人应有3次试掷（跳）机会，试掷（跳）成绩最好的8名参赛者可获得另外3次试掷（跳）机会。若超过1名参赛者同时获得相同于第八名的成绩，则每位成绩相同于第八名的参赛者，均可再获3次试掷（跳）机会。若参赛的总人数是8人或以下，则每位参赛者应给予6次试掷（跳）机会。

若参赛者同时参加了田赛和径赛项目或一项以上的田赛项目，而在比赛时间上有所冲突时，田赛项目裁判可让参赛者在每一轮中更改赛前预定的试掷（跳）次序，但每一位参赛者在任何一轮的比赛中，不得有多于一次试掷（跳）机会（跳高除外）。

用距离决定胜负的田赛项目，以参赛者全部试掷（跳）中的最佳成绩计算名次。遇到最佳成绩相同时，应以次佳成绩定胜负，以此类推。若仍无法定出胜负而又涉及竞逐第一名时，则成绩相同者须依原来顺序进行比赛，直至分出胜负为止。

用高度决定胜负的田赛项目，遇到最佳成绩相同时，以最少试跳次数成功越过最后高度的参赛者应获排较前的位置。如仍未分出胜负，则全场比赛中试跳失败次数最少（包括最后跳过之高度）的参赛者应获排较前的位置。若仍无法定出胜负而涉及竞逐第一名时，虽然有关的参赛者有可能曾经在不同高度作试跳而相继失败，裁判应以其中最低的高度再给予一次试跳机会。如仍无法分出高下，则每次升高或降低2厘米让有关参赛者加跳一次，直至能定出胜负为止。而且在此情况下，有关参赛者必须试跳，以便判定名次。不涉及竞逐第一名的情况，由成绩相同的有关参赛者并列同等名次。

若田赛参赛者无理由延误试掷（跳），便算一次失败，如再次延误比赛，则被取消继续比赛的资格，但之前所创成绩仍被承认。正常情况下，每次试掷（跳）的时间不得超过90秒。当跳高比赛只剩下2～3人时，此时限应增至3分钟；若只剩下1人时，此时限应增至5分钟。

1.铅球

参赛者必须在推掷圈内，由静止状态开始，把铅球以单手由肩上推出。在整个推铅球的过程中，铅球应接触或接近参赛者的下颌，且不得低于此位置，也不得移至肩线之后。推掷时，参赛者可触碰推掷圈及抵趾板的内缘，但身体的任何部位若触到推掷圈或抵趾板上缘，或推掷圈外面的地面，均视作试推失败。铅球未着地前，参赛者不得离开推掷圈。离开推掷圈时，也必须从其后半圆离开。在推掷过程中，参赛者可以中途停顿，甚至把铅球放下，以及离开推掷圈（但仍要符合上述规定），然后重新由静止位置开始推掷。铅球必须完全落在扇形着地区角度线范围以内方为有效。丈量时应从铅球着地痕迹的最近端拉向推掷圈的圆心，以推掷圈内缘至铅球着地痕迹近缘的距离为成绩。距离的计算须以0.01米为最小单位，不足0.01米者应以较低的读数计算成绩。

2.铁饼

除了投掷方式上的不同外，所有推铅球的规则通用于掷铁饼项目，唯丈量时应以0.02米为最小单位，不足0.02米者应以较低的读数计算成绩。

3.标枪

参赛者应握着标枪的握把处，自肩上或投掷手臂上方把标枪掷出，投掷时不得把枪抛出或甩出。自开始投掷至标枪离手期间，参赛者不得转身完全背向投掷弧。标枪着地前，参赛者不得离开助跑道，离开时也要从助跑道两边平行线的直角方向及投掷弧的两端延长线后面走出。在投掷过程中，只要未触犯上述规定，参赛者可中途停顿，甚至把标枪放下，并且离开助跑道，然后重新回到助跑道投掷。标枪着地时，枪尖必须比其他部分先着地，且完全落在扇形着地区的角度线以内，该投掷方为有效。丈量时应由枪尖着地的最近点，通过投掷弧线的圆心，量度至投掷弧线的内缘作为该投掷的成绩。距离的计算须以0.02米为最小单位，不足0.02米者应以较低的读数计算成绩。

4.跳高

比赛开始前，裁判员必须向参赛者宣布起跳的高度及每次晋升的高度，直至只剩下一位参赛者为止。除非只余下冠军参赛者，否则横杆的升幅不得少于2厘米，而且横杆的升幅不得增加。在只剩下冠军参赛者的情况下，横杆的升幅可按其意愿而作出决定。参赛者必须单脚起跳。若起跳后横杆不停留在支架上或在尚未越过横杆前，身体的任何部位触及两支架间或两支架外的地面(包括其着地区)，则判断为试跳失败。如果参赛者在试跳时其脚部触及着地区，但裁判员认为并未因此而获得利益，则该跳仍为有效。参赛者可以在任何一个高度开始起跳，往后也可以自由选择高度试跳，但不管高度如何，连续3次试跳失败，便会丧失继续比赛的资格。若参赛者放弃某一高度的第一次试跳，其后便不得在同一高度上再次要求试跳机会(成绩相同时的额外试跳除外)。

5.跳远

参赛者触犯下列任何情况，均视为试跳失败：

(1)不论起跳与否，身体的任何部位触及起跳线前方的地面。

(2)不论是否超过起跳线，在起跳板两端以外起跳。

(3)着地时身体的任何部位触及着地区以外的地面，而该点较其落在着地区之位置为近。

(4)完成试跳后，在着地区向后行。

(5)使用任何翻腾动作试跳。

除上述(2)行为外，参赛者未到达起跳板即开始起跳，不得判作失败。丈量试跳成绩时，应以身体任何部位在着地区表面留下的痕迹与起跳线或其延长线间的最短距离为准。距离的计算须以0.01米为最小单位，不足0.01米者应以较低的读数计算成绩。

6.三级跳远

三级跳远由单足跳、跨步跳及跳跃三个部分组成。第一步起跳后，须以同足着地，进行第二次起跳；第二步起跳后，则要以另一足着地，然后再作第三次起跳。除场地外，跳远的所有规则均适用于三级跳远项目。

6
足球运动

足球运动有“世界第一运动”的美誉，是全球体育界最具影响力的单项体育运动之一。标准的十一人制足球比赛由两队各派10名球员和1名守门员，在长方形的草地球场上对抗、进攻，尽量将足球射入对方的球门内，每射入一球就可以得到一分，比赛完毕后，得分多的一队胜出。如果在比赛规定时间内得分相同，则需根据比赛规则，通过抽签、加时再赛或互射点球等形式分出高下。

踢球技术　接球技术　带球技术　守门员技术

6.1 足球运动概述

6.1.1 足球运动的特点与作用

1. 足球运动的特点

足球运动具有整体性、对抗性、多变性、艰辛性、易行性等特点。

2. 足球运动的作用

足球运动具有培养团队精神，增强国民体质，推动社会发展，促进国际交往和增进友谊等作用。

6.1.2 足球运动的起源与发展

1863年，现代足球运动诞生于英国。

1872年，足球运动史上第一次正式比赛在英格兰和苏格兰之间进行，即泛英足球比赛。

1904年，国际足球联合会（FIFA，以下简称"国际足联"）在法国巴黎成立，总部于1932年由法国巴黎移至瑞士苏黎世，这标志着足球作为一项世界性的体育项目登上了国际体坛，足球运动在更加广泛的范围内开展起来，影响也越来越大。

国际足联是世界上最大的国际单项体育组织。其举办的重大比赛包括奥运会足球赛、四年一届的世界杯足球赛、世界青年足球锦标赛和女子世界杯足球赛等。

1930年，乌拉圭成功举办了第1届世界杯足球锦标赛。

6.1.3 中国足球运动简况

古代足球起源于中国，名曰"蹴鞠"，用来训练士兵、考察兵将体格。

1955年，中国足球协会成立，从1956年开始在全国举行甲、乙级足球联赛，并实行等级运动员和裁判员制度。

1958年，首次提出"勇、快、巧、准"的中国足球风格，明确了我国足球运动的发展方向。

1987年中国足球队参加第24届奥运会足球预选赛，并获小组出线权，实现了冲出亚洲的夙愿。

2001年，中国足球队在"神奇教练"博拉·米卢蒂诺维奇的带领下圆了44年的世界杯之梦，首次进军世界杯淘汰阶段的比赛。

2014年，国务院召开全国青少年校园足球工作电视电话会议，国务院副总理刘延东在会议上对校园足球作出重要指示，由教育部主导校园足球，并推出一系列措施推动校园足球进入升级版。

2015年,中央全面深化改革领导小组第十次会议审议通过了《中国足球改革总体方案》。方案提出“三步走”战略,分为近期、中期和远期目标。近期目标是要理顺足球管理体制,制订足球中长期发展规划,创新中国特色足球管理模式。中期目标是要 实现青少年足球人口大幅增加,职业联赛组织和竞赛水平达到亚洲一流,国家男足跻身亚 洲前列,女足重返世界一流强队行列。远期目标是要使中国成功申办世界杯足球赛,男足 打进世界杯,进入奥运会。

6.1.4 现代足球运动的发展趋势

现代足球运动的发展变化主要表现在:攻守对抗日趋激烈;攻守日趋平衡;整体攻守速度日益加快;运动员的竞技能力得到全面而同步的发展;球星的作用与球队整体融为一体。

6.2 基本技术和练习方法

6.2.1 球性的熟悉

球性是足球运动中最基本的元素,也是学习和掌握好足球技术的前提条件。球性的好坏直接影响足球技术掌握的速度和质量。球性是指在足球练习中,运动员能够比较正确地感觉到球的高度、速度、弹性及控制球的能力,以下介绍几种球性熟悉的练习技巧。

1.胯下左、右脚传球

动作方法:上体直立,两脚左右开立,大于肩宽,足球放在两脚之间,靠在右脚内侧处。动作开始后,用右脚内侧把球传至左脚内侧,传完球后右脚立刻落地支撑,这时左脚内侧传球回右脚,传完球后立刻落地支撑。

技术要点:初次练习时眼睛可观察胯下的传球练习,但动作熟练后眼睛要目视前方。脚下的传球动作要逐渐加快。两脚动作和身体重心要配合协调。

2.左、右脚交替踩球

动作方法:身体直立,两脚前后开立,左脚支撑身体,右脚前脚掌踩球的上部。动作开始后,两脚做一个交换跳动作,使左脚踩在球的上部,右脚支撑,这样两脚连续做交换跳练习。

技术要点:踩在球上的脚不要太用力,只需轻轻地踩球。动作熟练后,眼睛要目视前方,两脚的交换跳动作要快。

3.左、右脚交替向后拉球

动作方法:上体直立,两脚前后开立,左脚支撑身体,右脚踩在球的上部。动作开始后,右脚踩球向后拉球使球向后滚动,拉完球后落地支撑身体,这时,左脚踩球的上部向后拉球,拉一下后马上落地支撑身体。

技术要点：每次踩球力量不要过大，拉球的距离不宜太长，身体重心要控制好。

4.手抛、脚接球练习

动作方法：身体直立，双手持球于胸前，把球向身体前上方抛起（超过头1米左右），当球达到一定高度下落时，首先要判断好球的落点、速度、力量，迅速抬右腿用脚在空中接球（脚离地约50厘米），当球与脚快要接触时迅速压腿缓冲，使球停在右脚上。

技术要点：抛球要稳，脚接球时注意做好缓冲动作。通过积极的练习使左右脚都能熟练地接球。

5.颠球练习

双脚颠球动作方法：双手持球于体前，轻轻把球抛起（不要超过胸部），当球下落时，右脚迅速抬起，用脚背击球，把球向上踢，球再下落时，左脚迅速抬起，用脚背击球，把球向上踢。两脚交替练习。

双腿颠球动作方法：双手持球于体前，轻轻把球抛起（不要超过头部），当球下落时，右腿迅速抬起，小腿与大腿成90°，右大腿抬平，用大腿把球击起，右脚落地。球再下落时，左腿迅速抬起，小腿与大腿成90°，左大腿抬平，用大腿把球击起，左脚落地。两腿交替练习。

头部颠球动作方法：双手持球于体前，轻轻把球抛起（超过头部1米左右），头部仰面朝上，当球下落时，用头部的前额把球击起，再下落，再击起，连续练习。

技术要点：必须全身放松，千万不要让脚僵硬，颠球时要击球的底部中央，球不要高于膝盖。颠球时一定要注意力集中，用力适当。

6.2.2 踢球

踢球是指运动员有目的地用脚把球击向预定目标的技术。踢球是足球技术中最重要的技术，主要用于传球和射门。踢球的方法很多，主要有脚内侧踢球、脚背正面踢球、脚背内侧踢球、脚背外侧踢球、脚尖踢球和脚跟踢球。这些动作结构完全一致，均由助跑、支撑脚站位、踢球腿摆动、脚触球、踢球后的随前动作五个环节组成。

1.脚背内侧踢球

动作方法：如图6.1所示，斜线助跑，助跑方向与出球方向约成45°，最后一步稍大，支撑脚底积极着地，脚尖指向出球方向，距球内侧后方20～25厘米，膝关节微屈。在支撑同时，踢球腿已完成后摆，并开始以髋关节为轴，大腿带动小腿由后向前摆动，当大腿摆至与支撑腿接近同一平面时，小腿做爆发式摆动，此时脚尖外转、脚背绷直，以脚背内侧部位触击球。击球后踢球腿及身体继续随球向前。

图6.1 脚背内侧踢球

2.踢球练习方法

①模仿踢球动作练习,体会动作要领,重点是支撑脚站位,摆动腿摆动和身体协调动作。
②面对墙体,距离5~8米,做各种踢球动作。
③两人或两队一组,距离15米,相互踢定位球。
④两人一组,移动中踢球练习。

3.易犯错误与纠正方法

易犯错误:踢球部位选择不正确;脚背踢球时,脚踝没有绷紧,出球无力。
纠正方法:注意选择正确部位和站位;脚背内侧踢球时绷紧踝关节,协调用力。

6.2.3 停球

停球是指运动员有目的地用身体的合理部位使运行中的球停下来,并将球控制在所需要的范围内,以便更好地衔接下一个技术动作。停球的方法有多种,常用的有脚内侧停球、脚背正面停球、脚底停球、大腿停球、胸部停球、头部停球等。

1.脚内侧停球

动作方法:如图6.2所示,身体正对来球,判断来球的速度和方向,选好支撑脚的位置,膝关节微屈。接球脚根据来球的状态相应提起,膝、踝关节外旋,脚趾稍翘,用脚内侧对准来球,触球瞬间,接球部位做相应的引撤或变向接球动作,将球控制在所需要的位置上。

图6.2 脚内侧停球

图6.3 脚背正面停球

2.脚背正面停球

动作方法:如图6.3所示,根据球的落点,及时移动到位,脚背正面上迎下落的球,当球与脚背接触的一瞬间,接球脚开始下撤,此时接球腿膝关节、踝关节、脚趾均保持适度紧张,脚尖微翘将球接到需要的位置。

3.胸部停球

1)挺胸式停球

动作方法：如图6.4所示，接球时，身体正对来球，两腿自然开立，膝微屈，两臂在体侧自然屈抬，上体稍后仰与来球形成一定的角度。触球瞬间，胸部主动挺送，使球触胸后向前上方弹起落于体前。一般用于接有一定弧度的高球。

2)收胸式停球

动作方法：如图6.5所示，面对来球，两脚左右或前后开立，两臂自然张开，挺胸迎球，触球瞬间收胸、收腹，臀部后移将球停在体前。若需将球停在体侧时，则触球瞬间转体，将球停在转体后相应的一侧。多用于接齐胸高的平直球。

图6.4 挺胸式停球

图6.5 收胸式停球

4.停球练习方法

①慢跑过程中，向前上方抛球，做停球练习。

②两人一组，距离5～8米，接对面跑来的地滚球、高球、反弹球等。

③两人一组，相互传接地滚球、高球、反弹球。

④结合各种踢球做停球练习。

5.易犯错误与纠正方法

易犯错误：球的落点判断不准确；停球时肌肉紧张，动作僵硬。

纠正方法：加强判断能力，主动迎球；尽量放松肌肉，做到动作流畅、干净利落。

6.2.4 运球

运球是指运动员在跑动中用脚连续推拨球，使球处于自己控制范围内的技术。常用的运球技术有脚内侧运球、脚背正面运球、脚背外侧运球等。

1.脚内侧运球

动作方法：如图6.6所示，运球前进时支撑脚位于球的侧前方，肩部指向运球方向，支撑腿膝关节微屈，重心放在支撑腿上，运球脚提起时，膝关节弯曲，脚跟提起，脚尖稍外转，随重心前移，运球脚膝外转，用脚背内侧向前侧推拨球，球向前侧曲线或弧线运行。

1 2 3 4 5

图6.6 脚内侧运球

2.脚背正面运球

动作方法:如图6.7所示,运球时身体保持正常跑动姿势,上体稍前倾,步幅不宜过大,运球腿提起,膝关节稍屈,髋关节前送,提踵,脚尖下指,在着地前用脚背正面部位触球后中部将球推送前进。

1 2 3 4

图6.7 脚背正面运球

3.脚背外侧运球

动作方法: 如图6.8所示,跑动时身体自然放松,上体稍前倾,两臂自然摆动,步幅要小些。运球脚提起时,膝关节弯曲,脚跟提起,脚尖稍内转,当脚迈步前伸至球时,球正好在膝关节下方。用脚背外侧向前推拨球,球直线运行;向前侧推拨球,球曲线或弧线运行。

1 2 3 4

图6.8 脚背外侧运球

4.运球练习方法

①慢跑中,交替用两脚的脚内侧做直线运球,体会脚内侧踢拨球的动作。

②原地用脚内侧和外侧横拉球。

③两人一组,一人消极防守,一人做直线运球结合射门的练习。

④结合游戏,练习接球、踢球及运球。

5. 易犯错误与纠正方法

易犯错误：身体重心高，变向运球时身体倾斜不够；触球时不是推拨球而是踢球。

纠正方法：练习时注意降低重心，先从无球开始；脚触球时一定要准确，踝关节一定要放松，不宜用力过猛，以免球脱离身体控制范围。

6.2.5 抢断球

抢断技术是一种积极有效的防守手段。抢断是防守技术的综合体现，是用争夺、堵截、破坏等方式延续或阻拦对方进攻的一种技术。一旦把球争夺过来，就意味着组织进攻的开始。

1. 正面抢断

两脚前后稍开立，两膝稍屈，身体重心下降，并均匀落在两脚上，面向对手。当对方带球或触球即将着地或刚刚着地时，立即抢球。抢球脚的脚弓正对球，并跨出一步，膝关节弯曲，上体前倾，身体重心移至抢球脚上。

2. 侧面抢断

当与对方平行跑动争球时，身体重心要降低，两臂贴紧身体。在对方靠近自己的脚离地时，可用肩和上臂做合理的冲撞动作，使对方身体失去平衡，从而把球抢过来。

3. 后面抢断

后面抢断也称铲球，可分为脚掌铲球、脚尖铲球和脚背铲球。当防守人追至离运球人右后方 1m 左右时，可用右脚掌或左脚尖（脚背）进行铲球。当防守人在运球人左侧时，则用左脚掌或右脚尖（脚背）进行铲球。如用右（左）脚掌铲球，可在运球人刚刚将球拨出时，先蹬左（右）腿，跨右（左）腿，膝关节弯曲，以脚外侧从地面滑出，用脚掌将球踢出。然后小腿、臀部、上体依次着地，身体随铲球动作向前滚动。

6.3 基本战术

6.3.1 基本进攻战术

1.“二过一”战术配合

“二过一”战术配合是指两名进攻队员在局部地区通过两次或两次以上的连续传球配合，越过一名防守队员的战术行动。进攻的两名队员之间相距 10 米左右，进行一传一切的配合。“二过一”是集体配合的基础，可以在任何场区、任何位置上运用这种方法来摆脱对方的抢断或突破防线。

要求传球平稳及时,一般多用脚内侧、脚外侧等脚法,以传低平球为主。传球的位置,尽可能是在接球人脚下或前面两三步远的地方。

示例:如图6.9所示,③接到①的横传球后,向前直传空当,①按实线从△旁插入接球,然后将球传给⑤,再按实线从△旁快速切入,接⑤的传球射门。

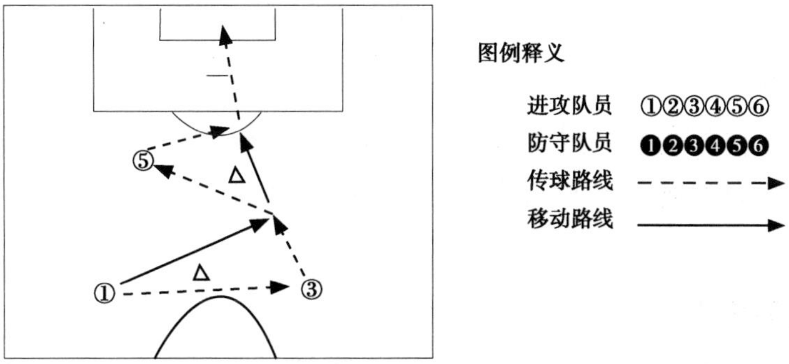

图6.9 “二过一”战术配合

2.“三过二”战术配合

“三过二”战术配合是指在比赛场地的局部区域,通过三名进攻队员的连续配合突破两名防守队员的防守。由于这种配合有两名同队队员可以接应传球,因此持球人传球路线也更多,进攻面更广。

示例:如图6.10所示,②跑向空当1,③跑向空当2,①将球传给③。

当一名进攻队员跑向一个有力空当(空当1)并吸引一名防守队员,使原区域出现空当(空当2)时,第二名进攻队员迅速插向空当2,利用传接配合,突破对方防守。

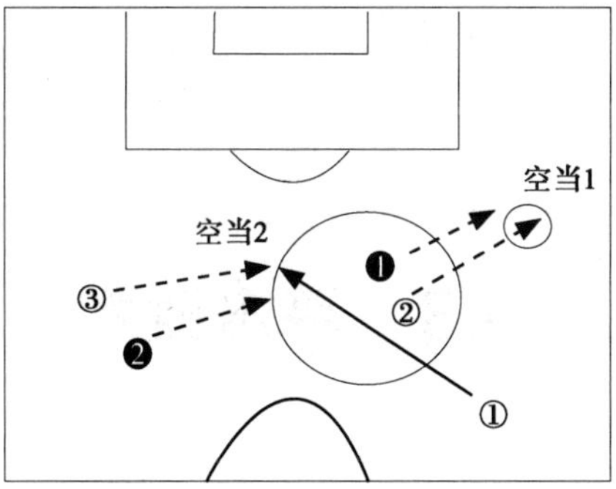

图6.10 “三过二”战术配合

第二空当进攻队员要求:跑位队员②要逼真,要把防守者从原防守位置带动过来,形成空当。接应者③要及时摆脱,快速插向空当。传球者要掌握好传球时机与落点,使拉扯、切入、传球三者配合默契,一气呵成。根据场上实际情况灵活变化打法,形成打第一空当、打第二空当或第三空当相结合。

6.3.2 基本配合防守战术

1.补位

补位是指足球比赛中在局部区域队员集体进行配合的一种方法。在防守过程中,一名防守队员被对手突破时,另一名队员应立即上前进行封堵。

2.围抢

围抢是指足球比赛中在某局部位置上,防守一方利用人数上的相对优势(通常是两三名队员)同时围堵对方的持球队员,以求在短暂时间内达到抢断球或破坏对方进攻(防守)的目的。

3.造越位战术

造越位战术是利用规则而设计的一种防守战术,是一种以巧制胜的省力打法,因而成为一种重要的防守手段。由于该战术配合难度较大,搞不好会适得其反,让对手钻了空子,因此,往往为水平较高的球队所采纳,但也不宜频繁使用。

6.4 足球运动的主要竞赛与裁判规则

6.4.1 足球运动的主要竞赛

足球运动的主要竞赛可分为俱乐部比赛和国家队比赛两大类。

1.俱乐部比赛

1)欧洲

欧洲是世界足球水平最高的地区之一,云集了优秀的球星,以英超、西甲、德甲、法甲、意甲五大联赛为主。欧洲冠军联赛简称“欧冠”,是欧足联主办的最高荣誉的年度足球赛事,代表欧洲俱乐部足球最高荣誉和水平,也是世界上奖金最高的体育赛事,每届赛事均有超过10亿电视观众通过卫星观看比赛。

2)亚洲

在亚洲,韩国K联赛、日本J联赛、中国超级联赛比较有名,西亚的卡塔尔、沙特联赛也很有名,亚洲的洲际杯赛叫亚洲冠军联赛(由以前的亚洲俱乐部联赛和亚洲联盟杯合并而来)。

3)美洲

在美洲,巴西全国联赛、阿根廷春季和秋季联赛以及美国足球大联盟比较有名,美洲的洲际杯也叫南美解放者杯。

4)非洲

非洲没有完善的联赛机制,优秀球员都在国外踢球。

5)国际足联俱乐部世界杯

国际足联俱乐部世界杯于每年的12月举行,由来自各大洲顶级的球队参赛。

2.国家队比赛

最重要的为四年一届的世界杯。各大洲还有欧洲杯、美洲杯、亚洲杯、非洲杯、中北美及加勒比海地区金杯赛等。还有联合会赛杯,由各大洲冠军参与,号称“小世界杯”。其余的还有各个年龄段的足球世锦赛,比如U16、U20。奥运会的足球比赛则是由23岁以下的球员参加。

6.4.2　足球运动的裁判规则

1.比赛场地

球场面积必须符合规则的规定。国际足联曾规定世界杯决赛阶段比赛场地长105米、宽68米。国内基层比赛的场地可因地制宜,但在任何情况下,边线的长度必须长于球门线的长度,场内各区域的面积不得变更。球场地面必须平坦,硬度合适,以不伤害运动员和不影响球的正常运行为原则。

2.比赛时间

正式的国际足球比赛分为上、下两个半场,每半场45分钟,中间休息时间不得超过15分钟。有时会根据场上情况进行补时,补时长短由主裁判决定。造成补时的原因主要有:处理场上受伤者,拖延时间和其他原因。

3.队员人数与换人

每队上场队员不得多于11名,且其中必须有一名守门员。如果场上一队的队员少于7人,则比赛不能开始。奥运会足球比赛中,每场比赛最多可使用3名替补队员;场外和场上队员未经裁判员许可不能擅自进出场地。比赛时,守门员和其他队员的位置不能随意交换,如需要交换,须经过裁判员同意。

4.裁判员

正规的足球比赛应拥有至少5名裁判员,其中包括主裁判、第一助理裁判、第二助理裁判、第四官员、底线裁判。

在球场上,主裁判的判罚为最终判罚。主裁判判罚的任何结果均无法更改(比如比分、红黄牌等,只要在球场上判罚了,任何人都无法更改),比赛也不会重赛。近年来,欧洲足坛发生过几次足协更改判罚的情况,但也只是更改了红牌判罚,并不会更改比分和比赛结果。

球场上任何运动员对主裁判的判罚必须服从，哪怕是主裁判错了，任何人也不得质疑，如果质疑过多，主裁判随时可以出牌警告。按照国 际足联的规则，主裁判的身体和角旗杆、门柱等一样，属于公共物体，如果不小心球打在主裁判身上出了边线或发生了进球，与主裁判无关。主裁判进入比赛场地随时可以进行判罚。在比赛前，若主裁判发现球员有违规行为，可以将其驱逐出场，不得进入比赛名单(这一般指的是比较恶劣的行为)。

助理裁判也叫边裁，可分为第一助理裁判和第二助理裁判。一般来说，靠近客队替补席一侧的是第一助理裁判，主队替补席对面的是第二助理裁判，因为靠近客队替补席一侧的裁判，有时还要兼顾照看替补席的情况，所以相对来说担子比较重。第一、第二助理裁判的任务有判罚越位、角球、球门球和边线球。其实，助理裁判的任务还不止这些，在球场上，助理裁判要辅助主裁判做出判罚。一般来说，助理裁判的活动范围只限于底线至中场线，而主裁判的跑动路线范围更大，这样能保证裁判视区无盲点。那么，主裁判另一边的情况，只能依靠助理裁判来识别判断。助理裁判最标志性的动作就是举旗，手中小旗一挥，就证明有情况发生。越位时，边裁的小旗先举过头顶，然后再指向球场越位地点；角球判罚时，小旗斜向下指向角旗区；边线球时，横向指向进攻方向；如果判断产生了犯规，则将小旗举过头顶不停地摇晃。主裁判可以听从助理裁判的意见，也可以坚持己见，最终以主裁判的判罚为准。

第四官员的任务是很繁重的。首先，比赛前，第四官员要核对球队名单，检查球员服装及护具，发现问题及时要求整改。开场后，第四官员还要负责维护替补席秩序，发现有违规的，及时通知主裁判进行处罚。作为最容易被替补席人员找到的人，第四官员还时常需要对他们进行解释，工作不可谓不繁重。当然，第四官员最重要的一件事情就是做主裁判的替补，万一场上发生主裁判受伤的情况，就得第四官员披挂上阵，所以第四官员也是拥有主裁判资格的裁判员。

底线裁判是为了防止门线悬案而采用的裁判。底线裁判一般给人的印象，都是在底线上撅着屁股，那是在看足球有没有完全越过门线。随着VR技术和鹰眼技术的发展，底线裁判已经用处不大。

5.VR 技术与视频裁判

VR视频助理裁判是近几年新兴的一个事物，主要是指坐在视频回放室的裁判。关于VR裁判，一直都是有争议的，有人认为VR裁判能更好地纠正主裁判的错判漏判，也有人认为过多地使用VR裁判会影响比赛节奏。国际足联以及中国足协关于VR裁判判罚的范围有很明确的规定:①进球;②点球;③越位;④红牌事件。不过，VR裁判毕竟也只是辅助判罚，主裁判可以考虑是否听从VR裁判的意见来决定是否作出判罚。由于听从VR裁判的判罚时，主裁判需要将比赛吹停，导致比赛中断，从观赛体验上来说是很难受的，因此有人建议可以参考网球和排球规则，给两队挑战次数，但这在足球比赛中是绝对不可能的。在足球场上，裁判是绝对的权威，任何人都不得挑战，这是国际足联划定的一条红线。VR裁判是一个很好的开始，但未来需要从软硬件上去解决一些问题，才能使VR裁判更好地服务于比赛，使足球比赛流畅、完美地进行。

6. 任意球

足球比赛的任意球分两种：一种是直接任意球，主要是针对恶意踢人、打人、绊倒对方的行为，用手拉扯、推搡对方，手触球也属于这一类，还有辱骂裁判员、辱骂他人也要判罚直接任意球。这种任意球可直接射门得分。如果这些行为发生在罚球区，就要判罚点球。另一种是间接任意球，危险动作、阻挡、定位球的连踢都属于这一类。这种任意球不能直接射门得分，只有当球进门前，触及另外一名队员才可得分，罚球区内这种犯规不能判罚点球。无论直接任意球还是间接任意球，防守方都要退出9.15米线以外。如果不按要求退出9.15米，裁判员可出示黄牌。

7. 点球

在罚球区内直接任意球的犯规要判罚点球。罚点球时，双方队员不能进入罚球区。如防守方进入罚球区，进球有效，不进则重罚；如进攻方进入罚球区，进球应重罚，不进则为防守方球门球。在罚点球时，守门员可在球门线上左右移动，但不可以向前移动。

8. 红、黄牌

足球裁判员在判罚时，根据犯规性质不同可出示两种不同颜色的牌。在足球比赛中出现一些严重犯规，裁判员要出示红、黄牌。如果是恶意犯规或暴力行为，裁判要出示红牌。故意手球、辱骂他人或同一场比赛同一人得到两张黄牌时，裁判也要出示红牌。比赛中，有违反体育道德行为，用语言和行为表示不满的，裁判可出示黄牌。连续犯规、故意延误比赛、擅自进出场地的队员，裁判也可出示黄牌。

9. 越位

足球比赛构成越位要满足以下条件：在同伴传球时，脚触球的瞬间，在对方半场内如果同伴的位置与最后第二名对方队员的位置相比更靠近对方球门线，这时该队员处于越位位置。需要说明的是，与对方最后第二名队员处于平行时不判越位。处于越位位置的队员，裁判员在下列情况中判罚越位犯规：干扰比赛、干扰对方队员、利用越位位置获得利益。

10. 暂停比赛

正式足球比赛一般场上不能暂停，只有在极特殊的情况下，如队员受伤或发生意外纠纷才鸣哨暂停。恢复比赛是在比赛停止时球所在的地点坠球，重新开始比赛。现在足球比赛道德水准普遍很高，通常一方如看到场上有受伤队员，都会将球踢出界外。恢复比赛时，对方也会将球踢回。

11. 进球

当球的整体从球门柱间及横梁下越过球门线，而此前未违反竞赛规则，即为进球得分。有时在比赛中会看到球打到横梁后落地又弹回场内，裁判员可根据自己的观察来确认球是否越过球门线，这种判决有时会引起很大的争议。

12. 计胜方法

足球比赛分组循环赛期间的积分为胜一场积3分，平一场积1分，负一场积0分，最终以积分多少决定小组名次。如积分相等，则根据赛前规程确定的不同名次判定标准的规定来排定名次。

13. 比赛开始

比赛开始前，应用投币方式选定开球或场地，先挑的一方应有开球或场地的选择权。比赛应在裁判员发出信号后，由开球队的一名队员将球踢入(即踢动放在比赛场地中央的球)对方半场开始。在球被踢出前，每个队员都应在本方半场内，开球队的对方队员还应当保持距球不少于9.15米；开球队员在球经其他队员踢或触及前不得再次触球。在进一球后，应由负方一名队员以同样方式重新开球继续比赛。下半场开始时，两队应互换场地，并由上半场开球队的对方开球。

14. 角球

当足球不论在空中或地面从球门外越出球门底线，而最后踢或触球者为守方队员时，由攻方队员将球放在离球出界处较近的角球区内踢角球。角球可以直接射入对方球门得分。踢角球时，不得移动角旗杆；防守队员在球未进入比赛时(即球未滚动至球的圆周距离时)，不得进入距球9.15米以内。踢角球队员在球被其他队员踢或触及前，不得再次触球。

15. 界外球

比赛进行中，当球的整体从地面或空中越过边线时即为球出界。此时，应由出界前最后触球队员的对方队员在球出界处(边线外)1米范围内，将球掷向场内任何方向。掷球时，两脚可以平行站立或前后站立，任何一只脚的部分可以踏在边线上或边线外。但是只要有一只脚越过边线踏在场内，或者踏在线上的脚提起脚跟，致使脚尖踏在场内均属犯规行为。掷球前，可以附加助跑。掷球时，允许脚在地上滑动，但任何一只脚不得全部离地。

16. 球门球

球门球是足球比赛中重新开始比赛的一种方法，如攻方球员将球踢到守方底线，应判球门球。球门球应由守方球员在球门区直接向球场中踢出，一般由守门员开出。足球必须踢出罚球区，直接向球场踢出，如没有踢出大禁区将重踢。对方球员在球门球踢出之前，必须站离大禁区，否则也将重踢。球门球可以直接射门得分，直接接得球门球的球员不算越位。

6.4.3 五人制足球的裁判规则

1. 比赛场地

五人制足球比赛场地长25～42米，宽16～25米，所有标线的宽度应为8厘米。场地表面应平整、光滑、不粗糙，最好用木材或人造材料制成，不得使用对场上人员有危险的表面。国内比赛在特殊情况下可以使用人造草皮场地。

2.比赛时间

比赛时间为30分钟，半场各15分钟，中间休息不超过5分钟。比赛在死球期间不停表，但是当有特殊情况发生时，裁判员可以令比赛时间停止记录。与十一人制足球比赛不同的是，五人制足球比赛过程中每队在每半场有一次1分钟暂停的权利，每一次暂停顺延1分钟。

3.比赛用球

五人制足球比赛用球要求为4号球。

4.队员人数与换人

每队上场队员不得多于5人，且其中必须有一名守门员。如果场上一队的队员少于3人时，则比赛视为结束。对于所有的比赛，在比赛开始之前应向裁判员提交场上队员和替补队员名单，任何未在此时向裁判员提名的场上队员或替补队员不得参加比赛。在国际足联、洲际联合会和会员协会组织的比赛中，最多可使用9名替补队员。竞赛规程应明确可提名的替补队员人数。在非官方国家A队比赛中，最多可使用10名替补队员。在一场比赛中的替换次数不限，可以在任何时刻进行替换，暂停时除外。如比赛开始后一名场上队员被罚令出场，在该队员被罚令出场的2分钟比赛时间后(该队经历2分钟的减员)，经计时员或第三裁判员允许，一名替补队员可以进入比赛场地代替被罚令出场的队员。

5.裁判员

每场比赛裁判组由两名裁判员和两名助理裁判员组成，比赛由两名裁判员掌控，裁判员和第二裁判员有权力执行与比赛相关的竞赛规则；第三裁判员主要职责是协助场上两位裁判员和计时员，记录参加比赛的队员，在裁判员的要求下监督球的更换，记录进球队员的号码，给予裁判员提供判罚建议，记录比赛相关数据等；计时员主要职责是掌控比赛时间。

6.比赛开始

上半场比赛开始前，应用投币方式选定开球或场地，先挑的一方应有开球或场地的选择权。比赛应在裁判员发出信号后，由开球队的一名队员将球踢入(即踢动放在比赛场地中央的球)对方半场开始。在球被踢出前，每个队员都应在本方半场内，开球队的对方队员还应当保持距球不少于3米；下半场开始时，两队应互换场地，并由上半场开球队的对方开球。

7.进球与计胜方法

当球的整体从球门柱间及横梁下越过球门线，而此前未违反竞赛规则，即为进球得分。比赛中进球数较多的队伍为获胜队。如果双方球队进球数相等或没有进球，则该场比赛为平局。足球比赛分组循环赛期间的积分为胜一场积3分，平一场积1分，负一场积0分，最终以积分多少决定小组名次。如积分相等，则根据赛前规程确定的不同名次判定标准的规定来排定名次。

8.犯规及不正当行为

当裁判员认为，队员草率地、鲁莽地或使用过分的力量对对方队员实施铲抢、冲撞等行为，被视为严重犯规，将判罚给对方直接任意球，同时可根据犯规情节严重程度给予黄牌警告或罚出场。

9.任意球

任意球分直接任意球(累计6次犯规起，可选择犯规地点或10米点罚球)和间接任意球，直接任意球直接进球得分，间接任意球发球方如果直接将球踢入对方球门不能算作得分。

10.界外球

发界外球时，将球放在出界处的边线上，发球方队员须在4秒内完成发界外球过程，界外球直接进门不算得分，对方队员必须距球至少5米。

11.角球

当球的整体不论在空中或地面从球门外越出球门底线，而最后踢或触球者为守方队员时，由攻方队员将球放在离球出界处较近的角球区内踢角球。角球可以直接射入对方球门得分。踢角球时，不得移动角旗杆；对方队员在球未进入比赛时(即球未滚动至球的圆周距离时)，不得进入距球5米以内。踢角球队员在球被其他队员踢或触及前，不得再次触球。

12.越位

区别于十一人制足球比赛，五人制足球比赛中没有越位限制。

7
篮球运动

篮球运动是一项以篮球为竞赛工具，在特定条件（规则、场地、器材、设备等）限制下，比赛双方各5名队员，参加比赛的个人和集体以一定的身体素质为基础，以掌握特定的专门技术和战术方法为手段，在比赛中争夺球权，力争在攻守交替和对抗中获得球和展开投篮得分，并以得分多少决定胜负的集体球类运动项目。

传球技术动作　脚步动作　行进间投篮技术　原地投篮技术

7.1 篮球运动概述

7.1.1 篮球运动的特点与作用

1. 篮球运动的特点

篮球运动具有集体性、综合性、对抗性、健身性、增智性、商业性等特点。

2. 篮球运动的作用

篮球运动具有培养团队精神、增强国民体质、推动社会发展、促进国际交往和增进友谊的作用。

7.1.2 篮球运动的起源与发展

近代篮球运动起源于美国东部地区的马萨诸塞州，是1891年由詹姆士·奈·史密斯博士设计和发明的。

1892年，篮球运动首先从美国传入墨西哥，并很快在墨西哥得到开展。因此，墨西哥成为除美国外第一个开展篮球运动的国家。此后，这项运动先后传入法国、英国、巴西、捷克、斯洛伐克、澳大利亚和黎巴嫩等国，在世界范围内得到了普及和发展。

1896年，美国人鲍勃·盖利将篮球传入中国，首先在天津、北京等城市青年会中开展起来。1910年，篮球在我国运动会上首次被列为表演项目。1913年，篮球被正式列为比赛项目。

1932年，国际业余篮球联合会成立。

1936年，男子篮球被国际奥委会列为奥运会正式比赛项目。

1946年，美国出现职业篮球联赛。

1976年，女子篮球被列为奥运会正式比赛项目。

7.1.3 中国篮球运动概况

1974年，国际篮联和亚洲篮联先后恢复了我国的合法席位，我国篮球运动的训练水平和实战能力有了很大提高。

1975年和1976年，中国男、女篮球队分别参加亚洲篮球锦标赛，双双获得冠军。

1983年，中国女篮在第9届世界女子篮球锦标赛中，不畏强手获得第3名，从而跻身于世界强队行列。

1984年，在第23届奥运会上中国女篮获得铜牌。

1986年，中国男篮在第10届世界男子篮球锦标赛中，取得了第9名的好成绩。

1994年,中国男篮在第12届世界男子篮球锦标赛中闯入八强,并在第26届奥运会上取得第8名的好成绩,取得了历史性的突破。

1992年,中国女篮在第25届奥运会中获得亚军,1993年在世界大学生运动会中获得冠军,1994年在第12届世界女子篮球锦标赛中获得第2名。

7.1.4 现代篮球运动的发展趋势

20世纪80年代中期以来,随着世界篮球职业队伍参加奥运会,世界篮球运动跨入了一个创新发展、达到技艺化的崭新阶段。在1992年巴塞罗那奥运会篮球比赛中,美国“梦之队”的绝妙表现,显示出篮球运动整体内容结构和优秀运动队伍综合智能、技能、能力结构发生了质的变化。

篮球运动今后的发展趋势:在继续向着“高”“快”“全”“准”“变”的道路上前进的同时,相互间将融为一体。从而出现使人感觉篮球竞赛的球场越来越小,竞赛的时间越来越短,篮架越来越低,篮圈越来越大,球场变化越来越快,攻守队员身体接触越来越多,比分越来越高,女子与男子的对抗形式越来越难分的新趋势。

7.2 基本技术和练习方法

7.2.1 球性的熟悉

篮球运动是非常受人们喜爱的运动项目之一,在全世界范围内得到广泛的开展和普及。手对球的控制能力是篮球运动中的重要技术环节,运动员对球性的熟练程度直接影响竞赛水平的高低。球性熟悉的练习主要有如下几种:

1.抛接球练习方法

1)双手抛接球

两腿左右开立,双手持球于胸腹前。练习时,全身协调用力将球向上抛起,抛球时脚后跟提起,接球时顺势屈膝。抛球的高度从低到高,再从高到低。

2)双手过顶抛接球

两腿左右开立,双手持球于背后。利用提肘抖腕,小臂外旋的力量将球抛起,经头上在体前落下,双手将球接住。

2.接球练习方法

1)踢腿交接球

两腿自然开立,双手持球于胸前。练习时,两腿交替踢起,当一腿前踢时,一手将球于大腿下交给另一手。依此反复练习。

2)两手体前相互拨传球

两脚左右开立,双手相距40~50厘米,相互传球。只许手指触球,不许手心触球。由腹部高度到胸部高度再至头上高度,再向下,反复练习。

3)胯下两手前后颠接球

两脚左右开立,深屈蹲两手持球于体前胯下。练习时,将球稍向上颠抛,两手迅速移至身后在胯下接球,然后再将球稍向上颠抛,两手迅速移至体前进行胯下接球。依此连续进行,动作由慢到快。

4)胯下"8"字交接球

两脚左右开立,略宽于肩,两手持球于膝前。练习时,右手持球在胯下将球交左手,左手持球经左腿后,在胯下将球再交右手。依此连续进行交接球,速度由慢到快,球的移动轨迹呈"8"字形。

3.挥摆球练习方法

1)单手斜后上方挥摆球

两脚左右开立,持球于体前,左手将球推交右手引摆至身体右斜后上方,手指控制住球,回摆时要加速。依此左右手交替进行。

2)单手体侧前后摆球

两脚左右开立,左手或右手持球于体侧。练习时,先向后拉摆球至极限,前臂迅速外旋,再将球向前挥摆。然后,前臂内旋再将球向后拉摆。依此连续进行。要求摆幅逐渐加大,同时不失对球的控制。

4.推滚球练习方法

原地两手交换推滚球

两脚左右开立,略比肩宽,球放于右脚前地面上。练习时,用右手推球右侧,使之在体前从右侧滚动至身体左前,然后换左手再推滚球左侧,使球沿地面滚至身体右前。反复练习。要求用力协调,全身随球向左右移动,手不离球,球滚动要平稳。

5.运球练习方法

1)原地运起静止不动的球

练习时,原地半蹲,用手指、手腕力量拍击球,利用球的反弹作用将球拍起,然后再慢慢将球按拍成"死球"。

2)原地胯下左右运球

两脚前后开立,呈弓箭步,持球于胸腹前。练习时,右手持球加力使球从胯下向左反弹,左手迎引球后,再加力使球从胯下向右反弹,右手迎引球后,再加力使球从胯下向左反弹。依此两手交臂运球,动作速度逐渐加快。

7.2.2 传接球

传接球是进攻队员之间相互联系、相互配合和组织进攻的具体手段。传球可分为头上、肩上、胸前、体侧、背后、胯下等多种方式，接球主要有单手接球和双手接球两种。传接球的好坏直接影响进攻的效果和质量，在比赛或练习中，不仅要掌握好传接球的技术，而且要根据场上情况的变化选择合理的传接球方式。

1.持球

如图7.1所示，双手五指自然分开，拇指相对呈八字形，用指根以上部位握住球的两侧后下方，手心空出，两臂弯曲，肘关节下垂，将球置于胸前。

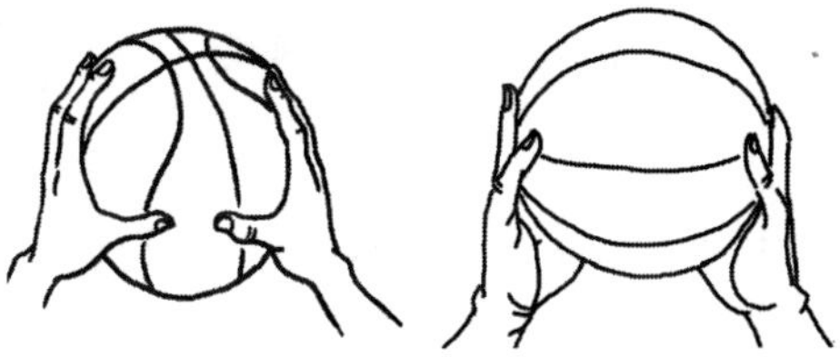

图7.1　持球

2.接球

接球分为双手接球和单手接球。接球时，眼睛要注视来球，手臂迎球伸出，手指自然分开，手掌对球。当球接触手指时，屈肘，手臂后引缓冲来球力量。以下介绍双手胸前接球。

动作方法：如图7.2所示，目视来球，两臂迎球伸出，两手手指自然张开，拇指相对呈八字形，其他手指向前上方，两手呈一个半圆形。当手指触球时，两臂顺势屈肘后引缓冲来球的力量，两手持球于胸腹前，呈基本站立姿势。

技术要点：主动伸手迎球，在手接触球后屈臂缓冲。

图7.2　双手胸前接球

3.传球

1)双手胸前传球

双手胸前传球是最基本、最常用的传球方法。其优点是传出的球迅速有力，准确性较高，而且便于结合突破、投篮。

动作方法：如图7.3所示，斜步姿势站立，双手持球于胸前。传球时，后脚蹬地身体重心前移，双手向传球方向伸臂发力，同时拇指下压、手腕翻转，通过拇指、食指和中指用力拨球将球传出。球出手后，手心和拇指向下，其余四指指向传球方向。

技术要点：手腕由内向外翻转，拇指下压，食指、中指拨球。

图7.3　双手胸前传球

2)单手肩上传球

单手肩上传球是一种常用于中远距离的传球方法。其优点是传球力量大，利于抢到后场篮板后发动长传快攻。

动作方法：如图7.4所示，双手持球于胸前，双脚平行站立。右手传球时，左脚向传球方向迈出半步，左肩对着传球方向，同时将球引到右肩上方，手腕后屈，重心落在右脚上。传球时，右脚蹬地，转体，上臂随之向前挥摆，手腕迅速前屈，通过食指、中指拨球将球传出。

技术要点：蹬地、转体、挥臂和屈腕动作连贯。

图7.4　单手肩上传球

4.传接球练习方法

1)持球

徒手模仿持球动作，反复体会持球动作，两人持一球。

2)接球

拿放在地面上或同伴手里的球，原地接不同方向的来球。

练习方法：对墙连续传接球；两人原地多种方式传接球；四角移动传接球；二传一抢；两

人行进间传接球推进;三人以“8”字形围绕传接球推进。

5. 易犯错误与纠正方法

易犯错误:双手胸前传球时,手腕翻转不够,手指发力不足;接球时双手不伸出迎球,当手指触到球时,手臂没有顺势后引、缓冲。

纠正方法:徒手练习主动迎球动作;自抛自接体会迎球和后引缓冲动作;徒手模仿或在同伴协助下体会传球时手腕翻转和手指拨球动作。

7.2.3 运球

在篮球训练或者比赛中,运球是一个相当重要的技巧。运球是个人摆脱防守、进行攻击的有力手段,也是组织全队进攻战术配合的重要桥梁。通过运球练习,可以提高手对球的感应能力,熟悉球性,提高控制球、支配球的能力。运球的方法有很多,常用的有高运球、低运球,体前变向换手运球、体前变向不换手运球,运球急停急起,背后运球,运球转身,胯下运球等。

1. 基本技术

1)身体姿势

运球时应保持两脚前后自然开立,两膝微屈,上体稍前倾,头抬起,眼睛平视。非运球手臂屈肘平抬,以保护球。脚步动作的幅度和下肢各关节的曲度随运球速度和高度的不同而有所变化,如图7.5所示。

图7.5 运球基本姿势

2)手臂动作

运球时,五指张开,用手指和指根以上部位及手掌的外缘触球,掌心不触球。低运球时,主要以腕关节为轴,用手腕、手指的力量运球。身前高运球和变向高运球时,主要以肘关节为轴,用前臂和手腕、手指的力量运球。体侧或侧后的提拉式高运球主要以肩关节为轴,用上臂、前臂、手腕、手指的力量运球。拍按球时,手应随球上下迎送,尽量延长控球时间。拍按球的部位是由运球的方向和速度决定的。

3)球的落点

运球时应控制球的落点,使球完全保持在自己所能控制的范围内,以便随时利用自己的上体、臂、腿来保护球,而且也便于技术运用。

4)手脚协调配合

运球时既要使移动速度和运球速度协调一致,又要保持合理的动作节奏。能否保持脚步动作和手部动作协调一致,关键在于按拍球的部位、落点的选择和力量大小的运用。脚步移动越快,拍按球的部位越靠后下方,落点越远,拍按球及反弹起来的力量越大。

2.基本动作

1)高运球

动作方法:两腿微屈,上体稍前倾,抬头看前方,以肘关节为轴,用手拍按球的后上方,把球的落点控制在身体侧前方。手脚协调配合,使球有节奏地向前运行。

技术要点:手拍按球的部位正确,手脚协调配合。

2)低运球

动作方法:两膝迅速弯曲,重心降低,抬头看前方,上体前倾,靠近防守队员一侧,用上体和腿保护球。同时,用手腕、手指力量短促地拍按球,以便更好地控制球和摆脱防守,继续前进。

技术要点:两膝弯曲迅速,降低重心,上体前倾;拍按球短促有力,手脚协调配合。

3.体前变向换手运球

动作方法:以运球队员左手运球向对手右侧突破为例。先向对手左侧快速运球,当对手向左侧移动堵截时,运球队员突然变向,用左手拍按球的左侧后上方,并靠近身体向右侧送拍球,使球落在身体的右侧前方反弹,左脚迅速向右侧前方跨出,上体右转并前倾探肩,换手拍按球的后上方,加速运球突破,如图7.6所示。

技术要点:拍按球的部位、方向正确,同时要及时跨步、侧身护球和加速超越对手。

图7.6 体前变向换手运球

4.运球练习方法

①原地运球练习。

②行进间运球练习。

③综合性运球练习。

5.易犯错误与纠正方法

①**易犯错误**:运球时低头,只顾运球,没有观察场上情况。

纠正方法:强调运球手型,模仿练习。

②**易犯错误**:手脚配合不协调。

纠正方法:多次做熟悉球性的练习。

③**易犯错误**:运球时手打球,手指、手腕没有拍按球。

纠正方法:听信号做各种变换形式的运球。

7.2.4　投篮技术

投篮是指在篮球比赛中,队员运用各种专门、合理的动作将球投进对方球篮的方法,是篮球赛中的得分手段。投篮是篮球运动中一项关键性技术。进攻队运用各种技术、战术,都是为了创造更多更好的投篮机会并力求投中得分,防守队积极防御则是为了阻挠对方投篮得分。本节只介绍原地单手肩上投篮和行进间单手低手投篮。

1.原地单手肩上投篮

原地单手肩上投篮是最基本的投篮方法,是行进间投篮和跳起投篮的基础。原地投篮易于保持身体平衡,便于全身协调用力,比较容易掌握。一般在中远距离投篮和罚球时运用较多。

动作方法:如图7.7所示,以右手投篮为例。右脚在前,左脚稍后,两膝微屈,重心落在两脚之间。右手五指自然张开,用指根及指根以上部位触球,掌心空出,翻腕托球的后下部,右臂屈肘稍向内收,置球于右肩前上方,上臂与肩关节约成水平线,前臂与地面近似垂直,左手扶球的左侧,目视瞄准点。投篮时,下肢蹬地发力。右臂随腰腹伸展向前上方抬肘伸臂,用手腕前屈和手指拨球,使球从食指、中指指端柔和飞出。球离手时,手臂要随球跟送,脚跟提起。

技术要点:脚蹬地、腰腹伸展、抬肘伸臂、屈腕拨指要柔和用力,大拇指和小指要把握方向。

图7.7　原地单手肩上投篮

2.行进间单手低手投篮

行进间投篮动作方法很多,但动作结构基本相同,都是由跨步接球起跳、腾空举球出手和落地三个部分组成。其脚步动作的共同点:跨第一步时接球,跨第二步时跳起,空中投篮出手,双脚同时落地注意屈膝缓冲。在实际运用时,应根据投篮的距离、角度以及防守队员所处位置来决定投篮出手的动作方法。

行进间单手低手投篮是在快速跳动或运球超越对手后,在篮下的一种投篮方法,具有伸展距离远和出球平稳的优点。

动作方法:如图7.8所示,以右手投篮为例。右脚向前跨出一大步的同时接球,左脚跨第二步时用力蹬地向前上方起跳,右腿屈膝自然上提。腾空到最高点,右手五指自然张开,掌心向上,托球的下部,右臂向前上方伸展,接近球篮时,用手腕上挑和手指的拨动,使球向前旋转进入球篮。

技术要点:腾空时身体向前上方充分伸展,举球后保持托球的稳定,手腕、手指上挑动作要柔和协调。

图7.8　行进间单手低手投篮

3.投篮练习方法

①原地投篮模仿练习。

②两人一组对投练习。

③行进间接球投篮练习。

4.易犯错误与纠正方法

①**易犯错误:**手法错误,五指没有自然分开。

纠正方法:重复讲解和示范投篮的动作要点。

②**易犯错误:**肘关节外展。

纠正方法:借助外部条件限制或信号提示,纠正错误动作。

③**易犯错误:**投篮时上下肢不协调。

纠正方法:多做徒手练习,体会协调用力和动作节奏。

7.2.5　持球突破

持球突破是指篮球运动中一方持球,在运动中使身体摆脱对方球员的防守,从而在更接近篮筐的同时创造出利于自己投篮的空间。突破在篮球运动中是一项非常实用的技术,合理地安排突破战术,即使没有一次成功,也可以扰乱对方的防线,为队友创造出得分机会。

持球突破分交叉步突破、顺步突破、前转身突破和后转身突破。以下介绍两种常用的突破方法。

1.交叉步突破

动作方法：如图7.9所示，以左脚为中枢脚为例。两脚左右开立，两膝微屈，身体重心降低，持球于胸前。突破时，先向右侧做突破的假动作，然后右脚前脚掌内侧迅速蹬地向左前方跨出一大步，上体左转，右肩下压，同时左手运球超越对手。

技术要点：蹬跨积极，转探肩保护球。

1　2　3　4　5

图7.9　交叉步突破

2.顺步突破

动作方法：如图7.10所示，准备姿势和突破前的动作要求与交叉步相同。突破时，右脚向右前方跨出一步，向右转体探肩，重心前移，右手运球，左脚前脚掌迅速蹬地，向右前方跨出，突破防守。

技术要点：蹬跨积极，转探肩保护球，第二只脚迅速蹬地。

1　2　3

图7.10　顺步突破

3.持球突破练习方法

每人一球，做原地持球突破，向前抛球，上步接球后做持球突破练习。

4.易犯错误与纠正方法

①**易犯错误：**手法错误，五指没有自然分开。

纠正方法：重复讲解和示范投篮的动作要点。

②**易犯错误：**肘关节外展。

纠正方法：借助外部条件限制或信号提示，纠正错误动作。

③**易犯错误：**投篮时上下肢不协调。

纠正方法：多做徒手练习，体会协调用力和动作节奏。

7.2.6 移动

1. 移动的概念

移动是在比赛中为了争取攻守主动所采用的各种脚步动作的总称。移动的基本目标是攻守双方努力争取时间、位置和空间上的优势。随着运动水平的不断提高，对移动质量的要求逐渐升级，成为评价篮球意识的重要组成部分。

2. 移动的分类

移动主要包括基本姿势、起动、跑(加速跑、直线跑、曲线跑、变向跑、变速跑、侧身跑、后退跑等)、跳(单脚跳、双脚跳、原地跳、助跑跳等)、急停(跳步急停、跨步急停等)、转身(前转身、后转身)、防守步法(平滑步、斜滑步、上下滑步、滑步结合 交叉步、追步)等。

3. 移动的主要方法及特点

1)基本姿势

做好随时向各个方向迅速起动的准备。与日常个人习惯的突然起动前的准备姿势没有太大的区别。

2)起动

起动就是突然加速。用右脚蹬地，左脚迈出第一步进行突然加速。面对防守者向两边的侧前方突然起动时，最好能在起动前有虚晃的动作，让对手无法判断自己的起动时机与移动路线，更好地摆脱对手的纠缠。

3)跑

跑的种类很多，篮球场上的各种跑与通常的跑区别不大，关键是要随时注意场上的球、对手、队友等情况变化，突然、及时地出现在最需要、最合适的位置。

4)跳

主要指向各个方向的助跑及原地起跳等，与通常的跳跃不同的是，篮球场上需要随时随地能向各个方向(前、后、左、右、垂直)跳起及连续跳跃的能力，并且这些起跳往往是在对手的干扰、对抗和破坏下完成的。

5)急停

急停可分为跨步急停和跳步急停。持球急停时，要控制好身体重心，明确中枢脚，以防止由于重心不稳或变换中枢脚而造成的走步违例。

7.3 基础配合

1.进攻基础配合

进攻基础配合是指2～3名进攻队员为了创造进攻机会,合理运用技术而组成的合作方法。

1)传切配合

传切配合是指进攻队员之间利用传球、切入等技术组成的简单配合。它包括一传一切和空切配合两种。如图7.11所示,①传球给②后,立刻摆脱对手向篮下切入,接②传来的球投篮。

技术要点:切入队员要根据情况掌握切入的时机,果断快速摆脱对手,并随时注意接同伴的传球。传球队员要运用假动作吸引牵制对手。当切入队员已摆脱对手并处于有利位置时,应及时、准确地把球传给他。

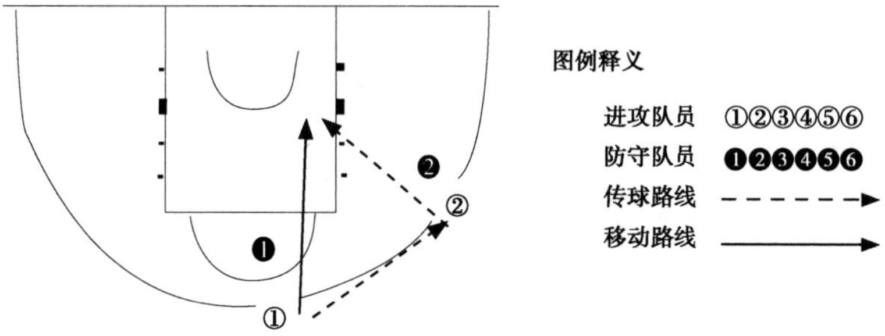

图7.11 传切配合

2)突分配合

突分配合是指持球队员突破后,利用传球与同伴配合的方法。如图7.12所示,①突破后,遇到❷迎上补防,立刻把球传给切入篮下的②,②接球后投篮或与其他同伴配合。

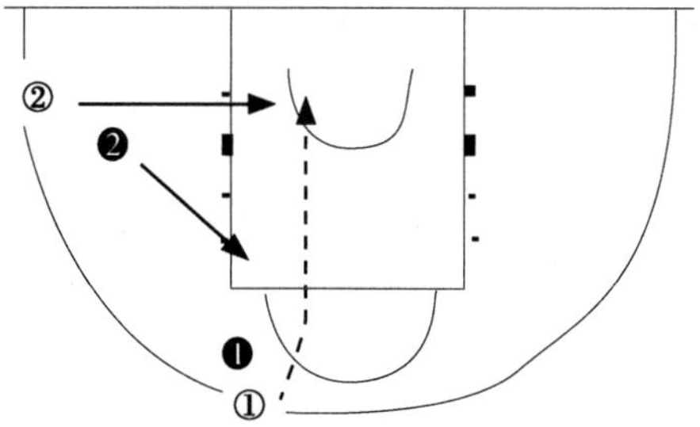

图7.12 突分配合

技术要点:突破要突然、快速,在突破过程中既要做好投篮准备,又要随时注意观察场上攻守队员的位置和行动,以便抓住有利战机,及时、准确地把球传给有利进攻的同伴。

3)掩护配合

掩护配合是指队员利用身体合理地挡住对手的移动路线,或是主动利用同伴挡住自己对手的移动路线,从而摆脱防守队员,获得进攻机会的一种战术配合方法。掩护的种类很多,按掩护位置可分为前掩护、后掩护和侧掩护,可运用于给持球队员或无球队员掩护,也可运用于行进间掩护或定位掩护,还可运用于连续掩护和双掩护等。

前掩护: 掩护队员站在同伴的防守者前面,用身体挡住防守者向前移动的路线,使同伴借机摆脱防守。如图7.13所示,③传球给④后,先做向篮下切入的假动作,然后突然跑到❹身前,形成前掩护,④接球后投篮或做其他进攻动作。

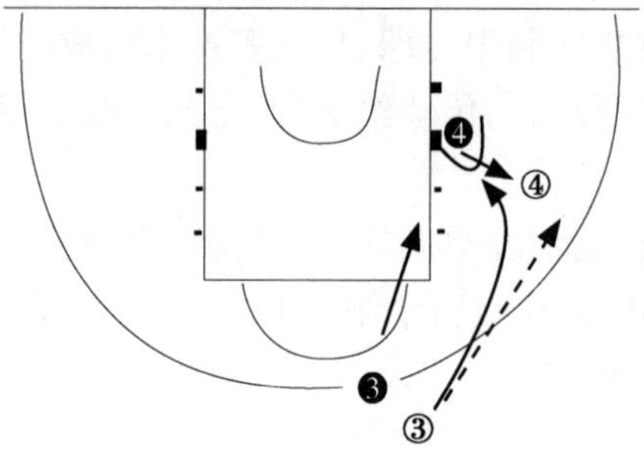

图7.13　前掩护

后掩护: 掩护队员站在同伴的防守者身后,挡住他的移动路线,使同伴借以摆脱防守。如图7.14所示,④传球给③的同时,⑤到❹身后做掩护,④传球后先做切入假动作,然后利用同伴的后掩护摆脱防守,切入篮下,接③的传球投篮,⑤及时转身跟进。

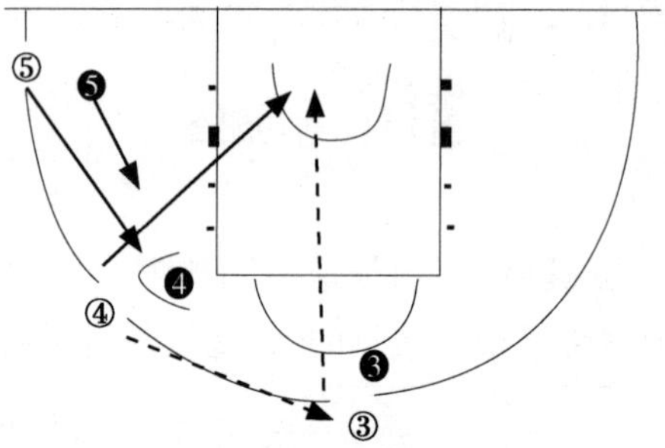

图7.14　后掩护

侧掩护: 掩护队员站在同伴防守者侧面,用身体挡住防守者的移动路线,使同伴借以摆脱防守。

4)策应配合

策应配合是指处于内线的队员背对或侧对篮筐接球,由其做枢纽,与外线队员的空切配合而形成的一种里应外合的方法。通常策应配合可以根据策应的区域和位置分为内策应、外策应、高策应、底线策应等,其策应配合方法基本相似。如图7.15所示,⑤传球给④后,利用假动作摆脱防守,上提到外策应位置接④的传球做策应,④传球后摆脱防守,然后接球投篮或上篮。

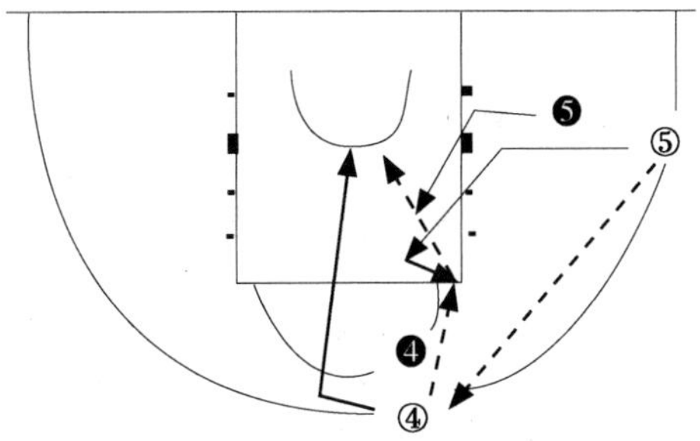

图7.15 策应配合

技术要点:策应队员策应前要注意及时抢占有利位置。在策应的过程中,要用转身、跨步动作及时调整策应的方向和位置,以便协助同伴摆脱防守,增加策应的变化与威胁。传球队员要根据策应者的位置和机会,及时传球给策应队员,争取做到人到球到。传球后要及时摆脱防守准备接球。

2.防守基础配合

1)挤过配合

挤过配合是破坏掩护配合的一种方法。当对方掩护,防守队员在掩护队员接近自己时,要迅速向前跨出一步,靠近对手,从两个进攻队员之间侧身挤过,继续防守自己的对手。防守掩护的队员应及早提醒同伴并后撤一步,以备补防。

技术要点:挤过时要贴近进攻队员,上前抢步要快,防守掩护者的队员要提醒同伴,并选择协防的有利位置,密切注意两个进攻队员的行动,及时做好补防准备。如图7.16所示,④传球给⑤后,去给③作掩护,❹要及时提醒❸,❸在掩护队员接近自己时,迅速向前跨一步,靠近③,并从③与④之间侧身挤过,继续防住③,此时,❹应向后撤一步,以备补防。

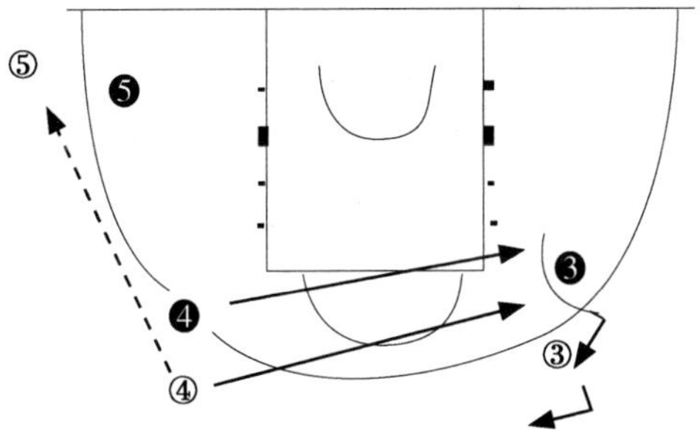

图7.16 挤过配合

2)穿过配合

穿过配合是破坏掩护配合的一种方法。当进攻队员掩护时,防掩护者的队员应及时提醒同伴并主动后撤一步,让同伴及时从自己和掩护队员之间穿过,继续防守自己的对手。如图7.17所示,③传球给④,⑤给③作掩护,❸后撤从⑤和❺中间穿过,继续防守自己的对手。

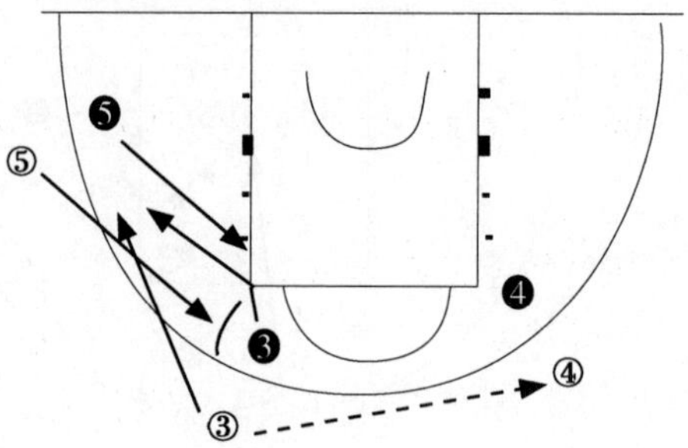

图7.17 穿过配合

3)绕过配合

绕过配合是破坏掩护配合的一种方法。当进攻队员掩护时,防掩护者的队员贴近对手,让同伴从自己的身后绕过,继续防守自己的对手。如图7.18所示,③传球给④后,去给⑤作掩护,⑤切入,发现不便于挤过或穿过时,从③身后绕过,要配合默契,主动贴近自己的对手,以便同伴顺利通过。

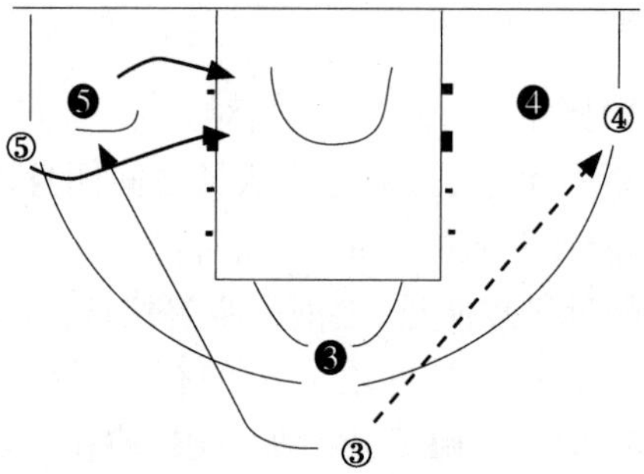

图7.18 绕过配合

4)交换防守配合

交换防守配合是破坏掩护配合的一种方法。进攻队员利用掩护已经摆脱防守时,防守掩护者的队员及时发出换防的信号,与同伴互换各自的对手。在适当的时候再换防原来的对手。如图7.19所示,③给④作掩护,❸要提示同伴,❹被挡住时,❸主动呼唤同伴换防,❸防守④的运球,❹应迅速调整位置防守③。

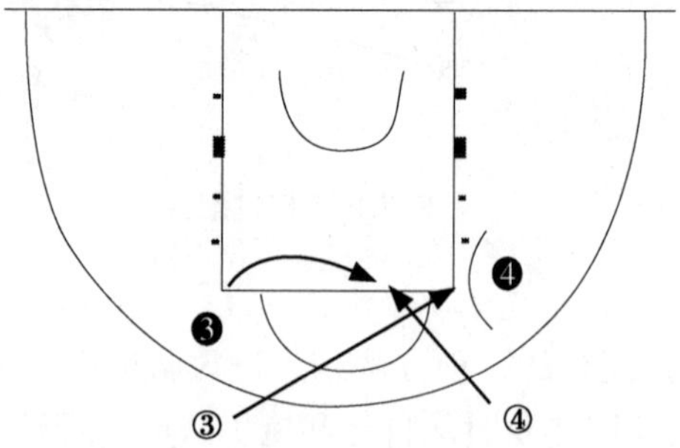

图7.19 交换防守配合

技术要点:交换防守前,一般是由防守掩护者的队员主动提示同伴,换防时,动作要果断、快速。在适当的时候再换回来,防守各自原来的对手,以免在个人力量对比上失利。

5)关门配合

关门配合是两个防守队员协同防守突破的配合方法。当进攻队员运球突破时,防守突破的队员向侧后方移动挡住其移动路线,临近突破一侧的防守队员,应及时快速地向突破队员的前进方向移动,与突破的队员靠拢,像两扇门一样关起来,堵住进攻者的前进路线。如图7.20所示,④向右侧突破时,❹和❺进行“关门”;向左侧突破时,❹和❸进行“关门”。

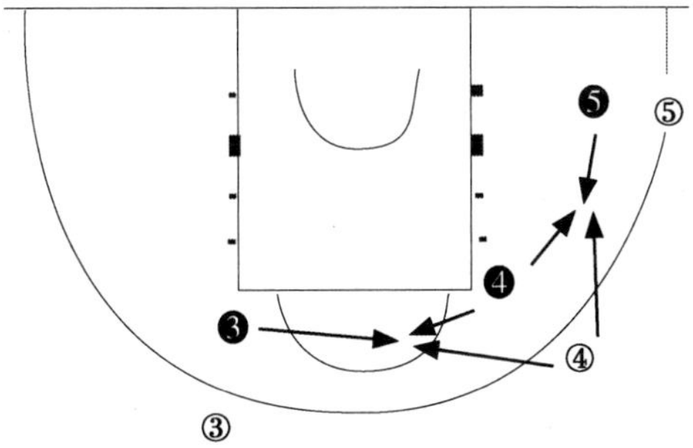

图7.20 关门配合

技术要点:“关门”时,动作要快,配合要默契,两人要靠紧,不留空隙。与突破队员距离很近时,则可横移关门,堵截突破队员的去路。

7.4 篮球运动的主要竞赛与裁判规则

7.4.1 篮球运动的主要竞赛

1.美国男子篮球职业联赛

美国男子篮球职业联赛(NBA)是由美国国家篮球协会主办的世界最顶尖的职业篮球联赛,拥有30支球队,分属两个分区:东部联盟和西部联盟。每个联盟各由三个赛区组成,每个赛区有5支球队。NBA正式赛季于每年11月的第一个星期的星期二开始,分为常规赛和季后赛两部分。常规赛为循环赛制,每支球队都要完成82场比赛;常规赛到次年的4月结束,每个联盟的前8名,包括各个赛区的冠军,将有资格进入接下来进行的季后赛。季后赛采用七战四胜赛制,共分4轮;季后赛的最后一轮称为总决赛,由两个联盟的冠军争夺NBA的最高荣誉——总冠军。

2.奥运会篮球赛、世界篮球锦标赛

1936年柏林奥运会上,男子篮球比赛第一次被列为奥运会比赛项目。女子篮球直到

1976年蒙特利尔奥运会才被正式列为奥运会比赛项目。奥运会篮球比赛只设男女两个团体项目,各有金、银、铜3枚奖牌。

世界篮球锦标赛是国际篮球联合会举办的国际性篮球赛事,男子从1950年开始,女子从1953年开始,男、女比赛分别举行。历届比赛间隔时间不同,一般是四年一届。从1986年起,男子和女子比赛都在同一年进行,也都按照四年一届的时间举行。

3.中国男子篮球职业联赛

中国男子篮球职业联赛(CBA)是由中国篮球协会主办的跨年度主客场制篮球联赛,是中国最高等级的篮球联赛。其中诞生了姚明、王治郅、易建联、朱芳雨等球星。目前CBA共有20支球队,赛季大约从每年的10月开始,至次年的4月结束。

4.中国大学生篮球联赛

中国大学生篮球联赛(CUBA)是由中国大学体育协会主办的高校间的篮球联赛,其宗旨是"发展高校篮球,培养篮球人才",模式参照了美国的NCAA大学篮球联赛。该联赛1996年开始酝酿,1997年建立章程,1998年正式推行,设男子组和女子组,影响力仅次于CBA。

7.4.2 篮球运动的裁判规则

篮球比赛由两个队参加,每队上场5人,其中1人为队长,替补球员有7人。在3分线内将球投入对方篮筐得2分;在3分线外投入对方篮筐得3分;罚球投进一次得1分。比赛由4节组成,每节12分钟。在第1节和第2节之间、第3节和第4节之间以及每一个决胜期之前有2分钟的比赛休息时间;两个半时的比赛休息时间为15分钟,以全场得分多者为胜。如果在第4节比赛时间终了时比分相等,需要一个或多个5分钟的决胜期来继续比赛,直至决出胜负。比赛中每队的换人次数不限。但是,要登记的暂停在第一半时的任何时间每队可准予2次;在第二半时的任何时间每队可准予3次;每一个决胜期的任何时间每队可准予1次。整个比赛过程由裁判员(三人制:主裁判员、第一副裁判员和第二副裁判员;二人制:主裁判员和副裁判员)、记录台人员(记录员、助理记录员、计时员和24秒钟计时员)和技术代表管理。篮球比赛中对规则的违反有违例和犯规两大类。

1.违例

1)界外球

任何一方球员将球碰出边线则判定为界外球,如双方同时触碰至球出界则判罚为争球。罚则是将球权判给对方队在靠近发生违例的地点掷球入界。

2)带球走

当持活球的队员用同一脚向任何方向踏出一次或多次,其另一脚(称为中枢脚)不得离开与地面的接触点,如果中枢脚离开了这个接触点就构成带球走违例,非中枢脚则可再次移动一步,不构成走步。

3)非法运球

队员在运球后,用双手同时触及球或允许球在一手或双手中停留时,运球即完毕。运球结束后,除非失去控球权后又重新控制球,否则不得再次运球,如果再次运球,则为非法运球违例。

4)拳击球或脚踢球

比赛中队员不得故意用拳击球或用腿的任何部位去阻挡球,否则将判违例。如果球偶然地接触到腿的任何部位,或腿的任何部位无意碰到球,不算违例。

5)球回后场

在比赛中,前场控制球的队,不得使球再回到后场,否则为球回后场违例。具体判定球回后场有四个条件:①该队必须控制球。②球进入前场后,在球又回到后场前该队队员(或裁判员)最后触及球。③持球队员双脚同时进入前场并站定,则球就不能以任何方式回到后场;如持球者双脚一前一后站定在球场各半场则允许站立前场的脚收回至后场,并不会判定为回场。④球回后场后,该队队员在后场最先触及球。这四个条件必须依次连续发生。

6)干涉得分和干扰

投篮(罚球)的球在飞行下落并完全在篮筐水平面之上时,双方队员不可触及球。当投篮的球触及篮筐时,双方队员都不得触及篮筐或篮板,不得从下方伸手穿过篮筐并触及球,不得使篮板和篮筐摇动。如果进攻队员违反这一规定,中篮无效,将球判给对方在罚球线延长部分的界外掷球入界;如果防守队员违反这一规定,不论是否投中,均判投篮(罚球)队员得分。

7)3秒违例

当某队在前场控制活球并且比赛计时器正在运行时,持球队员在对方的限制区内持续停留的时间不得超过3秒;没持球者可在限制区内停留超过3秒,但球不能传至此队员手上,否则同样判定为3秒违例。

8)5秒违例

进攻球员必须在5秒之内掷出界外球;或在被严密防守时,必须在5秒之内传、投或运球;当裁判员将球递给罚球队员时,该队员必须在5秒内出手。

9)8秒违例

一个球队从后场控制活球开始,必须在8秒内使球进入前场(对方的半场)。

10)24秒违例

每当一名队员在场上获得控制活球时,该队必须在24秒内尝试投篮,如果球没出手或者出手后没接触篮筐则判定为24秒违例;如果进攻方进攻时间少于14秒时遭遇防守方不罚篮犯规,则时间返还至14秒,进攻方继续发边线球。

11)防守3秒违例

防守方任何球员不可在合理冲撞区内(即3秒区圆弧内)停留3秒以上,否则会被判定为防守3秒违例(此规则现今只运用在NBA比赛中)。

12)争球

攻防双方同时接触篮球并相持不下,在无法判定是出界球或犯规球时会判定为争球,当争球出现时由攻防双方轮换获得球权并发边线球。

2.犯规

犯规是对规则的违犯,含有与对方队员的非法身体接触或违反体育道德的举止。对违犯者登记犯规并随后按规则予以处罚。

1)侵人犯规

侵人犯规是队员与对方队员的接触犯规。无论球是活球还是死球,队员均不应通过伸展其手、臂、肘、肩、髋、腿、膝或脚来拉、阻挡、推、撞、绊、阻止对方队员行进;不应将其身体弯曲成反常的姿势(超出其圆柱体);不应放纵任何粗野或猛烈的动作。在任何情况下都要给犯规队员登记一次侵人犯规。如果对未做投篮动作的队员犯规,由非犯规队在靠近犯规地点的界外掷球入界重新开始比赛。如果犯规队处于全队犯规处罚状态,则应判给未做投篮动作的队员两次罚球,代替掷球入界。如果对正在做投篮动作的队员犯规,若投篮成功,应计得分并判给一次追加罚球;若投篮未中,则要根据投篮的地点,判给两次或三次罚球。

2)技术犯规

技术犯规是包含(但不限于)行为性质的队员的非接触犯规。如不顾裁判员警告;没有礼貌地触犯裁判员、技术代表、记录台人员或球队席人员;使用冒犯或煽动观众的语言或举止;戏弄对方队员或在对方队员的眼睛附近摇手妨碍其视觉;在球穿过篮筐后,故意触及球以延误比赛;阻碍迅速地执行掷球入界以延误比赛,假摔以伪造一次犯规等。队员技术犯规,应对其登记一次技术犯规,作为全队犯规之一计数。教练员、替补队员和随队人员的技术犯规,对每一起违犯行为都要登记。教练员一次技术犯规,但不作全队犯规之一计数,如同一个球员在一场比赛中被判罚两次技术犯规,则会判定离场,本场比赛不得再次上场(教练员如被判定两次技术犯规,则裁判会判罚教练员退场或上观众席,此教练员在本场内不得进入教练员区进行技术指导)。对技术犯规的处罚,是判给对方两次罚球,以及随后在记录台对面的中线延长部分掷球入界或在中圈跳球开始第一节(如犯规发生在第一节比赛前)。

3)违反体育道德的犯规

根据裁判员的判断,一名队员不是在规则规定的范围内合法地试图去直接抢球,发生的接触犯规是违反体育道德的犯规。应对犯规队员登记一次违反体育道德的犯规。判给对方罚球,以及随后在记录台对面的中线延长部分掷球入界或在中圈跳球开始第一节(如犯规发生在第一节比赛前)。罚球的次数按以下规定:对没有做投篮动作的队员的犯规应判给两次罚球;对正在投篮的队员发生的犯规,如投篮成功,应计得分并加判给一次罚球,若投篮未中,应判给两次或三次罚球。

7.4.3 篮球场地和设备标准

1)篮球场地的标准

国际篮球运动联合会规定正式比赛的篮球比赛场地是一块平坦、坚实且没有障碍物的表面,长28米,宽15米。球场的丈量是从界线的内沿量起。

2)篮球设备的标准

篮板是用厚0.03米的坚实木料或适宜的透明材料制成,宽1.80米,竖高1.05米。下沿距地面2.90米。篮筐安装在篮板上,呈水平状,离地面3.05米。篮球的周长为0.749~0.78米,质量为567~650克。充气后,使球从1.80米的高处落到地面上,反弹起来的高度为1.20~1.40米。

8 排球运动

排球运动是指用双手做发球、垫球、传球、扣球和拦网等动作来组织进攻和防守的球类运动项目。排球运动具有竞技性和娱乐性，适合不同性别、不同年龄、不同技术水平的人参与。

排球运动不仅可以改善人体中枢神经系统和内脏器官功能，还能通过跳跃、扣球、前扑、鱼跃等动作提高人体的弹跳、速度、灵敏、耐力专项素质和运动能力。通过排球运动可以伸展四肢、改善心肺功能、愉悦精神、体验乐趣，实现现代人的健康价值和生命追求。

发球技术　拦网技术　垫球技术　扣球技术

8.1 排球运动概述

8.1.1 排球运动的特点与作用

1.排球运动的特点

1)广泛的群众性

排球场地设备简单,比赛规则容易掌握,参加人数可多可少,运动负荷能大能小,适合不同年龄、性别、体质和训练程度的人进行活动。

2)技术的全面性

排球运动属于技能主导类隔网对抗性的集体项目。比赛中,任何位置的队员都要参与进攻和防守。加上位置的轮换以及各项排球技术具有的攻防两重性,每项技术可以直接得分和失分,排球运动对运动参与者的技术要求很高,因此,每个队员都必须全面、熟练地掌握各项攻防技术。

3)高度的技巧性

在排球运动中,击球是非常重要的技术手段,运动员在时间和空间感觉上得到的锻炼和提高是其他球类项目不可比拟的。由于对"持球"的限制,既提高了运动员在短暂的触球时间内对来球的力量、速度和角度因素的准确判断能力,又能使运动员加强对击球方向落点的控制能力。由于竞赛规则规定运动员全身任何部位均可触球,因此,可以充分展现运动员各种高超的击球技巧。

4)激烈的对抗性

排球比赛中,双方的攻防转换始终是在激烈的对抗中进行的。高水平比赛对抗的焦点在扣与拦上。在一场比赛中,夺取一分往往需要经过六七个回合的交锋。

5)攻防技术的两重性

排球是多种技术都可以得分也能失分的项目,这种情况在决胜局比赛中更加突出,所以说每项技术都具有攻防的两重性。因此,要求技术既要有攻击性,又要有准确性。

6)严密的集体性

排球比赛是集体比赛项目,除发球外,都是在集体配合中进行的。比赛中没有团队合作,再好的技术也很难发挥,更不能发挥战术的作用。

2.排球运动的作用

排球是基本球类运动之一,参加排球运动不仅能提高人们的力量、速度、灵活性、耐力、弹跳、反应等身体素质和运动能力,还可改善身体各器官、系统的机能状况,有助于促进身体机能，增强体力。排球运动能使人的肺活量增强，血液循环加快，心肺功能得到增强，能够有效预防老年心血管和神经系统方面的疾病。排球动作中的下手碰接动作使得某些神经部位不断受到刺激，能够有效缓解精神衰弱等症。经常弹跳扣球的动作，能够锻炼大腿、腰腹部的肌肉，减少腿部赘肉，腰部更健美，手臂也会出现完美曲线，有助于改善体型和姿态。

8.1.2 排球运动的起源和发展

排球运动起源于美国。1895年，美国马萨诸塞州霍利约克市基督教干事威廉·莫根发明了排球。

1896年，美国马萨诸塞州斯普林菲尔德城举行了第一次排球公开赛。这是世界上第一场排球比赛。当时比赛采用5人对5人的赛制。从那以后这项新的运动在各学校迅速普及开来。

1912年，排球场的规格发生改变，改为宽10.6米、长18.2米；发球轮转制同时开始实行；网高升至2.28米。

1964年，排球作为奥运会正式比赛项目，出现在了第18届东京奥运会的赛场上。

1994年，国际排联对排球规则进行修改：扩大了发球区域；防守队员身体的任何部位接触来球都不算犯规；取消接发球持球的规定等。

1998年，国际排联决定增设自由人的位置，采用每球得分的25分制(第五局为15分)。

8.1.3 中国排球运动概况

1905年，排球运动传入我国当时的名字叫作“队球”。1951年我国比赛正式采用6人制。

1951年，我国正式成立了国家男女排球队。

1953年，我国成立排球协会。1954年，国际排联正式接纳中国为正式会员国。进入20世纪60年代，我国各地的排球运动已不再局限在模仿学习上，而是在学习的基础上，开始发展自己的特点，形成自己的风格。也是在这一时期，我国的排球运动有了较快的发展。

1979年，中国男女排双双获得亚洲冠军，并获得 参加1980年奥运会的资格，真正意义上实现了“冲出亚洲，走向世界”的愿望。

1981年，中国女排在东京第3届世界杯女排比赛中首次夺得世界冠军。

20世纪八九十年代，中国女排曾经获得“五连冠”和“三连冠”以及多次世界冠军。21世纪以来，中国女排也在世界各大比赛中取得了优异的成绩，是中国奥运会中重点项目之一，也是众多中国体育迷所重点关注的项目。与中国女排相比，中国男排稍逊一筹，中国男排在国际上排第10名，但是在各大比赛中始终没有被其他大国落下。

8.2 基本技术和练习方法

排球技术是指运动员在比赛规则允许的条件下采用的各种合理的击球动作和配合动作

的总称，是排球运动的基础。排球技术主要包括两种：一是有球技术，包括发球、垫球、传球、扣球和拦网等；二是无球技术，包括准备姿势、移动、助跑、起跳、倒地等。

8.2.1 准备姿势、移动

1.准备姿势

准备姿势是排球各项技术的基础。做好准备姿势是为了快速移动、及时起跳，以便完成各项技术动作。做准备姿势时，要求思想高度集中，身体处于最合适的移动和防守状态。常见的准备姿势有稍蹲、半蹲和低蹲三种，如图8.1所示。

图8.1 排球的准备姿势

1)稍蹲

稍蹲比半蹲的重心稍高，比半蹲的膝关节角度和髋关节角度都大，动作方法与半蹲相同。

2)半蹲

两脚左右开立比肩略宽，两脚前后稍错开，脚跟稍提起。站在左半场时则左脚略在前，站在右半场时侧右脚略在前，两脚保持微动。膝关节保持微屈，其垂直线应在脚尖前面，以保持身体的稳定性。上体前倾，肩的垂直线应在膝关节前面，重心靠前，含胸收腹，两眼注视来球。两臂自然放松屈肘，两手置于腹前，以便自如地完成移动和击球动作。

3)低蹲

低蹲的身体重心比半蹲更低、更靠前，两脚左右、前后的距离更宽，膝关节的弯曲程度更大，上身前倾肩部投影过膝，双手置于胸、腹之间。

2.移动

移动是从起动到制动之间的人体位移，迅速的移动可以占据场上的有利位置，争取时间和空间。因此，移动速度的快慢，直接影响击球效果。移动技术由起动、移动步法和制动三部分组成。排球常用的移动步法有并步与滑步、交叉步、跨步、跑步和综合步等。

1)并步与滑步

移动方向脚先迈一步，另一只脚迅速并上成准备姿势，即为并步，而连续的并步即为滑步。

2)交叉步

以向右移动为例。上体稍向右转,左脚从右脚前面向右迈交叉一步,右脚再迅速向右迈一步落在左脚的右面,做好击球前的准备姿势。

3)跨步

首先向移动的方向跨出一大步,屈膝,上体前倾,身体重心移至跨出腿上。

4)跑步

采用跑步移动时,重心平稳,两臂要配合摆动。如果来球在侧方或后方应根据来球移动的方向,边跑边转身。跑动到位后,控制身体平衡,成准备姿势。

5)综合步

当身体离球较远,用一种步法不便于完成击球动作时,常运用综合步。例如,跑步之后再使用滑步,或滑步之后再使用交叉步、跨步等完成拦网或接距离较远的球。

注意事项:准备姿势和移动相结合进行练习;移动步法要轻松自然,身体重心不能起伏,以免影响移动速度;以短距离的移动练习为主;根据视觉信号反应进行准备姿势和移动的练习。

8.2.2 发球

发球是由队员自己抛球,用一只手将球从网上空两标志杆内击入对方场区的技术动作。发球是比赛和进攻的开始,是排球技术中唯一不受别人制约的技术动作。攻击性强的发球不仅可以直接得分,还能破坏和削弱对方的进攻,打乱对方的部署,在心理上给对方造成威胁。常见的发球有正面下手发球、侧面下手发球、正面上手发球、正面上手飘球、勾手飘球、勾手大力发球、跳发球。本节重点介绍正面下手发球、侧面下手发球及正面上手发球。

1.正面下手发球

正面下手发球动作较简单,容易掌握,失误少,准确性高。但球的速度较慢,力量小,攻击性较差,一般适用于初学者,如图8.2所示。

图8.2　正面下手发球

1)准备姿势

以右手发球为例。发球队员面对球网站立,两脚前后开立,左脚在前,右脚在后,两膝稍弯曲,上体前倾,中心在两脚之间,左手持球于腹前下方。

2)抛球摆臂

左手将球平稳抛起在腹前,球离手高10~20厘米,距离身体一臂远处。在抛球的同时,右臂伸直往后下方引臂。

3)挥臂击球

右脚蹬地,右臂伸直,以肩为轴,由后下方向腹前挥臂摆动,身体重心随之前移,在腹前以全掌、掌根或虎口击球的后中下方。击球后,迅速进场比赛。

2.侧面下手发球

侧面下手发球可以利用转体力量带动手臂击球,不费力,适用于初学者,如图8.3所示。

图8.3 侧面下手发球

1)准备姿势

以右手发球为例。左肩对网,两脚左右开立,与肩同宽,两膝微屈,弯腰收腹上体稍前倾,重心落在两脚间,左手持球于腹前。

2)抛球摆臂

左手将球平稳抛起,离手10~20厘米,距离身体一臂远,右手外展引臂。

3)挥臂击球

击球时,重心同时移至右腿,在左手抛球时,右脚蹬地向左稍转体带动右臂向体前上方摆动,在腹前击球的后中下部。击球手法可以是五指并拢,用掌根击球,也可以是半握拳的拳心击球,还可以用虎口击球。击球后,迅速进场比赛。

3.正面上手发球

正面上手发球是指利用转体、收腹带动手臂加速挥击,同时利用手腕的推压动作,使发出的球向前旋转飞行的发球方法。这种发球需要较强的腰腹力量,更适合男生学习,如图8.4所示。

图8.4　正面上手发球

1)准备姿势

面对球网站立,两脚自然开立,左脚在前,左手持球于体前。

2)抛球摆臂

以右手发球为例。左手将球平稳地垂直抛于右肩的前上方,高度适中,抛球的同时,右臂抬起,并屈肘后引,肘与肩平行,手掌自然张开,上体稍向右侧转动,抬头、挺胸、展腹、身体重心移至右脚。

3)挥臂击球

击球时,利用蹬地上体向左转动,迅速收腹带动手臂向前上方挥动,直至伸直手臂在右肩前上方的最高点,将力量作用在球上。发力顺序是腰带肩→肩带上臂→上臂带前臂→前臂带手腕→最后传递到手。击球后,随重心前移,迅速进场比赛。

4.发球技术的练习方法

①徒手挥臂。
②对墙发定点球。
③发直线球、斜线球。
④发定点、定位、定区域的球,按指标训练。

5.易犯错误与纠正方法

①**易犯错误:**抛球时有屈腕动作,使抛出的球不平稳,影响发球效果。
纠正方法:平抛护膝或扁平物体,使之不旋转。反复做平托上送抛球动作。
②**易犯错误:**抛球的高度位置不准确。
纠正方法:设置固定的高度目标,对准目标反复做抛球练习。
③**易犯错误:**正面上手发球时,做不出推压带腕动作。
纠正方法:徒手练习挥臂。对墙或对挡网距离5~6米,用掌根轻击球,体会击球手法。

8.2.3　垫球

垫球是指借助蹬地、抬臂动作,用双手前臂的前部,利用来球的反弹力将球击出的技术动作。垫球在比赛中多用于接发球、接扣球和接拦回球,是比赛中争取多得分、少失分,由被动变主动的重要技术。垫球可分为正面双手垫球、侧面垫球、背垫球、单手垫球、挡球等。本节重点介绍正面双手垫球。

1.正面双手垫球

正面双手垫球是双手在腹前垫击来球的一种垫球方法,是各项垫球技术的基础。

1)准备姿势

采用半蹲准备姿势。

2)击球手型

抱拳互握式、叠掌式、互靠式等,如图8.5所示。

3)垫球部位

看准来球,两臂夹紧前伸,插到球下,用两臂桡骨内侧形成的平面(前臂腕关节以上10厘米左右的地方)击球的下部,如图8.6所示。

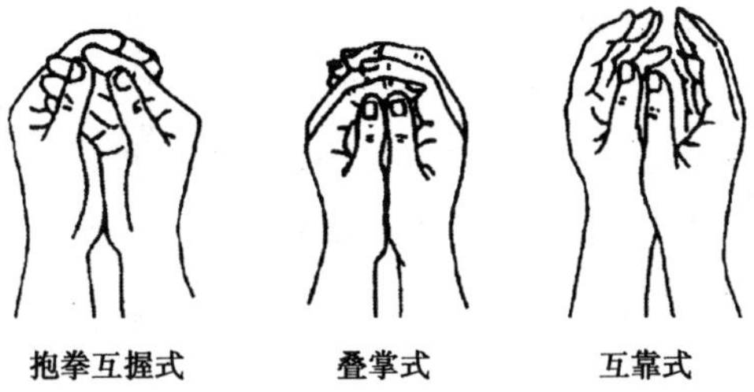

图8.5 击球手型

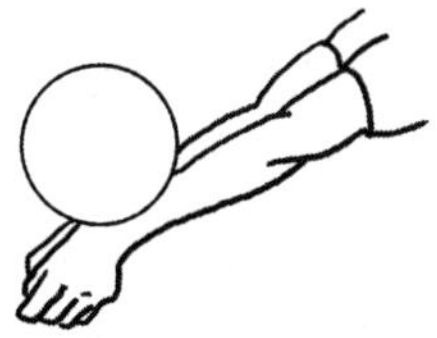

图8.6 垫球部位

4)击球动作

向前上方蹬地抬臂,迎击来球,插、夹、抬、蹬动作完成连贯,灵活控制传球方向和力量。

5)手臂角度

垫球手臂与地面所形成的夹角,对控制球的方向、弧度、落点影响很大。一般来说,来球弧度大,手臂与地面的角度应小一些;来球弧度小,手臂与地面的角度应大一些,如图8.7所示。

图8.7 正面双手垫球

2.垫球的练习方法

①原地做徒手模仿垫球动作练习。

②垫固定球:两人一组,一人持球于腹前,另一人用垫球动作击球,体会击球动作。

③垫抛球:两人一组,一人抛球,一人垫球。

3.垫球的注意事项

形成正确的手臂击球动作;注意垫球时的全身协调用力;多结合场地练习垫不同方向的来球;结合发球、扣球练习接发球、接扣球。

垫轻球时,两臂夹紧前伸,插到球下,向前上方蹬地提肩压腕抬臂,迎击来球,在腹前利用前臂垫球的后下部;垫重球时,利用含胸收腹,使手臂随球屈肘后撤缓冲来球力量,同时利用微小的手臂和手腕动作,控制垫球的方向和角度。

4.易犯错误与纠正方法

①**易犯错误**:两臂与身体夹角太小。

纠正方法:连续自垫练习或近距离对垫或对墙垫。

②**易犯错误**:用力不协调。

纠正方法:反复强调膝关节屈伸的发力动作或远距离对墙垫高球,体会蹬送动作。

③**易犯错误**:垫击部位不准,对球判断不准确,人球关系保持不佳。

纠正方法:连续向上自垫或对墙垫不同高度的球。

④**易犯错误**:屈肘垫球或手臂上撩。

纠正方法:强调降低重心、插到球下、以肩为轴的垫球动作或选择辅助设备,固定肘关节。

⑤**易犯错误**:对球判断不准确,人球关系保持不佳。

纠正方法:接不同距离尤其是远距离来球,提高判断能力。

8.2.4 传球

传球是排球运动的基本技术之一,主要用于衔接防守和进攻。传球的种类很多,向前传球是传球的基础动作。传球前要求人必须及时移动到适当的位置,保持好人与球的合适位置。下面主要介绍正面传球。

1.正面传球

1)准备姿势

采用稍蹲准备姿势,抬头目视来球,双肘弯曲自然抬起,双手置于脸前。

2)传球手型

手触球时,两手应自然张开呈半球形,使手指与球吻合,手腕稍后仰,拇指相对呈一字形或八字形;传球时,用拇指内侧、食指全部、中指的1、2指节触球,无名指和小指在球的两侧辅助控制出球方向，两肘适当分开，自然下垂，如图 8.8 所示。

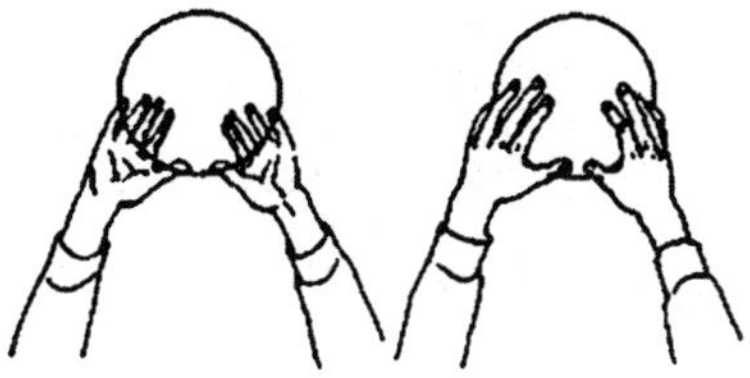

图 8.8 传球手型

3）迎球

当球接近额前时开始蹬地、伸膝、伸臂，两手微张，从脸前向前上方主动迎击来球。

4）击球

击球点应保持在额前上方约一球远，击球部位一般在球的后下方。

5）传球的用力

传球主要靠伸臂力量与下肢蹬地力量协调配合，通过球压在手上使手指手腕产生的反弹力将球传出。击球后身体重心随击球动作前移，全身放松呈准备姿势状态，准备下一个击球动作，如图 8.9 所示。

图 8.9 传球

2. 传球练习方法

①原地做正面双手上手传球的徒手练习，体会正确的传球动作和正确的击球点。

②原地向上做抛接球练习，体会正确的传球手型和击球点。

③原地自传，每人一球，连续向上自传，传出球的高度由低到高。主要体会传球动作、击球点、手型，提高控球能力。

3. 易犯错误与纠正方法

①**易犯错误：**传球手型不好，影响传球效果。

纠正方法：反复做徒手练习，建立正确动作表象，体会正确动作。

②**易犯错误：**击球点过高或过低。击球点过高是因为传球时两臂近似伸直，击球点过低主要是肘关节过于外展所致。

纠正方法：反复做原地抛接球练习，逐渐体会正确的手型和击球点，熟练以后，将球抛离身体，通过快速移动至球下将球接住。

③易犯错误：上下肢传球时用力不协调。

纠正方法：多做简单抛传动作，体会正确的传球动作和全身协调用力。

8.2.5 扣球

扣球是排球最重要的基本技术之一，是排球比赛中最主要的得分技术，也是排球基本技术中最难掌握的技术。扣球是指队员跳起在空中将高于球网上沿的球有力地击入对方区域内的一种击球方法。扣球动作包括助跑、起跳、空中击球、落地四个环节。扣球技术可分为正面扣球、单脚起跳扣球等。本节重点介绍正面扣球。

1.正面扣球

正面扣球是扣球中的一种基本方法。运动员正面扣球时面对球网，便于观察，准确性较高，可根据对方防守布局，随时改变扣球路线和力量，有利于控制击球落点，是最好的进攻方法。

1)准备姿势

站在离网3米左右处，两脚自然开立，两膝微屈，上体稍前倾，两臂自然下垂，观察来球，随时准备向各个方向助跑起跳。

2)助跑

助跑时，左脚先向来球方向迈一小步(便于寻找和对正方向)，接着右脚再迅速跨出一大步，左脚及时跟上右脚，踏在右脚之前，脚尖稍内扣，屈膝制动同时两臂自后积极向前摆动。

3)起跳

在助跑跨出最后一步的同时，两臂绕体侧向后引，左脚在落地制动的过程中，两臂自后积极向前摆动，随着双腿蹬地向上起跳，两臂配合起跳用力上摆。

4)空中击球

起跳后，挺胸展腹，上体稍向右转，右臂向后上方屈臂抬起，身体稍右转呈反弓形。挥臂时，以迅速转体、收腹动作发力，依次带动肩、肘、腕各部位关节呈甩鞭动作向前上方挥动。击球时，五指微张呈勺形并保持紧张，用全手掌包满球，以掌心为击球中心，击球的后中下部，同时主动用力屈腕向前推压，使扣出的球加速上旋。击球点在起跳后手臂伸直最高点的前上方。

5)落地

空中完成击球动作后，身体自然下落，为了避免腿部负担过重，应用双脚的前脚掌先着地，同时顺势屈膝收腹，缓冲身体下落的力量，如图8.10所示。

图8.10　正面扣球

2.易犯错误与纠正方法

①**易犯错误**:助跑起跳前冲,起跳点选择不好。

纠正方法:清楚助跑动作要领,助跑时步速由慢到快,步幅先小后大,多做助跑起跳徒手模仿扣球动作练习。

②**易犯错误**:助跑起动时机不当。

纠正方法:助跑起跳接不同高度的抛球,提高找球能力。

③**易犯错误**:击球点保持不好。

纠正方法:固定二传球,帮助学生找到正确的击球点。

④**易犯错误**:挥臂没有鞭甩动作。

纠正方法:挥臂甩羽毛球。

⑤**易犯错误**:击球手包不满球,球不旋转。

纠正方法:对墙自抛扣高球,提高挥臂击球速度。

8.2.6　拦网

拦网是排球基本技术之一,是防守的第一道防线,也是反攻的重要环节。成功的拦网不但可以直接拦起或拦回对方高于球网处的来球,还可以直接得分或获得发球权,由被动变为主动,削弱对方的进攻力量,减轻防守上的压力。拦网分单人拦网和集体拦网。本节重点介绍单人拦网。

1.单人拦网

单人拦网是集体拦网的基础,其动作结构可分为准备姿势、移动、起跳、空中击球和落地五个互相衔接的部分,如图8.11—图8.13所示。

1)准备姿势

队员面对球网,两脚左右开立,约与肩同宽,两膝微屈,两臂屈肘置于胸前。距网约自己小臂和手的长度,密切注视对方动向。

图8.11　拦网

图8.12　向左起跳拦网

图8.13　向右起跳拦网

2)移动

为了及时应对对方的进攻,拦网队员需要及时移动。常用的移动步法有并步、滑步和交叉步等。

3)起跳

原地起跳时,两腿屈膝,重心降低,随即用力蹬地,两臂以肩发力,在体侧近身处,划弧状前后摆动,帮助身体迅速跳起。

4)空中击球

随着起跳,两手从额前沿球网向上方伸出,两臂伸直并保持平行,两肩上提。拦网时,两臂应伸过网去接近球。两手自然张开,屈指、屈腕呈半球状,对方完成击球后,两手要突然紧张,手腕下压盖在球的前上方。

5)落地

拦网后,要做含胸动作,以保持身体平衡。从网上收回时,屈肘向下收臂,以免触网。与此同时,屈膝缓冲,双脚落地,随即转身面向后场,准备接应来球或为下一个动作做准备。

2.易犯错误与纠正方法

①**易犯错误:**起跳时机不当。

纠正方法:抛不同高度的球进行判断起跳练习。

②**易犯错误:**起跳后身体碰网。

纠正方法:网前双手持球起跳,含胸收腹向下掷球。

③**易犯错误:**手离网太远。

纠正方法:拦固定在对方网口的球。

8.3 基本战术

8.3.1 排球战术的概念

排球战术是指运动员在比赛中,合理运用基本技术进行集体配合所采取的有意识、有组织的行动,可分为进攻战术和防守战术等。

8.3.2 阵容配备

阵容配备是指比赛时场上队员的搭配与布置。阵容配备的目的是合理地把全队的力量搭配好,更有效地发挥每个队员的特长和作用。根据各队不同的技术水平和战术特点,一般有以下三种阵容配备形式。

1."四二"配备

"四二"配备是指场上两个二传手、四个攻手(其中两个主攻手、两个副攻手),安排在对称的位置上。其优点是每一轮次前排都有一个二传队员和两个进攻队员,便于前排二传传球组织两点进攻和后排二传插上传球形成三点进攻。缺点是每一个进攻队员必须熟悉两个二传队员的传球特点,配合比较困难,如图8.14所示。

2."五一"配备

"五一"配备是指场上一个二传队员、五个进攻队员。为了弥补有时主要二传队员来不及传球所出现的被动局面,通常在二传队员的对角位置上,配备一名有进攻能力和传球能力的接应二传队员。二传队员在前排时采用两点进攻,在后排时可以加强进攻和拦网力量。"五一"配备中,全队进攻队员只需适应一名二传队员传球的习惯和特点,配合容易形成默契。但二传队员如果在后排,要插上传球,难度较大,如图8.15所示。

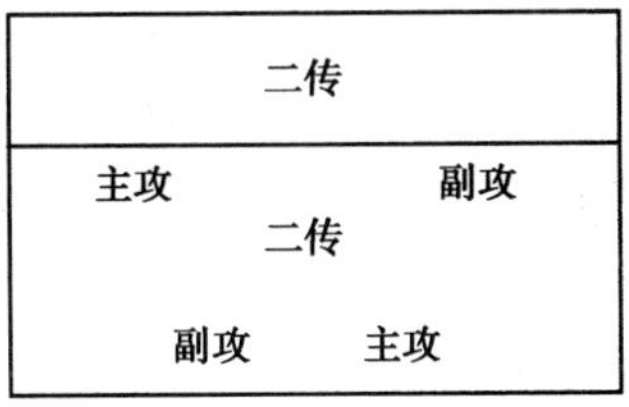

图8.14 "四二"配备

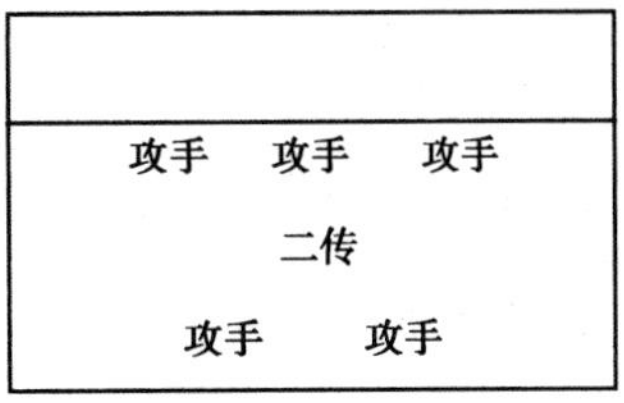

图8.15 "五一"配备

3."三三"配备

"三三"配备是指三名能攻的队员与三名能传的队员间隔站位,使每一轮次都有传有扣,是初学者常用的阵容配备。

8.3.3 位置交换

排球规则规定,发球以后,队员在场上可任意交换位置。利用这一规则,各队通常采用专位进攻、专位防守的方法。一般来说,在前排的,主攻队员换在4号位,拦网好、移动快、连续起跳能力强的副攻队员换到3号位,二传队员换到2号位;在后排,主攻队员换到6号位,二传队员换到1号位。这种位置交换,使队员专位化,便于发挥每个队员的特长,有利于让队员集中学习训练掌握某项实用技术。

8.3.4 进攻战术

排球进攻战术是指在接起对方发过来、扣过来、拦回来和推吊过来的球后,场上队员所采取的有目的、有意识、有组织的进攻行动。包括传球、扣球和非扣球人的保护三个环节。

1.进攻战术阵型

进攻战术阵型是指进攻时采取的队形。进攻时采用的阵型主要有“中一二”“边一二”“插上”三种类型。

1)“中一二”进攻战术阵型

“中一二”进攻战术阵型是指3号位队员作二传,将球传给4、2号位队员进攻的组织形式。其优点是一传向网中3号位垫球比较容易,因而有利于组织进攻,适合初学者采用;二传队员在网前接应一传的移动距离近,向2、4号位传球的距离较短,容易传准。缺点是战术变化少,对方容易识破进攻意图,如图8.16所示。

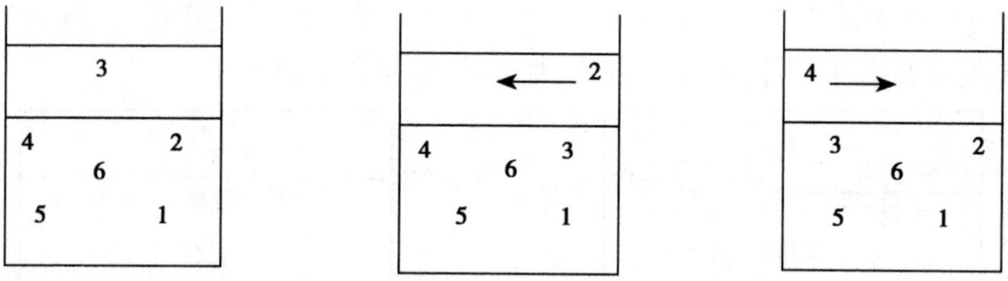

图8.16 “中一二”进攻战术阵型

2)“边一二”进攻战术阵型

“边一二”进攻战术阵型是指2号位队员作二传,将球传给3、4号位队员进攻的组织形式。其优点是由于两名进攻队员的位置相邻,便于进行互相掩护的进攻配合,战术变化较多。缺点是对一传要求较高,尤其是5号位队员向2号位队员垫球时,由于距离较远,角度大,二传接应较为困难,如图8.17所示。

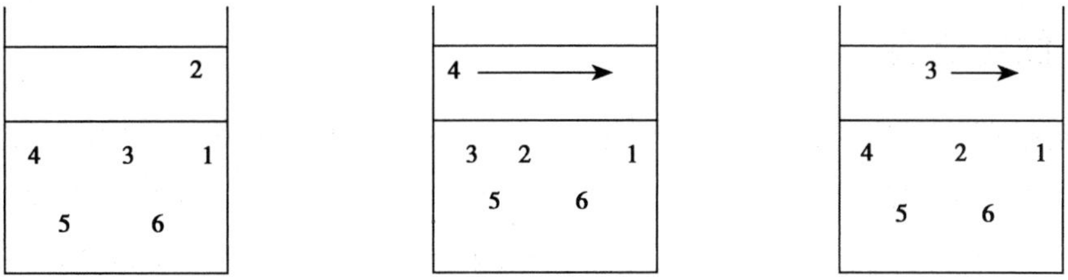

图8.17 “边一二”进攻战术阵型

3)“插上”进攻战术阵型

“插上”进攻战术阵型是指二传队员由后排插上前排作二传，把球传给前排4、3、2号位队员进攻的组织形式。其优点是能保持前排三点进攻，战术配合变化多，并能利用网的全长组织进攻。缺点是对插上的二传队员要求较高，如图8.18所示。

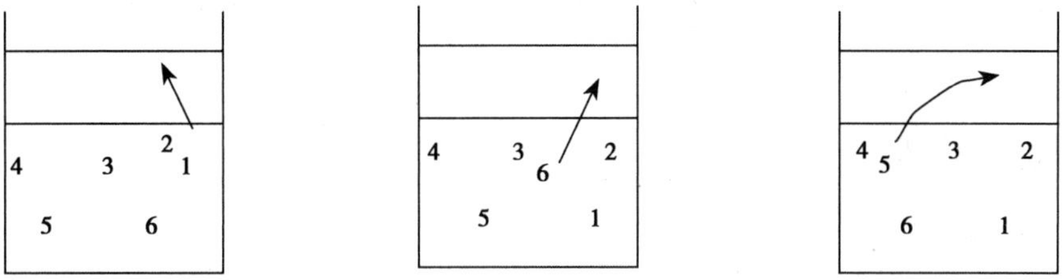

图8.18 “插上”进攻战术阵型

2.单人进攻战术

单人进攻战术是指在防起对方发过来、扣过来、拦回来和推吊过来的球后，二传队员与一名攻手之间进行的传扣配合的组织形式。单人进攻战术可分为快攻、平拉开、半高球、后排攻和调整攻五大类。

1)快攻

快攻是最丰富的单人进攻战术，常见于副攻与二传的配合。主要特点是传与扣之间时间短，约为0.3~0.5秒。根据攻手与二传的位置关系大致可分为前快、短平快和背快。长平、拉三、前飞、背(溜)飞等是在此基础上进一步变化的快攻战术。

2)平拉开

平拉开是主攻及接应最常用的个人战术之一。主要包括4号位平拉开(简称平四)、2号位平拉开(简称平二)。其特点是传球弧度较平且距离较长，主要是通过网长造成对方拦网队员的拦网移动不及时来打击对手。按弧度区分，4号位平拉开比短平快传球弧度高、距离长。2号位前排平拉开比背溜弧度高、距离长。

3)半高球

半高球是介于快球与平拉开两者之间的单人进攻战术，从特点上看传球的高度略高于快球，在球网上2米左右。击球点与二传的距离短于平拉开进攻，在二传平网距离3米以内。

根据二传传球以及攻手扣球时的相互位置可分为前半高球、中半高球与背半高球三大类。

4)后排攻

前面的三种单人进攻战术是由前排队员与二传进行的传攻配合,后排攻战术则是由后排攻手与二传进行的类似于平拉开和半高球节奏与弧度的传攻配合。按后排攻的位置可分为后四、后二、前后三、中后三、背后三五种战术进攻。

5)调整攻

前面三种单个进攻战术都需要比较好的二传传球位置做保证,必须事先通过手势信号预定。然而,比赛中遇见接发球或防守垫传起的弧度与落点不理想时,二传与攻手之间必须采用调整攻。因此,调整攻可以看成是前面三种单人进攻战术的应变。从传球弧度上看,调整攻的传球弧度高,无法利用网长和进攻速度,需要凭借攻手个人高度、力量和技巧的综合实力。通常,调整攻由主攻或接应完成,按扣球位置可分为4号位(前排或后排)调整攻、2号位(前排或后排)调整攻和3号位(前排或后排)调整攻。调整攻通常用语音信号和落点信号来进行沟通。

8.3.5 防守战术

1.接发球阵型

1)五人接发球阵型

除一名二传队员站在网前或从后排插上准备二传的队员不接发球外,其余五名队员均承担一传任务的接发球阵型,是一种最基本的接发球阵型,被大多数初学者采用。

2)三人接发球阵型

三人接发球是高水平比赛中最常见的接发球阵型。通常由两名接发球较好的攻手和自由人组成,其中,由两名主攻和自由人作接发球配合最为常见。

3)四人或两人接发球阵型

在三人接发球阵型基础上,可以根据对方发球的特点灵活采用四人或两人接发球阵型。当对方采用大力跳发球速度快、三人接发球难度加大时,可以增加一名攻手在后场接发球;当对方飘球落点准确、三人接发球难度加大时,可以增加一名攻手在前场接前区球;当对方飘球较一般或本方可以由两名队员全场控制时,可以采用两人接发球阵型。

2.拦防扣球阵型

1)集体拦网战术

集体拦网战术的目的就是尽可能地组成双人或三人拦网,因而要求前排拦网队员要有较长的移动拦网与判断能力。这就要求拦网队员必须熟练掌握交叉步拦网技术,同时在正确判断的前提下进行移动拦网。

2)后排防守阵型

后排防守阵型可分为四种类型:第一取位、双人拦网后排防守阵型、心跟进与边跟进以及三人拦网后排防守阵型。

3)防拦回球阵型

接拦回球防守阵型,应根据本方的进攻战术和对方拦回的情况以及参加防守的人数来确定。接拦回球一般采用五人、四人、三人等接球阵型。

4)防推吊球阵型

接对方传、垫过网的球,根据其运用的时机、条件以及来球性能的差异,可采用五人、四人等接球阵型。

8.4 排球运动的主要竞赛与裁判规则

8.4.1 排球运动的主要竞赛

室内排球最主要的是奥运会排球赛、排球世锦赛、世界杯排球赛。1964年,排球运动第一次被列为奥运会比赛项目。排球世锦赛是由国际排联主办的国际排球比赛,是时间最早、规模最大的世界性比赛,每四年举行一届。世界杯排球赛的前身是三大洲排球赛,后被国际排联更名为世界杯排球赛。如果是沙滩排球,有世界沙滩排球巡回赛、奥运会沙滩排球比赛。其余就是各国之间打的邀请赛(如四国邀请赛)、友谊赛和各国的甲级、乙级联赛。

8.4.2 排球比赛的裁判规则

1.主要规则

1)比赛队的组成

一个队最多有12名成员,另加1名教练员、最多2名助理教练员,1名理疗师和1名医生。国际排联世界和正式成年比赛,记录表中最多可登记14名运动员上场参赛。

比赛队的领导:教练员、助理教练员、队长。队长上场时即担任场上队长,只有场上队长在死球时可以和裁判员讲话。当队长不在场时,教练员或队长应指定另一名队员担任场上队长。

2)比赛方法

每队击球三次过网(拦网触球除外)。球必须从过网区域进入对方场区,目的在于使球落在对方场区地面上或使球触及对方队员身体后出界。发球队胜一球得1分,失败则失1分换对方发球。决胜局亦同,每球得分同时获得球权。换发球时,该队队员按照顺时针方向轮转一个位置。比赛采用每球得分制,胜一球即得1分。比赛的前四局以先得25分,并同时超出对方2分的队为胜一局。当比分为24:24时,比赛继续进行至某队领先2分为胜一局(如

26:24,27:25)。决胜局以先得15分,并同时超出对方2分的队获胜。当比分为14:14时,比赛继续进行至某队领先2分为胜一局(如16:14,17:15)。正式比赛采用五局三胜制。最多比赛五局,先胜三局的队胜一场。

2.犯规

1)发球犯规

发球犯规包括发球击球时的犯规和发球击球后的犯规。

(1)发球击球时的犯规

①发球次序错误;

②球被抛起或持球手撤离后,必须在球落地前,用一只手或手臂的任何部位将球击出;

③球只能被抛起或撤离一次,但拍球或在手中摆弄球是允许的;

④发球队员在击球时或击球起跳时,踏及场区(包括端线)或发球区以外地面;

⑤发球队员在第一裁判员鸣哨允许发球后8秒钟内未将球击出;

⑥裁判员鸣哨允许发球前的发球无效。

(2)发球击球后的犯规

①球触及发球队队员或球的整体没有从过网区内通过球网的垂直平面;

②界外球;

③球越过发球掩护。

2)位置错误犯规

排球规则规定,当发球队员击球时,如果场上队员不在其正确位置上,则构成位置错误犯规,其中包括不合法换人上场的队员。下列情况之一者均为位置错误犯规:

①发球队员击球时,场上其他队员未站在本场区内;

②发球队员击球时,场上队员未按"每一名前排队员至少有一只脚的一部分比同列后排队员的双脚距中线更近"的规定站位;

③发球队员击球时,场上队员未按"每一名左边(右边)队员至少有一只脚的一部分比同排中间队员的双脚距左(右)边线更近"的规定站位。

3)击球犯规

(1)连击犯规

一名队员连续击球两次,或球连续触及身体不同部位。

(2)持球犯规

球被接住或抛出,而不是被弹击出。

(3)四次击球犯规

一个队连续击球四次。

(4)借助击球犯规

队员在比赛场地内借助于同伴或任何物体的支持进行击球。

(5)队员在球网附近的犯规

①对方进行进攻性击球前或击球时,在对方空间触及球或对方队员。

②从网下穿越进入对方空间并干扰对方比赛。

③队员整只(两只)脚越过中线进入对方场区。

④队员干扰比赛情况(不仅如下):击球过程中触及标志杆及标志杆以内球网任何部分;利用球网支撑、稳定身体;通过触网造成不公平的本方优势;妨碍对方进行合法击球的行为;拉网/抓网。

(6)拦网犯规

①在对方进攻性击球前或击球的同时,在对方空间完成拦网。拦网时队员可以将手或手臂伸过球网,但不得妨碍对方击球。过网拦网的触球必须在对方进攻性击球之后。触及球的拦网行动为完成拦网。

②后排队员或自由防守队员完成拦网或参加了完成拦网的集体。触及球的拦网行动为完成拦网。两名或三名队员彼此靠近进行拦网为集体拦网,其中一人触球则完成拦网。

③拦对方的发球。对对方的发球进行拦网是被禁止的。

④拦网出界。

⑤从标志杆以外伸入对方空间拦网。

⑥自由防守队员试图进行个人或参加集体拦网。没有触及球的拦网行动为试图拦网。

(7)进攻性击球犯规

①在对方空间击球。

②击球出界。

③后排队员在前场区完成进攻性击球,并且击球时球的整体高于球网上沿。

④在前场区内对高于球网上沿的对方发球完成进攻性击球。

⑤自由防守队员对高于球网上沿的球完成进攻性击球。

⑥队员在高于球网处,对同队自由防守队员在前场区用上手传出的球完成进攻性击球。

4)暂停和换人

所有被请求的暂停时间均为30秒,每局两次。比赛的第1—4局中,每局另外有两次时间为60秒的技术暂停,每当领先队达到8分和16分时自动执行。决胜局(第5局)没有技术暂停,只有每队可以请求的、时间为30秒的两次正常暂停。暂停时,比赛队员必须离开比赛场区到球队席附近的无障碍区。

一名队员离开比赛场地,而由另一名队员经记录员登记后占据其位置的行为称为换人(自由防守队员的替换除外)。请求换人时教练员不用给予换人手势。

在比赛中因为队员受伤被迫换人时,教练员(或场上队长)必须做出换人手势;每局开始前对换人的请求应被允许,而且累计换人次数被记录在记录表上,当这种请求发生时,教练员也必须做出换人的手势。

换人有两条限制:①每局开始阵容中的队员,在同一局中可以退出比赛和再上场一次,而且只能回到原阵容的位置;②替补队员只能上场比赛一次,替换开始阵容的队员,而且只能由被其替换下场的队员来替换。

5)自由人的有关规定

排球比赛的各队可在最后确认的12名队员中选择2名作为自由人。自由人身着区别于其他队员颜色的服装。在任何时候场上只能有一名自由人。作为特殊的后排队员,自由人不可在任何位置上(包括场区和无障碍区)对整个球体高于球网的球完成进攻性击球;不可以发球、拦网和有拦网意图;如果自由人在本队的前场区运用了上手传球,则不允许其同伴在高于球网处完成对该球的进攻性击球,但在其他区的传球无碍。

9 乒乓球运动

乒乓球运动在大众体育中具有广泛的群众基础，也是各学校体育课的教学内容之一，深受广大青少年和大众的喜爱。近几十年来，我国运动健儿在世锦赛、奥运会等国际大赛中多次勇夺冠军，使我国乒乓球运动的热度持续上升。乒乓球运动的特点是球体小、变化多、速度快、技巧性强、趣味性高，且设备较为简单，素有“聪明人的运动”之美誉。

基本步法　　发球与接发球　　攻球　　搓球

9.1 乒乓球运动概述

9.1.1 乒乓球运动的特点与作用

1.乒乓球运动的特点

①乒乓球运动变化多样、球速快。乒乓球重2.53~2.7克，其飞行速度可达17米/秒，在高速和快旋转的情况下就需要运动员在瞬间迅速判断球路并及时作出正确的应变。

②乒乓球运动设备较为简便，场地可以在室内也可以在室外，运动量可大可小，适合各个年龄段的人参与，易于被大众所接受。

③乒乓球运动是一项综合性的运动。首先，乒乓球运动有男子单打、女子单打、男子双打、女子双打、混合双打和团体项目；其次，乒乓球运动打法多样，有快攻、弧圈球、削球，技术风格有狠、稳、变之分，球拍有生胶、长胶、反胶、正胶和防弧胶之分，且各个选手的打法千差万别；此外，乒乓球运动技术种类多，主要技术有8大类81小项，并且旋转变化较多，典型的旋转种类就有26种（6种基本旋转、20种混合旋转）。

2.乒乓球运动的作用

乒乓球运动兼具娱乐性、健身性和竞技性。经常参与乒乓球运动能够有效地改善心脑血管系统的功能，提高人的反应能力、手脚的敏捷性、动作的协调性，同时可以塑造健美的体形，还有助于塑造健康积极、机智果断、勇于拼搏、吃苦耐劳的优良意志品质。

9.1.2 乒乓球运动的起源与发展

1.起源

乒乓球运动19世纪70年代起源于英国。最初它只是一种休闲娱乐的游戏，以代替草地网球。当时英国大学生把餐桌作为球台，用羔皮纸贴面的长柄椭圆形空心球拍或木制球拍，在台子上把软木或橡胶做成的球打来打去。后来人们根据打球发出的声音，称其为乒乓球。

2.发展

1900年，英国伦敦举办了第一次大型乒乓球比赛。

1902—1903年，在英国留学的日本学者坪井玄道把乒乓球器材带回日本，乒乓球运动由此传入亚洲。

1918年，各国先后成立了乒联，促进了乒乓球运动的全球化。

1926年，国际乒联在伦敦正式成立，并举办了第一届世界乒乓球锦标赛，第一任主席是英国人伊沃·蒙塔古。此后,世乒赛每年举办一次,1940—1946年因第二次世界大战中断,自1957年开始改为每两年举办一次。

1926—1951年,世界各国选手大都使用表面有圆柱形颗粒的胶皮拍。击球时增加了弹性和摩擦力,可以使球产生一定的旋转,因此出现了削下旋球的防守型打法。这一打法在欧洲流行了很长一段时间,不少运动员采用此打法获得了世界冠军。这个时期乒乓球运动的优势在欧洲,其中以匈牙利队成绩最为突出。

20世纪50年代,日本在世界乒坛崛起,获得了第19—25届世乒赛的24项冠军。1959年以后,中国乒乓球队一直雄踞世界乒坛前列。

9.1.3 中国乒乓球运动简况

中国乒乓球队于1952年成立,在全国人民的热情支持下,拼搏不息,攀登不止,经历了由弱到强、持久昌盛的发展历程。自1959年容国团赢得第一个世界冠军到2015年,中国乒乓球队已经获得了213个世界冠军,中国乒乓球运动始终处于世界前列。在奥运会上,中国包揽了1996年、2000年、2008年、2012年、2016年共5届奥运会金牌。乒乓球运动取得了举世瞩目的成就,乒乓球也成为我国的国球。

9.2 基本技术和练习方法

9.2.1 握拍与站位

1.直拍握法

1)直拍快攻型握拍法

拍前:以食指第二指节和拇指第一指节扣拍。拇指与食指之间的距离要适中(一般为一指)。

拍后:中指、无名指、小指自然弯曲,斜形重叠,中指第一指节贴于拍的背面1/3处,如图9.1所示。

图9.1 直拍快攻型握拍法

2)直拍削球型握拍法

拍前:大拇指弯曲紧贴在拍柄的左侧,并用力压拍。

拍后:其他四指自然分开,托住拍的后面。

正手削球时，前臂旋后使球拍后仰；反手削球时，拍后四指灵活地把球拍抖起，使拍柄向下，如图9.2所示。

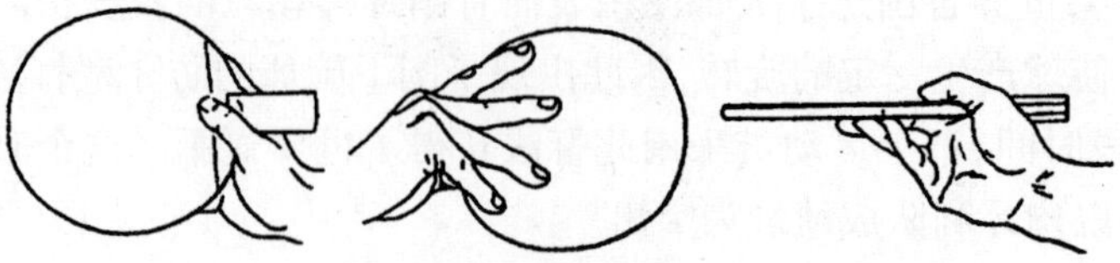

图9.2　直拍削球型握拍法

2.横拍握法

中指、无名指和小指自然地握住拍柄。拇指在球拍的正面轻贴在中指旁边，食指自然伸直，斜放于球拍的背面。浅握时，虎口轻微贴拍；深握时，虎口紧贴球拍，如图9.3所示。

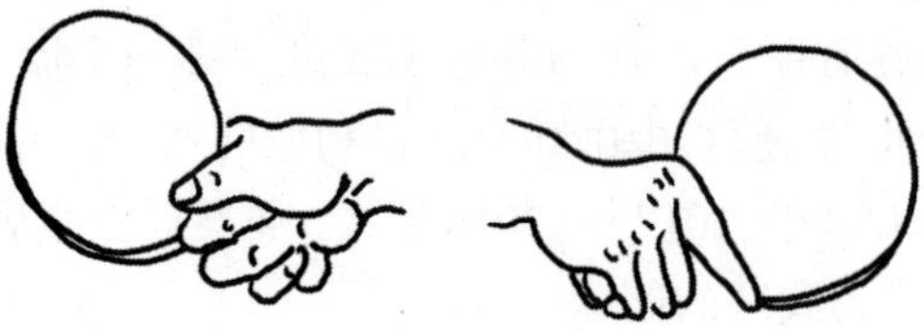

图9.3　横拍握法

3.易犯错误与纠正方法

①**易犯错误：**握拍太深或太浅。

纠正方法：直拍握法，食指和拇指构成的钳形不能过大或过小，以免影响手腕动作的灵活性和击球的发力。

②**易犯错误：**握拍过紧或过松。

纠正方法：不论直拍握法还是横拍握法，在准备击球时或将球击出后，握拍都不宜过紧或过松。过紧会使手腕僵硬，影响球的飞行弧线；过松则会因拍面摇动，影响发力和击球点的准确性。

③**易犯错误：**手指不能灵活地调节拍面角度。

纠正方法：握拍的关键在于手指能灵活地调节拍面角度，提高击球的命中率。因此，要反复体会各手指调节拍面角度的动作和用力。

4.基本站位

1)站位的准备姿势

下肢：两脚左右开立，约与肩同宽。身体稍向右侧，面向球台。两膝自然弯曲，提踵，重心置于两脚之间。

躯干：含胸收腹，上体略前倾，下颌微收，两眼注视来球。

上肢：持拍手和非持拍手均应自然弯曲置于身体前侧方，保持相对的平衡态。

提示：身体重心置于前脚掌内侧，如图9.4所示。

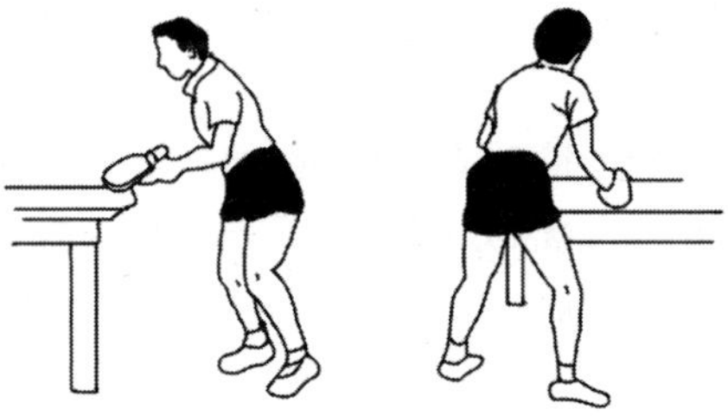

图9.4 站位的准备姿势

2)站位的基本位置

站位的范围是指运动员离球台端线的远近距离和左右距离。根据不同的打法选择不同的基本站位。站位正确,有利于保持稳定的击球姿势和向任何一个方向迅速移动,如图9.5所示。

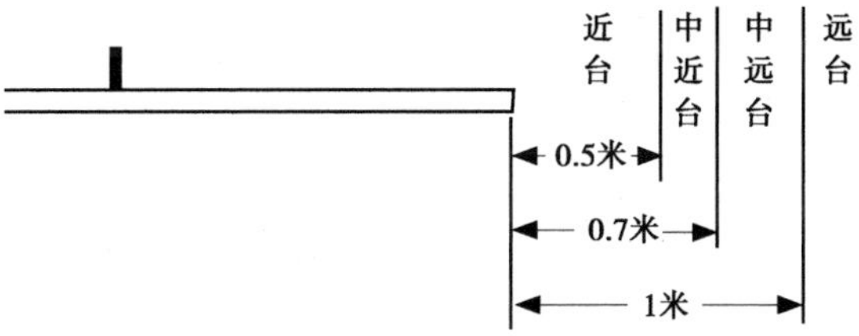

图9.5 站位的基本位置

左推右攻打法:基本站位在中间偏左。

两面攻打法:基本站位在近台中间。

弧圈球为主打法:基本站位在中台偏左。

横拍攻削结合打法:基本站位在中台附近。

削球打法:基本站位在中远台附近。

3)易犯错误与纠正方法

①**易犯错误:**全脚着地,重心靠后,无法用力蹬地。

纠正方法:在脚跟放乒乓球,要求练习者体会提踵、重心前移。

②**易犯错误:**两脚尖呈外八字形,步法移动慢。

纠正方法:小腿内旋,重心移至前脚掌内侧,做模仿练习。

③**易犯错误:**双腿和上肢直立,重心偏高,起动慢。

纠正方法:做屈伸动作练习,体会弹性运动。

9.2.2 发球

发球在比赛中对于扬己之长、攻彼之短有着技术和战术上的意义,是连接整个乒乓球技术、战术的重要环节。发球、接发球、发球抢攻称为前三板技术,是我国乒乓球的强项。下面介绍几种基本的发球技术。

1.正手平击发球

动作要领:左手将球向上抛起,同时右臂内旋,使拍面稍前倾,向右后方引拍。当球从高点下降至稍高于球网时,击球中上部向左前方发力,如图9.6所示。

技术要点:发力部位以前臂带动手腕为主,动作过程中身体重心从右脚移至左脚。

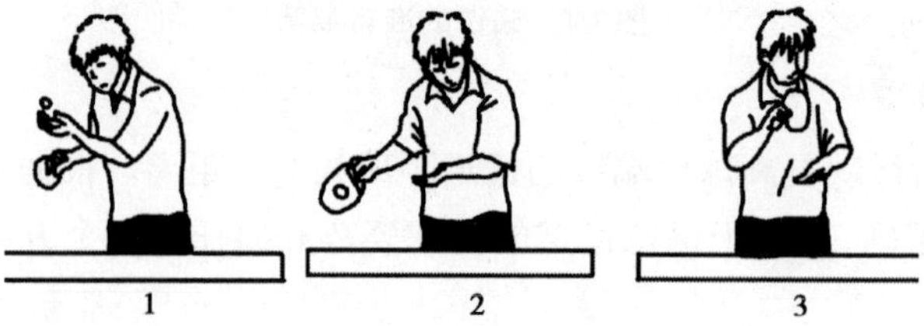

图9.6 正手平击发球

2.正手发下旋加转球

动作要领:左手将球向上抛起,同时右臂外旋,直握拍手腕向右后上方引拍。当球从高点下降至稍高于网或与网同高时,前臂加速向前下方发力,同时手腕弯曲并内收,以球拍远端(拍头)触球,击球中下部向底部摩擦,如图9.7所示。

技术要点:发下旋加转球的旋转应尽可能强烈,发不转球的假动作尽量逼真,如此才能突出旋转的反差,发挥“转不转”发球的威力。

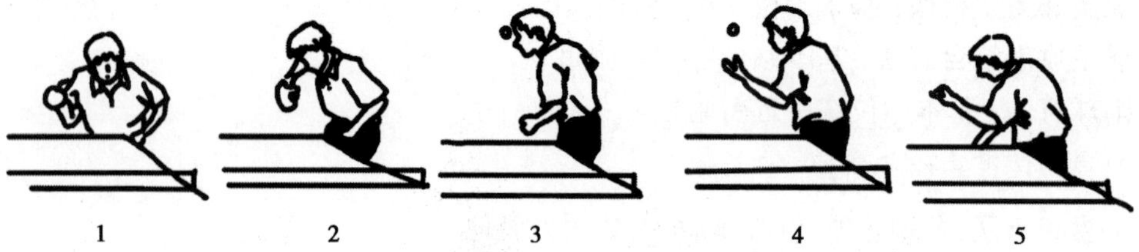

图9.7 正手发下旋加转球

3.易犯错误与纠正方法

①**易犯错误:**球未向上抛起,高度不够。

纠正方法:理解要领并重复抛球动作练习。

②**易犯错误:**击球点过高或过低。

纠正方法:强调按动作要点,掌握正确恰当的击球点。

③**易犯错误:**拍面前倾过多或不够,击球时向前力量过小或过大,落点距离过远或过近。

纠正方法:用正确的拍面击悬空球;在台上画出第一落点的范围。

9.2.3 接发球

在比赛中,接发球具有被动转主动、技术难度大、判断反应要快、心理素质要稳定的特点。第一板回接球是由被动转主动进攻的第一步。回接球的质量直接影响自己技术、战术的发挥以及是否能将对手控制在被动状态,同时也直接影响自己的心理状态。若接发球处理得好,可直接得分或为抢攻创造有利条件。

接发球的基本手法包括点、拨、带、拉、攻、推、搓、削、摆短、撇侧旋等。接发球技术是各项基本技术的综合运用。

接发球练习方法包括抽球练习、颠球练习、弹击练习、削球练习。

9.2.4 击球

1. 正手攻球技术

正手攻球也称近台快攻,具有力量大、速度快的特点,是比赛中争取主动,克敌制胜的重要手段。

动作要点:击球前,左脚稍前站立,身体离台约50厘米。当来球将落至台面时,前臂外展,将球拍后引至身体右侧稍后。当来球从台面弹起时,上臂带动前臂向左前上方快速挥动,并配合前臂内旋的动作使拍形前倾,在上升期击球的中上部。击球过程中,身体重心从右脚移至左脚,以腰部带动大臂,大臂带动小臂。击球后球拍继续挥至头部高度,然后迅速还原成击球前的准备姿势,如图9.8所示。

图9.8 正手攻球

2. 推挡球

1)加力推

击球前,前臂上提,球拍后引。在来球上升后期或高点期击球的中上部,触球瞬间用力推压。击球后,手臂随势前送,如图9.9所示。

图9.9 加力推

2)减力推

站位与平挡球相同。击球时,在触球瞬间,手臂前移的动作骤停,或调节好拍面角度把球拍轻轻后移,以减弱来球的反弹力。击球后,迅速还原,准备好下一次击球,如图9.10所示。

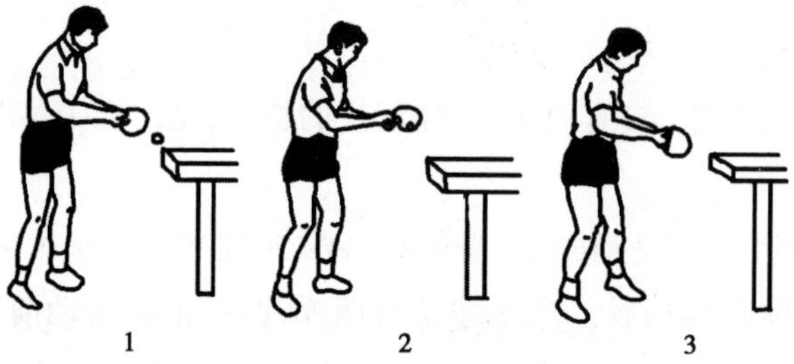

图9.10 减力推

站位靠近球台,右脚稍后或两脚平行开立,上臂和肘关节靠近右侧身旁。击球时,前臂向前推出,食指压拍,拇指放松,球拍前倾,在来球上升期击球的中上部。击球后,手臂随势前送,如图9.11所示。

图9.11 快推

3.搓球

1)快搓球

站位靠近球台,身体重心前移,身体靠近来球,上升期击球。击球前,手臂应迅速前伸迎球,拍面稍后仰。前臂主动前伸插向球的中下部。快搓一般借力还击,若来球下旋弱可用力下切,如图9.12所示。

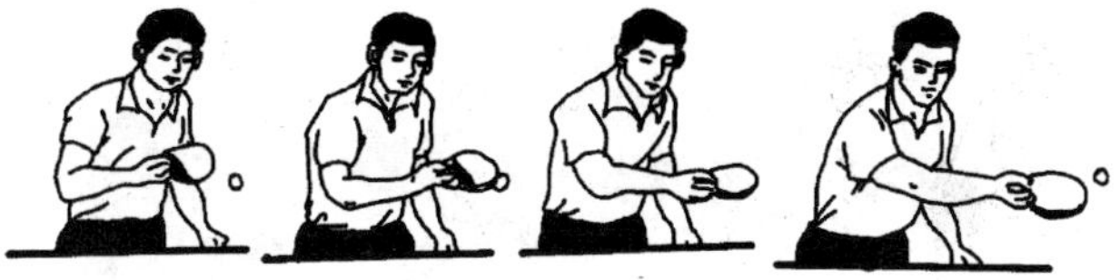

图9.12 快搓球

2)慢搓球

反(正)手慢搓的站位 是右脚稍前,身体离球台约50厘米,保持手臂向左(右)上引拍。击球时,前臂和手腕向前下方用力,同时配合内旋转腕的动作,拍面后仰,在下降期击来球中下部,如图9.13所示。

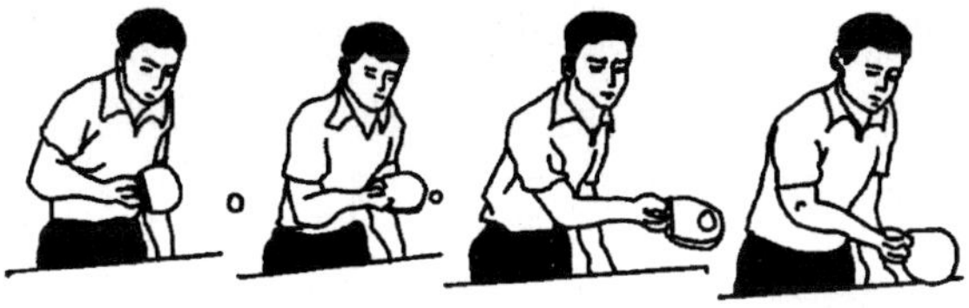

图9.13 慢搓球

4.削球

削球可以通过旋转变化和落点变化来控制对手,主要包括正反手远削、正反手近削、削加转弧圈球等。

1)远削

正手远削时,左脚稍前,身体距球台1米以外,上体稍右转,重心在右脚上。击球前,手臂自然弯曲,将球拍向右上引至与肩同高;击球时,手臂向左前下方挥动,在来球下降期击球中下部,拍形稍后仰;触球瞬间前臂加速削击,同时手腕向下辅助用力;击球后,球拍顺势前送,重心移至左脚,如图9.14所示。

图9.14 正手远削

反手远削时,右脚稍前,身体左转,手臂弯曲,球拍向左上方引至与肩同高,拍柄向下,重心在左脚上;击球时,手臂向右前下方挥动,前臂和手腕加速用力削击来球,在来球下降期击球中下部,拍形稍后仰;击球后,上体向右转动,球拍随势挥至身体右侧,重心移至右脚,如图9.15所示。

图9.15　反手远削

2)近削

近削动作小、球速快。正手近削时,左脚稍前,身体离球台约50厘米,上体稍向右转;击球时手臂弯曲,把球拍引至与肩同高,拍形稍后仰;触球时,前臂用力向下方挥动,手腕配合下压,在来球上升期或高点期击球中部或中下部,如图9.16所示。反手近削时,右脚稍前,手臂弯曲向左上引拍。击球时,前臂向右前下方挥动,手腕配合用力下压,在来球上升后期或高点期击球中部或中下部,如图9.17所示。

图9.16　正手近削

图9.17　反手近削

9.2.5　基本步法

1.单步

动作方法:以一只脚的前脚掌为轴,另一只脚向前、后、左、右不同方向移动,当移动完成时身体重心也随之落到摆动的脚上,如图9.18所示。

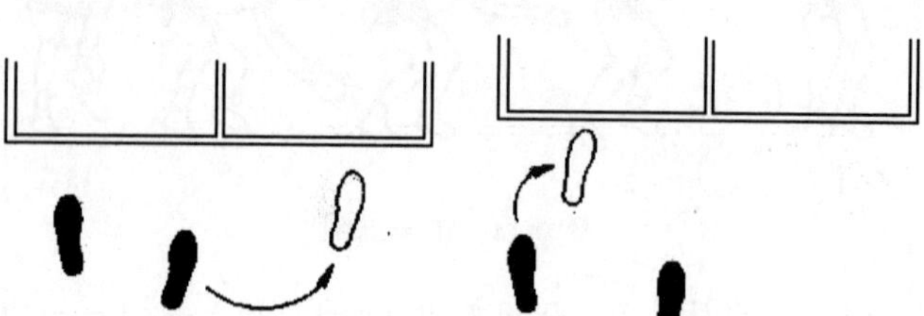

图9.18　单步

2.跨步

动作方法:来球方向异侧脚用力蹬地,另一只脚向来球方向侧跨一大步,而蹬地脚也迅速跟着移动，也就是一脚先跨，另一脚跟进。常在扑救险球时，或正手打回头球时采用，如图9.19所示。

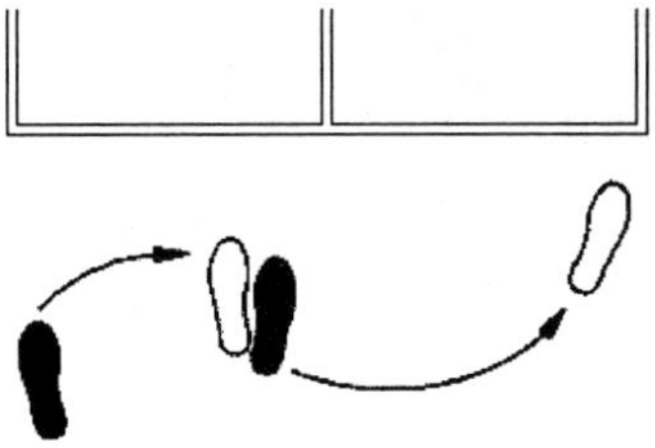

图9.19　跨步

3. **跳步**

动作方法：来球异侧方向脚的前脚掌内侧用力蹬地，使两脚同时离开地面向前、后、左、右跳动，蹬地脚先落地。一般在来球离身体较远较急时使用。

4. **交叉步**

动作方法：交叉步应先以靠近来球方向的脚作为支撑脚，使远离来球的脚迅速向前、后、左、右不同的方向跨出一大步，而原作为支撑的脚跟着前脚的移动方向再迈一步。在移动时膝关节始终保持弯曲，与来球方向同侧脚外旋、异侧脚内旋，腰、髋迅速转向来球方向，与挥拍击球同步进行，如图9.20所示。

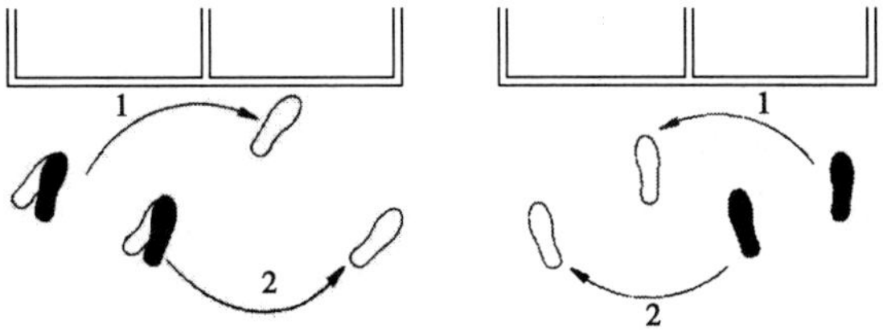

图9.20　交叉步

5. **并步**

动作方法：先以来球异侧方向的脚用力蹬地向另一只脚移（或称并）半步或一小步，另一只脚在并步落地即向同方向移动，也就是一脚先并，同时另一脚跨出一小步，如图9.21所示。

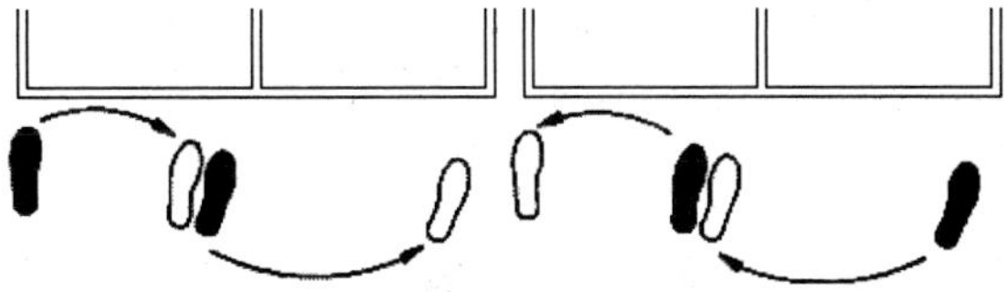

图9.21　并步

9.2.6　易犯错误与纠正方法

①**易犯错误：**步法起动慢，两脚姿势僵硬，动作不协调，重心掌握不好，不能及时地抢占

有利位置。

纠正方法:领悟每一种步法的方法、用途和特点,进行重复练习,练习时先慢后快,及时蹬地,迅速灵活地移动重心。

②**易犯错误:**步法的流畅性和节奏感不强。

纠正方法:首先了解步法的用处,熟练掌握正确的单个步法动作后再进行组合步法的重复练习。

9.3 基本战术

9.3.1 推攻战术

推攻战术主要运用正手攻球和反手推挡的速度和力量,并结合落点变化和节奏变化来压制和调动对方,以争取主动或得分。推攻战术是左推右攻打法对付攻击型打法的主要战术,有反手推挡能力的两面攻运动员和攻削结合型运动员常使用这种战术。

主要方法有左推右攻、推挡侧身攻、推挡侧身攻后扑正手、左推结合反手攻、左推、反手攻、侧身攻后扑正手。

9.3.2 两面攻战术

两面攻战术主要利用正反手攻球技术的速度和力量压制对方,争取主动和创造扣杀机会。两面攻战术是两面攻打法对付攻击型打法的主要战术。

主要方法有攻左扣右、攻打两角、猛扣中路。

9.3.3 拉攻战术

拉攻战术是指连续运用正手快拉创造进攻机会,然后采用突击和扣杀来作为得分手段。拉攻战术是快攻打法对付削球类打法的主要战术。

主要方法有正手拉后扣杀、反手拉后扣杀。

9.3.4 拉、扣、吊结合战术

拉、扣、吊结合战术由拉攻与放短球相结合而成,是快攻型打法对付削球打法的常用战术。

主要方法有在拉攻战术的扣杀或突击后放短球;在拉攻战术中放短球后,结合扣杀或突击。

9.3.5 搓攻战术

搓攻战术主要运用"转、低、快、变"的搓球控制对方,以寻找战机,然后采用低突、快点或拉攻等技术展开攻势并进入连续进攻；在搓球中遇到机会球时进行扣杀，常常带有突然性，往往可以直接得分。搓攻战术是乒乓球各种打法都不可缺少的辅助战术。

主要方法有正反手搓球结合正手快拉、快点、突击或扣杀，正反手搓球结合反手快拉、快点、突击或扣杀。

9.4 乒乓球运动的主要竞赛与裁判规则

9.4.1 乒乓球比赛的场地、器材

1.比赛场地

正规比赛场地要求长不小于 14 米，宽不小于 7 米，赛区应用 75 厘米高的深色挡板围起，与相邻的比赛场地及观众隔开。

2.球

球应为圆球体，直径为 40 毫米，质量为 2.7 克。

3.球台

标准的乒乓球台由两块组成，每块长 1.37 米，总长 2.74 米，台面宽 1.525 米，球台与地面距离 0.76 米，台面四边涂上 0.02 米宽的白线，台面中间应有一条 0.003 米宽、与球台长边平行的中线。

4.球网

网高 0.152 5 米，网应与网柱、台面紧贴，网应柔软，呈暗绿色，网柱应为单一颜色，其表面应无光泽。

5.球拍

球拍的大小、形状和质量不限，但底板应平整、坚硬；底板至少有 85% 的天然木材，对胶皮、海绵及胶粒的密度有严格要求；球拍两面必须是两种颜色，即一面是鲜红色，另一面是黑色。

9.4.2 乒乓球的竞赛与裁判规则

1.发球

①发球开始时，球自然地置于不持拍手的手掌上，手掌张开，保持静止。

②发球时，发球员须用手将球几乎垂直地向上抛起，不得使球旋转，并使球在离开不执拍手的手掌之后上升不少于 16 厘米，球下降到被击出前不能碰到任何物体。

③当球从抛起的最高点下降时，发球员方可击球，使球首先触及本方台区，然后越过或绕过球网装置，再触及接发球员的台区。双打中，球应先后触及发球员和接发球员的右

半区。

④从发球开始，到球被击出，球要始终在台面以上和发球员的端线以外，且不能被发球员或其双打同伴的身体或衣服的任何部分挡住。

⑤在运动员发球时，球与球拍接触的一瞬间，球与网柱连线所形成的虚拟三角形之内和一定高度的上方不能有任何遮挡物，且其中一名裁判员要能看清运动员的击球点。

2.击球

对方发球或还击后，本方运动员必须击球使球直接越过或绕过球网装置，或触及球网装置后，再触及对方台区。

3.失分

①未能合法发球。

②未能合法还击。

③击球后，该球没有触及对方台区而越过对方端线。

④阻挡。

⑤连击。

⑥用不符合规则条款的拍面击球。

⑦运动员或运动员穿戴的任何物件使球台移动。

⑧运动员或运动员穿戴的任何物件触及球网装置。

⑨不执拍手触及比赛台面。

⑩双打运动员击球次序错误。

⑪执行轮换发球法时，发球一方被接发球一方或其双打同伴(包括接发球一击)完成了13次合法还击。

4.一局比赛

在一局比赛中，先得11分的一方为胜方；10平后，先多得2分的一方为胜方。一场单打赛的淘汰赛采用七局四胜制，团体赛中的一场单打或双打采用五局三胜制。

5.次序和方位

①在获得2分后，接发球方变为发球方，以此类推，直到该局比赛结束，或直至双方比分为10平，或采用轮换发球法时，发球和接发球次序不变，但每人只轮发1分球。

②在双打中，每次换发球时，前面的接发球员应成为发球员，前面的发球员的同伴应成为接发球员。

③在一局比赛中首先发球的一方，在该场比赛的下一局中应首先接发球；在双打比赛的决胜局中，当一方先得5分后，接发球一方必须交换接发球次序。

④一局中，在某一方位比赛的一方，在该场比赛的下一局应换到另一方位。在决胜局中，一方先得5分时，双方应交换方位。

6. 间歇

①在局与局之间，有不超过 1 分钟的休息时间。

②在一场比赛中，双方各有一次不超过 1 分钟的暂停时间。

③每局比赛中，每得 6 分球后，或决胜局交换方位时，有短暂的时间擦汗。

7. 竞赛方法

已经举办过的奥运会乒乓球比赛，竞赛方法大同小异，但均不完全相同，主要是采用分组预选和单淘汰加附加赛或排名淘汰赛加附加赛的方式。

10 羽毛球运动

羽毛球运动既具有娱乐性又具有观赏性，参与者在球的对击过程中，通过不停的跑动和身体的变化，努力地把球击到对方的场地。羽毛球运动不仅可以全面增强人的体质，还因其竞争性、对抗性等诸多特征，使运动员的意志品质得到锻炼。经常参加羽毛球运动能促进血液循环，保持脑部、眼睛、上下肢体的协调性和敏捷性，有利于身心愉快，延年益寿。

基本步法　　发球技术　　网前技术　　后场击球技术

10.1 羽毛球运动概述

10.1.1 羽毛球运动的特点与作用

1.羽毛球运动的特点

羽毛球运动是一种全身运动项目;可灵活调节运动量;不受场地限制,室内、室外均可进行;不受年龄、性别的限制,集体、个人皆宜。

2.羽毛球运动的作用

①娱乐性:包括自娱性和观赏性。

②锻炼性:包括增强体质、培养意志和陶冶心灵。

10.1.2 羽毛球运动的起源与发展

1877年,第一本羽毛球比赛规则的书籍在英国出版。

1893年,在英国成立了世界上第一个羽毛球协会。1899年,该协会在伦敦举办了第一届"全英羽毛球锦标赛",每年举办一次,沿袭至今。

1939年,国际羽毛球联合会通过了各会员国共同遵守的《羽毛球竞赛规则》。

1981年,国际羽毛球联合会重新恢复了中国在国际羽联的合法席位,从此揭开了国际羽坛历史上新的一页,进入了中国羽毛球选手称雄世界的辉煌时代。

1988年,在汉城奥运会上羽毛球被列为表演项目;1992年,在巴塞罗那奥运会上羽毛球被列为比赛项目;1996年,在亚特兰大奥运会上羽毛球混双被列为比赛项目。从此羽毛球运动进入新的发展时期。

10.1.3 中国羽毛球运动概况

20世纪20年代末至30年代中期,羽毛球运动传入中国。

1953年,在天津举办了第一次全国羽毛球赛。

1963年,我国羽毛球队参加了在印度尼西亚举行的第1届新兴力量运动会,中国队获得女团、男单两项冠军,并获得男单第2名,女单第2名、第3名和男女双打第2名、第3名的好成绩。

1981年,在美国举办的第1届非奥运会项目世界运动会上,我国获得男、女单打与男、女双打冠军。

1982年,我国羽毛球健儿在全英锦标赛和汤姆斯杯赛中再创辉煌,勇夺冠军。

1986年、1988年我国连续两次获得汤姆斯杯和尤伯杯的双冠军。

1987年的世界羽毛球锦标赛和1988年的世界杯羽毛球赛的5项冠军都被我国健儿囊括,创造了一个国家的选手连续囊括世界级比赛5个单项冠军的最高纪录。

10.1.4 现代羽毛球运动的发展趋势

从世界羽毛球的发展趋势来看,球员的身体能力有了很大的提高,场上速度日趋加快,在技术、战术使用上向着更简洁、更功利的风格转变。而这样的转变带来的就是比赛中对抗程度的提升,球员必须自始至终在高速移动之中完成技术动作的使用、战术意图的实施以及对机会的把握,并且还必须具备充沛的体能,确保高质量完成整个比赛。

相对于单打球员所谓的不全面,现在的双打球员则越发全面。双打的发展与单打一样,向着更重视速度和能力,更强调技术简洁实用的趋势转变,并且比过去更注重单兵作战能力,讲究两名球员之间水平、意识以及技术特点的均衡。

10.2 基本技术和练习方法

10.2.1 握拍

1.正手握拍法

以右手为例,张开右手使虎口对准拍柄窄面的小棱边,拇指和食指贴在拍柄的两个宽面上,食指和中指稍分开,中指、无名指和小指并拢握住拍柄,掌心不要紧贴,拍柄端靠近手掌的小鱼际,拍面基本与地面垂直,如图10.1所示。

2.反手握拍法

在正手握拍的基础上,拇指和食指将拍柄稍向外转,拇指顶点在拍柄内侧的宽面上,中指、无名指和小指并拢握住拍柄,柄端靠近小指根部,掌心留有空隙。球拍斜侧向身体左侧,拍面稍后仰,如图10.2所示。

图10.1 正手握拍法

图10.2 反手握拍法

3.易犯错误与纠正方法

易犯错误:

①采用西方式握拍法握拍。

②“一把抓”握拍,即食指低于拇指与中指并拢握拍。

③食指过于前伸,直接按在拍柄上部,造成在击球瞬间难以握紧球拍发力。

④前握拍太紧,掌心与拍柄没有空隙。直接影响握拍的灵活变化,同时也影响击球瞬间的发力。

纠正方法:在练习击球的过程中,一定要养成随时提醒自己“检查握拍是否正确”的良好习惯。

10.2.2　发球

发球可分为正手发球和反手发球两种。按球在空中飞行的弧线和距离可分为高远球、平高球、平快球和网前球,如图10.3所示。

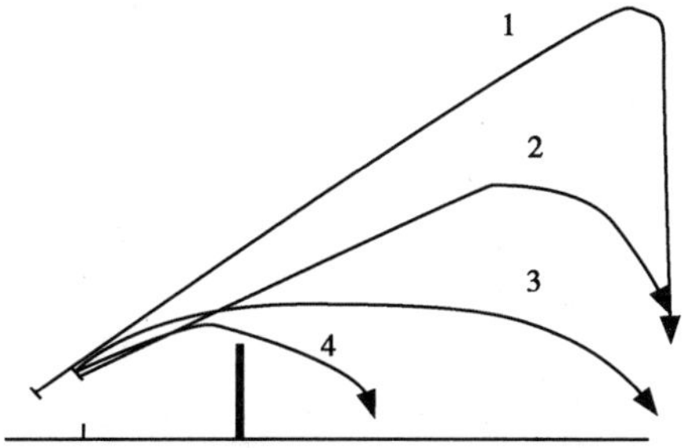

图10.3　羽毛球飞行路线示意图

1—高远球;2—平高球;3—平快球;4—网前球

1.正手发球

正手发球是指在身体的右侧采用正拍面击球的一种发球方式,在实战中被广泛采用,包括正手发高远球、平高球、平快球和网前球。用正手发球,不论是发何种弧线的球,其发球前的站位和准备姿势都是类似的。

1)正手发高远球

发高远球时,使球向对方的后场上方飞行,飞行的线路与地面形成的角度要大于45°,并在对方底线附近形成垂直下落,如图10.4所示。

图10.4　正手发高远球

2)正手发平高球

发平高球,动作大致与发高远球相同,只是在击球的一刹那,前臂加速带动手腕向前上方挥动。球发得不太高,但能迅速越过对方场地的上空落到底线附近。球在空中飞行时与地面约成45°,如图10.5所示。

1　2　3　4　5　6　7　8

图10.5　正手发平高球

2.反手发球

反手发球是指在身体的左前方用反拍面击球的一种发球方式。主要靠挥动前臂和伸腕"闪"动发力,其特点是动作幅度小、出球快、隐蔽性强,一般在双打比赛中采用较多,主要有反手发网前球和反手发平快球两种,如图10.6所示。

1　2　3　4　5

图10.6　反手发球

1)反手发网前球

前臂向前挥动并带动手腕,通过球拍拍面弹击球,使球落到对方场区的前发球线附近,球的弧线略高于网顶。发球时,重心稍前倾。

2)反手发平快球

发球时,动作与发网前球一样,但在击球的一刹那,手腕采用弹击的方法,将球击到对方场区的双打后发球线附近。

3.练习方法

①徒手做发球前的准备姿势,模仿发球的动作。

②站在墙边50厘米处,身体右侧对墙,反复进行挥拍练习,使挥拍路线尽量贴近右腿。

③用多球进行准确发球的练习。

4.易犯错误与纠正方法

①**易犯错误**:正手发后场高远球时,羽毛球拍的挥动路线不是自下而上画弧,而是横扫。

纠正方法:通过技术示范,进行模仿练习,慢动作挥拍练习。

②**易犯错误:**正手发后场高远球时,击球点在右肩下方,以肘为轴,出现甩臂动作。

纠正方法:按照技术动作的要领做挥拍练习,直至熟练。用绳把球吊起来,选择适当的高度将球固定吊好,进行正确的挥拍击球动作练习。体会球与拍之间的距离及前臂内旋带动手腕由伸腕到展腕的发力过程。面对墙壁做发球练习,既要照顾到击球的准确性,还要兼顾击球动作的正确性。

③**易犯错误:**放球与挥拍时机配合不好,造成击球不准。

纠正方法:熟悉球性,正手、反手向上颠球练习,体会击球时机。用绳把球吊起来,上下反复击球。

10.2.3 接发球

接发球是羽毛球运动中一项重要的基本技术,其质量的好坏直接影响着运动员能否在一个比赛回合中获得主动,而要提高接发球的质量,首先要有正确的站位和准备姿势。

1.接发球的站位和准备姿势

1)单打站位

在右发球区要站在靠近中线位置,在左发球区则站在发球区中间位置,主要是防备对手直接进攻至反手部位。

准备姿势:一般左脚在前,右脚在后,双膝微屈,收腹含胸,身体重心放在前脚上,后脚跟稍抬起。身体侧身向球网,球拍举在身前,两眼注视对方。

2)双打站位

准备姿势:双打接发球时要站在靠近网前发球的地方。双打接发球准备姿势和单打接发球准备姿势基本相同,只是身体前倾较大,球拍举得略高些,当球来到网上最高点时击球。

2.接发球练习方法

①学习接发球时,按球路或要求定时、定量进行练习,然后交换。

②练习接发球时,注意观察对方球的飞行方向来提高自己的判断能力。

③在上述基础上,进一步研究控制好回球落点,以避免在接球后给对方较多的进攻机会。

3.易犯错误与纠正方法

①**接发球脚步准备姿势错误:**准备接发球时,双脚的脚后跟同时着地,八字脚直立,身体重心在两腿之间,不利于发挥突然起动和移动的速度。

纠正方法:羽毛球运动的快速特点,要求在接发球准备时,膝关节要稍有一定的弯曲,左脚全脚掌着地(包括后跟),右脚后跟提起,右脚尖点地。这种准备姿势,便于身体迅速向前场,或是向后场蹬地起动和移动。

②**接发球持拍手错误:**准备接发球时,持拍手握拍垂直置于体侧,影响接上手高球,或是

平射球的挥臂速度;或持拍手持拍过于偏右侧或偏左侧,也会影响接发球的出手动作速度。

纠正方法:接发球时,持拍手应放松握拍,自然屈肘举至体前,使球拍置于身体中部位置,拍头略靠左,这样的接发球姿势便于接各个方向的来球。

③接发球时注意力分散:准备接发球时,如果全身肌肉松弛,注意力不集中,也会影响接发球质量。

纠正方法:接发球时,应将持拍手置于身体前方中部,两眼平视,集中注意力于判断对方发球的方向上。

10.2.4 击球

熟练掌握羽毛球的各种击球技术,有助于提高击球的质量。击球技术依据其动作特点分为高手击球、网前击球和低手击球三种。

1.高手击球

1)击高球

高球可分为高远球和平高球。平高球飞行弧度较低,球速快,故具有更大的进攻威力,是用于快速调动对方,创造进攻机会的重要手段,如图10.7所示。

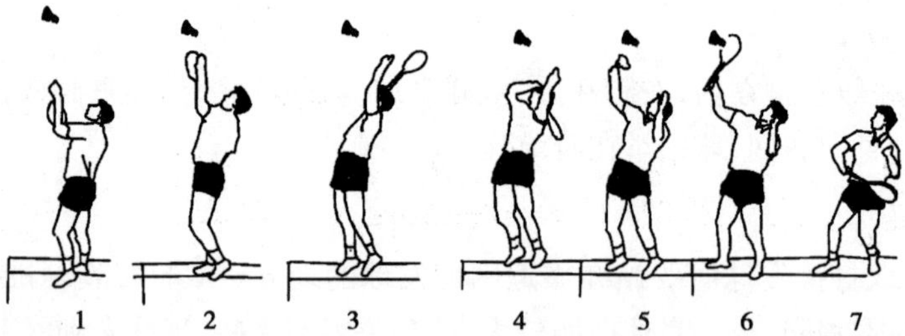

图10.7 击高球

2)扣杀球

扣杀球时靠腰腹带动大臂、前臂、手腕的鞭打动作,全力向前下方击球,球拍触球时拍面前倾向前下方用力,手握紧球拍,击球点在右肩稍前上方。击球后球拍随惯性向左下方摆动,身体重心由右脚移至左脚,如图10.8所示。

图10.8 扣杀球

2.网前击球

1)搓球

以正手网前为例,上网步伐快,左脚蹬地,右脚网前跨步呈弓箭步,侧身对网,重心在右脚,手臂向前伸出,出手要快,握拍手腕和手指自然放松。击球时,拍面与球网成斜面向前。用手指控制好拍面并发力,使搓出的球尽可能贴网而过,如图10.9所示。

图10.9 搓球

2)推球

推球动作与搓球动作基本相同,只是在击球的瞬间,拍面几乎与网平行,主要靠腕部的转动及手指的力量向前快速"闪"动,如图10.10所示。

图10.10 推球

3.低手击球

1)正手挑高球

判断来球,快速上网,左脚积极蹬地,右脚跨步向前呈弓箭步,侧身对网,重心在右脚。正手握拍,手臂自然向右前方伸出、展腕,左臂自然后伸起平衡作用。击球时,以肘关节为轴,小臂带动手腕、手指快速由右下方向前上方呈半圆形挥拍击球,如图10.11所示。

图10.11 正手挑高球

2)反手挑高球

判断来球,快速上网,左脚积极蹬地,右脚跨步向前呈弓箭步,重心在右脚,侧身背对网。反手握拍,手臂向左前方伸出,屈肘、屈腕。右臂自然后伸起平衡作用。击球时,以肘关节为轴,小臂带动手腕,手指快速由左下方向前上方呈半圆形挥拍击球,如图10.12所示。

图10.12 反手挑高球

4.击球练习方法

①按技术动作要领反复进行挥拍模仿练习。

②移动步伐,调整重心的挥拍练习。

③两人一组进行定点、定位变向的对击练习。

5.易犯错误与纠正方法

①**易犯错误:**准备姿势不正确。接球前两脚站位太紧,重心偏高,全脚掌着地。

纠正方法:应保持良好的准备姿势,两脚左右开立,右脚在前,尤其要强调起踵、屈膝和全身自然协调,从而有利于快速起动。

②**易犯错误:**退后场移动步法。向后场移动不是采用后撤并步技术,而是用交叉步或挪步,或者后撤并步移动步子较小,往往移动不到位(未到达后场)或到达击球点时已晚。

纠正方法:首先徒手练习侧身后退并步移动步法,如一步、两步和多步移动技术,并要求适当放大脚下移动步幅,动作熟练后,再结合击球进行练习。同时通过练习加强脚弓、踝关节和下肢的力量。

③**易犯错误:**击球点不正确。

纠正方法:反复强调击球点,如击高球时,强调击球瞬间持拍手臂处于伸直状态,找一适当高度的树梢为目标(直立持拍上举拍面击到树梢的高度)进行挥拍练习。

10.2.5 步法

1.上网步法

1)跨步上网

站位于球场中心稍靠后处,两脚左右开立,右脚略前,上体稍前倾,两眼注视对方击球。当对方吊网前球时,在对方击球瞬间,脚跟提起、轻跳并迅速调整重心至后脚,以协助快速起动。左脚迈一小步,用脚掌内侧蹬地,右脚向前跨一大步,以脚跟和脚掌外侧着地滑步缓冲,脚尖外斜,右腿屈膝呈弓箭步,左腿随即向前拖动,以协助右脚回蹬。击球后用并步或交叉步退回中心位置。如果对方来球较近时,可用左脚蹬地,随即右脚跨一大步上网,如图10.13所示。

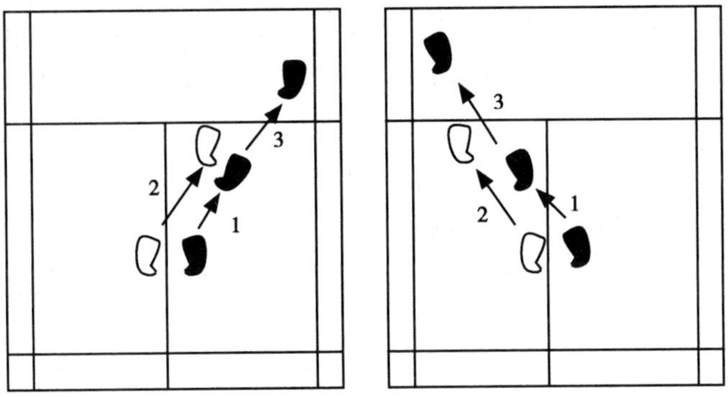

图10.13 跨步上网

2)垫步上网

准备姿势同跨步上网,右脚先迈一小步,左脚立即垫一小步靠近右脚跟,并用脚掌内侧起蹬,右脚接着迅速向前跨一大步。击球后用并步或交叉步退回中心位置。这种步法蹬力强、速度快,在被动情况下,有利于迅速调整重心,快速接应来球,如图10.14所示。

3)蹬步上网

蹬步是为了将击球时间提前,争取击球点在网顶上空,起到突击作用。当自己站位靠前,已做扑球准备,判定对方发(放)过来的是网前球时,右脚稍向前,刚一点地便起蹬,侧身扑向网前。当球至网顶时立即进行扑击,触球的同时右脚先着地,左脚随着身体的惯性在右脚后着地,并立即退回球场中心位置,如图10.15所示。

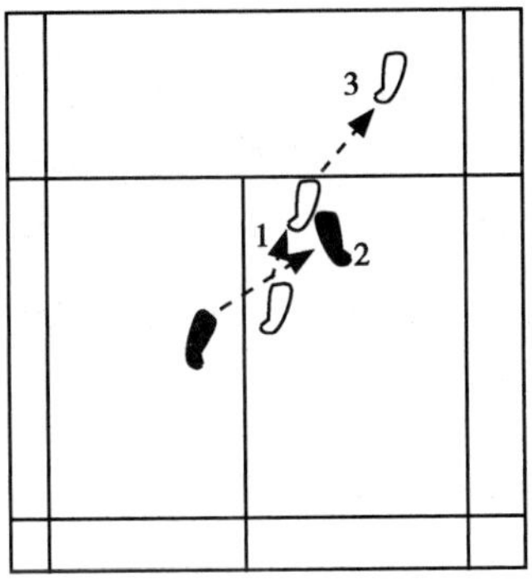

图10.14 垫步上网

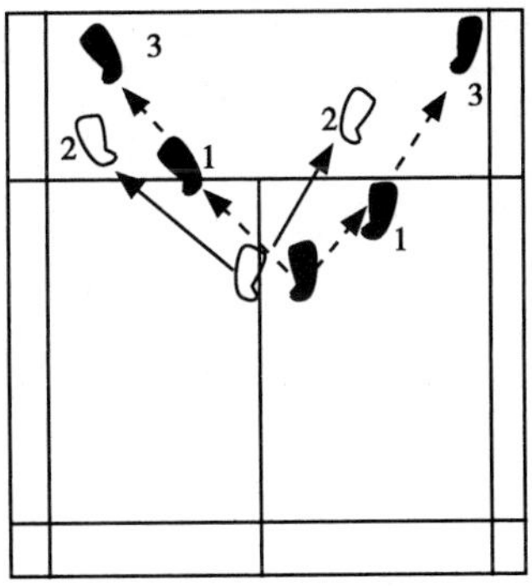

图10.15 蹬步上网

2.后退步法

1)侧身并步后退步法

在对方击球前的瞬间,脚跟提起轻跳,迅速调整重心至右脚。接着右脚蹬地并快速向右后撤一小步,上体右转侧身对网,紧接着左脚并步靠近右脚,右脚再向后移至来球位置。击球后并步或小步跑回中心位置,如图10.16所示。

2)交叉步后退步法

左脚撤后一小步后,左脚从体后交叉后退一步,右脚再向后移至来球位置。待来球在右肩上方下落时做正手底线原地击球或跳起击球。击球后并步或小步跑回中心位置,如图10.17所示。

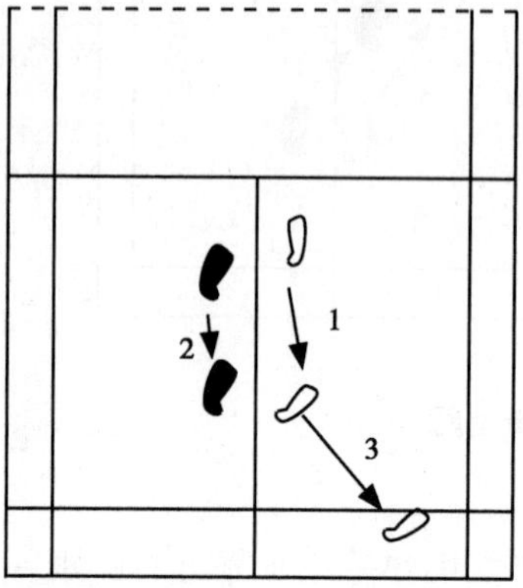

图10.16　侧身并步后退步法

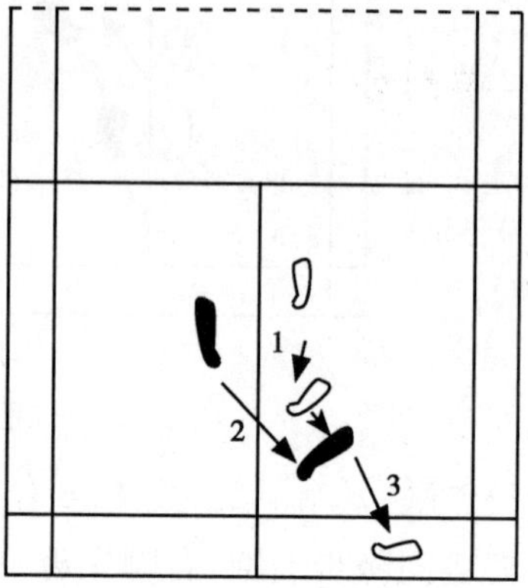

图10.17　交叉步后退步法

3.步法练习方法

①进行垫步、并步、蹬步、交叉步、跨步等单个步法的反复练习。

②进行上网步法练习。如中心位置→上右网前→回中心位置→上左网前→回中心位置。

③正手后退右后场步法练习。从起动开始,右脚向右后侧移动,髋部带动身体转向右后场,以并步或交叉步向后移动到接近底线的位置,然后起跳击球。完成击球后回中心位置再多次重复练习。

④后退左后场区正手绕头顶击球步法练习。从起动开始,右脚向左后方移动,髋部带动身体转向左后方,以并步或交叉步移动到位。右脚起跳,随即左侧髋部迅速转向左后方,带动左腿后摆至身后落地,缓冲并支撑身体重心。当右脚落地时,身体前倾,重心移向右脚,左脚开始回动。回中心位置后再多次重复练习。

4.易犯错误与纠正办法

①**易犯错误:**移动判断错误,球的落点在后场却往前场移动;球的落点在前场却往后场移动。

纠正方法:要注意分析对手是否主动,如果主动,则要提防对手的多点变化,不要跑得太快,回位要慢,调整好重心,以便随时可以向各个方向起动。

②**易犯错误:**反应慢、移动慢。

纠正方法:应保持良好的准备姿势,每击完一次球要回中心位置做好准备姿势,尤其要强调腰、腹、身自然协调。

③**易犯错误:**步法与击球动作配合不好,不协调。

纠正方法:向右移动时,右脚在前,重心在右脚上;向左侧移动可视情况左脚在前或右脚在前,重心应在前面的脚上。

10.3 基本战术

10.3.1 单打战术

单打战术是根据比赛者的个人技术特点、身体素质、心理素质等条件而形成的技术打法,常见的主要有以下六种:

1.控后突前战术

采用后场的高远球和平高球,网前的推球和挑球等技术,重复压对方后场两角,造成对方被动,然后伺机采用杀球、吊球、搓球、勾对角球等技术攻击对方空当。

2.控制网前抢点突击战术

运用各种技术主动抢先放网,或迫使对方先放网后再凭借自己良好的网前手法,灵活运用搓、推、勾技术,造成对方网前直接失误,或抓住其被动击球的有利时机进行中后场的杀、劈、吊和网前的扑球得分。

3.拉开突击战术

先以快速而准确的落点控制对方场区四个角落,迫使对方前后左右来回奔跑,当对方来不及回中心位置或失去身体平衡时,抓住空当或其弱点进行突击。

4.发球抢攻战术

以发网前球或平快球为主,限制对方进攻,迫使对方出高球。然后运用杀球和吊球攻击对方的弱点或空当。

5.对角线球路战术

无论在进攻或防守,前场或后场,都是以打对角线球路为主,从而迫使对方球员在移动中多做转体,多走曲线。

6.重复球战术

通过自身出球的节奏变化和良好的击球动作,针对对方队员的某一个技术薄弱点或击球后回中心位置较快的特点,重复地将球攻击到对方场上的某一个区域。

10.3.2 双打战术

双打战术是根据双方的技术水平、身体素质和心理素质以及伙伴的配合特点,经过长期训练而形成的。常见的双打战术大致有以下四种：

1.攻人战术

在对方两名队员技术水平不平衡时,一般都采用这种战术。即使对付对方两名技术水平相差不大的球员时也可灵活运用。先将球下压或控制前场取得进攻机会,然后集中力量"二打一",避其所长,攻其所短。

2.攻中路战术

将球击到对方两名队员站位之间的空隙,从而造成对方出现争抢回击,或相互让球漏接等错误,尤其针对一些配合不够默契的对手。当对方前后站位时,可将球击到对方中场两侧边线处。当对方分边左右站位防守时,则可利用杀球、吊球等技术攻击对方的中路。

3.压后场拉开反击战术

通常用来对付后场扣杀能力较差的对手,也可将对方的弱者调到后场再使用。此战术是用平高球、平推球、接杀接吊球、挑后场球等技术,把对方一名队员紧逼在底线两角来回移动击球,并迫使其回击出质量不高的球,然后抓住有利时机反击。如在此过程中,对方处于前场的同伴欲后撤援助,则可伺机攻击网前空当或对其打追身球。

4.前场打点封压进攻战术

这种战术要求打法比较积极,前半场技术要好,步法移动要快,两名队员配合默契。主要通过前半场积极抢点放网、推拨半场、平抽平挡和接杀球挡网跟进等技术,迫使对方被动起高球,从而有利于自己一方后压前方进攻得分。

10.4 羽毛球运动的主要竞赛与裁判规则

10.4.1 世界重大羽毛球赛事

1.汤姆斯杯赛

汤姆斯杯赛又称国际羽毛球挑战杯赛。从1984年起,此赛事改为每两年举行一届。比赛分为预赛、半决赛和决赛三个阶段,时间从决赛年前的11月1日到决赛年的6月30日。6支在相应区域进行半决赛而出线的队伍加上直接进入决赛的东道国和上届冠军共8支队进入决赛阶段的比赛。如果东道国也是上届冠军的获得者,那么在半决赛中要产生7支队进入决赛。8支决赛队伍分成两个组比赛,以赢得分数多为胜利。如果分数一样,以赢得场数多排在前面。小组赛要比完5场。如果场数、局数仍然一样,就采取抽签的办法决定名次。所有参加比赛的队伍需在赛前14天选出4~10名运动员,按照当时的世界排名,列出第一单打、第二单打、第三单打、第一双打、第二双打及替补运动员名单。每名运动员最多只能参加一场单打和一场双打比赛。绝对不允许世界排名靠前的选手担任后位单打或双打比赛任务。

2. 尤伯杯赛

尤伯杯高 18 厘米，有地球仪样的体部，在球体顶部有一羽毛球样模型，此模型的上端站着一名握着球拍的女运动员。底座周围雕刻着这样一句话："尤伯夫人于 1956 年赠送国际羽毛球联合会组织的国际女子羽毛球冠军挑战杯。"尤伯杯赛又称世界女子羽毛球团体锦标赛。尤伯杯赛制同汤姆斯杯赛制一样。1982 年以前是每三年举行一次，比赛采用七场四胜制。自 1984 年开始，改为每两年举行一次，采用五场三胜制。

3. 世界羽毛球锦标赛

世界羽毛球锦标赛是国际羽联继汤姆斯杯、尤伯杯赛后，为了适应世界羽毛球运动日益发展的需要而设立的一种以个人单项为竞赛项目的羽毛球比赛。国际羽联根据当时的世界排名，邀请每个项目中的前 16 名(对)运动员直接参加比赛。国际羽联的每个会员国和地区可在每个项目中报名的运动员不得超过 4 名(对)。设有男女单打、男女双打和混合双打 5 个比赛项目。1977 年开始为三年一届；1985 年起改为两年一届，在奇数年举行；2006 年起，该锦标赛成为国际羽联日程表上一年一次的赛事，遇到奥运年则不举办。

4. 苏迪曼杯赛

苏迪曼杯赛又称世界羽毛球混合团体锦标赛，1989 年开始举办，每两年一届，在奇数年举行。苏迪曼杯是印度尼西亚羽毛球协会代表本国人民向国际羽联捐赠的一座奖杯。比赛采用五场三胜制，由男子单打、女子单打、男子双打、女子双打和混合双打 5 个项目组成，是代表羽毛球整体水平最重要的世界大赛之一，与汤姆斯杯赛和尤伯杯赛齐名。

5. 世界羽毛球大奖赛总决赛

国际羽联每年组织羽毛球世界巡回赛，由赞助商提供比赛经费和优胜者奖金，根据奖金的数量，比赛分为 Super 1000 至 Super 100 不同的等级。全英公开赛、印度尼西亚公开赛和中国公开赛都属巡回赛中的 Super 1000 首要顶级赛。国际羽联依据参赛选手的成绩设立积分制，定期公布总决赛积分排名，既作为每次比赛的种子依据，又在每年年末或下一年初取排名最前的男子单打前 16 名、女子单打前 12 名各分成 4 个组进行单循环赛，小组第一名进入半决赛和决赛；双打项目各取前 8 对选手，各分成两个小组进行单循环赛，各小组的第一、二名进入半决赛和决赛。

6. 奥林匹克运动会羽毛球比赛

奥运会是世界上最瞩目的一项大赛。国际奥委会与国际羽联是两个不同的组织，它们互相配合、相互认可。1988 年，羽毛球比赛首度成为奥运会表演项目，1992 年正式成为奥运会比赛项目，且当时并没有混合双打，1996 年亚特兰大奥运会才开始增加混合双打比赛。

10.4.2 比赛规则

1. 球场

羽毛球场为一长方形场地，长 13.4 米，双打场地宽 6.1 米，单打场地宽 5.18 米。球场上各条线宽均为 4 厘米，丈量时要从线的外沿算起。球场界线最好用白色、黄色或其他易于识别的颜色画出。

按国际比赛规定，整个球场上空空间最低为 9 米，在这个高度以内，不得有任何横梁或其他障碍物，球场四周 2 米以内不得有任何障碍物。任何并列的两个球场之间，最少应有 2 米的距离。球场四周的墙壁最好为深色，不能有风。

2. 网柱

(1)从球场地面起，网柱高 1.55 米。网柱必须稳固地同地面垂直，并使球网保持紧拉状态。网柱应放置在双打的边线上。

(2)如不能设置网柱，必须采用其他办法标出边线通过网下的位置。例如，使用细柱或 4 厘米宽的条状物固定在边线上，垂直向上到网顶绳索处。

(3)在双打球场上，不论进行的是双打还是单打比赛，网柱或代表网柱的条状物均应置于双打边线上。

3. 球网

羽毛球网长 6.1 米、宽 76 厘米，由优质深色的天然或人造纤维制成，网孔大小为 15 ~ 20 毫米，网的上沿应缝有双层白布(对折而成)，并用细钢丝绳或尼龙绳从夹层中穿过，牢固地张挂在两网柱之间。标准球网应为黄褐色或草绿色。网柱高 1.55 米，无论是单打或双打，两根网柱都应分别立在双打场地边线的中点上。正式比赛时，球网中部上沿离地面必须为 1.524 米高，球网两端高为 1.55 米。球网的两端必须与网柱系紧，其间不应该有缺缝。

4. 羽毛球

羽毛球重 4.74 ~ 5.5 克，由 16 根羽毛插在半球形软木托上，球高 68 ~ 78 毫米，直径 58 ~ 68 毫米，分为 1—10 号。

5. 球拍

羽毛球拍一般由拍头、拍杆、拍柄及拍框与拍杆的接头构成。拍框总长不超过 68 厘米，宽不超过 23 厘米。拍弦面长不超过 28 厘米，宽不超过 22 厘米。球拍不允许有附加物和突出部分，除非是为了防止磨损、断裂、振动，或调整重心的附加物，或预防球拍脱手而将拍柄系在手上的绳索(随着手胶的发展，现通常没有防滑绳索)。

6. 挑边

(1)比赛开始前应挑边。用抛硬币的方法来决定，赢方将在(2)或(3)中做出选择。

(2)先发球或先接发球。

(3)在一个场区或另一个场区开始比赛。

(4)输者在余下的一项中选择。

7.计分方法

2006年,国际羽联在日本东京举行的年度代表大会上,正式决定实行21分的新赛制。当年在日本东京举行的汤姆斯杯和尤伯杯赛上率先试行了三局21分的赛制。这一赛制成为今后所有羽毛球国际大赛的通用赛制,2008年北京奥运会也采用了这一赛制。21分的赛制对提高运动员的积极性、减少运动员受伤及电视转播等方面较15分制有更大的优势。

(1)除非另有规定,一场比赛应以三局两胜定胜负。

(2)除规则(4)和(5)的情况外,先得21分的一方胜一局。

(3)对方违规或球触及对方场区内的地面成死球,则该方胜这一回合并得一分。

(4)20平后,领先2分的一方胜该局。

(5)29平后,先到30分的一方胜该局。

(6)一局的胜方在下一局首先发球。

8.站位方式

1)单打

比赛中,当发球方得分数为0或偶数时,双方运动员均在各自的右发球区发球或接发球;当发球方的分数为奇数时,双方运动员均在各自的左发球区发球或接发球。

2)双打

比赛中,当比分为0或偶数时,球由右发球区对角发向对方场地的右接发球区;当比分为奇数时,球由左发球区对角发向对方场地的左接发球区。比赛中,当一方连续得分时,发球者必须在右或左发球区交替发球,而接发球方队员的位置不变;其他情况下,选手应站在上一回合的各自发球区不变,以此保证发球者的交替。双打比赛无论是在开始还是在比赛中,皆为单发球权,也就是说每次一方只有一次发球权。发球方失误不仅丢失发球权也将丢失一分,如果这时得发球权的一方得分为奇数,则必须是位于左发球区的选手发球;如果此时得发球权的一方得分为偶数,则必须是位于右发球区的选手发球。双打比赛只有接发球队员才能接发球,若其同伴接发球或被球触及则违例,判发球方得分,当发球被回击后,球可由二人中任一人击回,不得连击,如此往返直至死球。双打比赛发球时,发球队员和接发球队员必须站在规定的发球区和接发球区内发球和接发球,他们的同伴站位可以不受限制,但不得妨碍对方。运动员发球和接发球顺序有误,已得比分有效,纠正方位或顺序。

9.赛中间歇方式

每场比赛均采用三局两胜制。当任一方在比赛中得到11分后,比赛将间歇1分钟;两局比赛之间的间歇时间为2分钟。

10. 比赛中常见的违例

(1)过手违例。发球时,在击球的瞬间,发球员的拍杆应指向下方。否则,将判违例。

(2)过腰违例。发球时,在击球的瞬间,整个球应低于距场地地面高度1.15米。否则,将判违例。

(3)挥拍有停顿。发球开始后,挥拍动作不连贯,将判违例。

(4)脚移动、触线或不在发球区内。自发球开始至发球结束,发球员或接发球员的两脚都必须有一部分与球场地面接触,不得移动,且都必须站在斜对面的发球区内,脚不得触及发球区或接发球区的界线。否则,将判违例。

(5)最初击球点不在球托上或发球时未能击中球,将判违例。最初击球点不在球托上是指发球时,球拍先触及羽毛或同时击中羽毛和球托。

(6)发球时,球没有落在规定的接发球区内,将判违例。如发出的球没有落于对角的场区内或不过网,或挂在网上、停在网顶等。球从网下或网孔穿过或触及天花板或触及运动员的身体或衣服,将判违例。

(7)球触及球场或其他物体或人,将判违例。击球点超过网的向上延伸面,即在对方场区上空击球,将判违例。

(8)运动员的球拍从网上、网下侵入对方场区,导致妨碍对方或分散对方注意力或妨碍对方、阻挡对方靠近球网的合法击球,将判违例。

(9)同一运动员连续两次挥拍击中球,或双打的同方两名队员连续各击中球一次,将判违例。

(10)球停在球拍上,紧接着被拖带抛出,将判违例。

(11)运动员严重违反或屡次违反比赛的连续性的规定或运动员行为不端,将判违例。如擅自离开比赛场地喝水、擦汗、换球拍、接受场外指导等,以及故意改变球形、破坏羽毛球或举止无礼等。

11. 重发球

(1)重发球时,原回合无效,由原发球员重新发球。

(2)除发球外,球过网后,挂在网上或停在网顶,判重发球。

(3)发球时,发球方和接发球方同时被判违例,将判重发球。

(4)发球方在接发球方未做好准备时,将球发出,判重发球。

(5)球在飞行时,球托与球的其他部分完全分离,判重发球。

(6)裁判员对该回合不能作出判决时,将判重发球。

(7)出现意外情况,判重发球。

12. 交换场区

(1)第一局比赛结束时,双方应交换场地。

(2)若局数为1:1时,在第三局比赛开始前,双方应交换场地。

(3)在第三局比赛中,领先一方比分达到 11 分时,双方应交换场地。

(4)应交换场地而未交换时,一旦发现应立即交换,已得分数有效。

10.5 羽毛球测试内容

10.5.1 测试内容与分值

①基本技术运用70分。

②课堂参与情况30分。

③羽毛球考试最终成绩为每个学期基本技术运用和课堂参与情况的综合成绩。

10.5.2 测试方法与评分标准

1.测试方法

测试方法可分为正手发高远球、正手击后场高远球、后场吊球和网前搓球。

2.评分标准

正手发高远球、正手击后场高远球、后场吊球和网前搓球各70分(其中达标50分,技术等级评分20分)。

1)正手发高远球

站在离前发球线1米后,在左或右半区发10个球:球落在G区得7分;F区得4分;落在其他发球有效区得2分;球出界或不过网得0分。

2)正手击后场高远球

接球准备动作的站位在球场的正中间,在每次击球后都要回到该位置站位,达标标准与正手发高远球相同,但球的落点在左右半区均可。

3)网前搓球

接球准备动作的站位在前发球线后,且每次搓球后要回到原位置。搓球过网弧度要控制在20厘米以内。

4)正手后场吊球

接球准备动作站位,在球场正中间,在每次击球后都要回到原位置站位。连续后场吊球10个,将球吊到前场A、B、C区得7分,落在D区得4分,落在D区以外的场得2分。落在场外或不过网得0分。吊球过网弧度要求控制在30厘米以内。

10.5.3 技术等级评分标准

1.正手发高远球(第一学期考试项目)

①准备姿势合理,击球动作正确、协调,球落点准确,弧度合理。(20分)

②准备姿势合理,击球动作基本正确、球落点准确,弧度较好。(15分)

③准备姿势较合理,击球动作一般、弧度一般,落点较差。(10分)

④准备姿势不合理,击球动作僵硬、弧度低,难以完成动作。(5分)

2.正手击后场高远球(第二学期考试项目)

①准备姿势正确,移动步法合理,击球动作协调,弧度和落点好。(20分)

②准备姿势正确,移动步法合理,击球动作基本正确,弧度和落点较好。(15分)

③准备姿势正确,移动步法较合理,击球动作一般,弧度和落点较差。(10分)

④准备姿势正确,移动步法不合理,击球动作错误,难以完成动作。(5分)

3.网前搓球(第三学期考试项目)

①准备姿势正确,移动步法合理,手腕击球动作正确,球过网弧度较低,落点好。(20分)

②准备姿势正确,移动步法合理,手腕击球动作基本正确,球过网弧度较低,落点较好。(15分)

③准备姿势正确,移动步法较合理,手腕击球动作一般,球过网弧度较低,落点较差。(10分)

④移动步法不合理,手腕击球动作错误,球过网弧度太高。(5分)

4.正手后场吊球(第四学期考试项目)

①准备姿势正确,移动步法合理,手腕击球动作正确,球过网弧度较低,落点好。(20分)

②准备姿势正确,移动步法合理,手腕击球动作基本正确,球过网弧度较低,落点较好。(15分)

③准备姿势正确,移动步法较合理,手腕击球动作一般,球过网弧度较低,落点较差。(10分)

④准备姿势正确,移动步法不合理,手腕击球动作错误,球过网弧度太高。(5分)

10.5.4 课堂参与考核办法(30%)

①课堂内的学习态度、学习过程的表现。(10%)

②课堂外的努力结果在课堂内体现技术、技能的进步程度。(5%)

③考勤。缺课达三次以上(含三次)不能参加考试。每缺课一次扣5分(无上限)。(15%)

11
网球运动

网球运动被誉为世界第二大运动，也是首届现代奥林匹克运动会上唯一的球类项目。网球运动自1885年传入我国以来，已有100多年的历史。网球运动不仅能够健身娱乐、陶冶情操，而且能丰富人们的生活，促进身心健康发展，是我国普通高等院校中最受学生欢迎的运动项目之一。

底线正手握拍　　反手握拍　　正手击球　　反手击球

11.1 网球运动概述

11.1.1 网球运动的特点与作用

1. 网球运动的特点

网球运动具有独特的健身价值、欣赏价值、商业价值;比赛场地与攻防技战术具有多样性。

2. 网球运动的作用

网球运动具有增强体质,促进健康;培养良好的意志和作风;团结协作,增进友谊;愉悦身心,陶冶情操等作用。

11.1.2 网球运动的起源与发展

网球运动起源于12世纪法国传教士所玩的一种游戏,他们在院子里对墙击打一种类似小球的物体,后来由于王室的参与使其变成了宫廷网球,成为一种贵族运动。

1874年,温菲尔德少校在羽毛球运动的启示下,提出了一套接近于现代网球的打法,并在英国创办了简易的草地网球比赛。

1877年,全英俱乐部(现设在温布尔登)举办了第一次网球比赛。

1896年,在希腊雅典举行的第1届现代奥运会上,网球单打与双打被列为正式比赛项目。

19世纪末,温布尔登网球锦标赛正式拉开了现代网球运动的帷幕,与随后的美国网球公开赛、法国网球公开赛和澳大利亚网球公开赛并称为"四大网球公开赛",并均为"大满贯"比赛项目。

1912年,国际网球联合会成立,总部设在巴黎。

1972年,国际男子职业网球协会成立;1973年,国际女子职业网球协会成立,网球运动的发展日趋职业化。

11.1.3 中国网球运动概况

1885年前后,网球运动传入中国。

1898年,上海圣约翰书院举办了斯坦豪斯杯网球赛,这是我国最早的校内网球比赛。

1910年,我国举行了第1届运动会,将男子网球列为比赛项目;从第3届运动会开始,又增加了女子网球比赛,一直延续到1948年的第7届运动会。

中华人民共和国成立后,网球运动迅速发展,并自1959年第1届全运会开始,一直被列为正式比赛项目。

1953年,中国网球协会成立,并在天津举办了首次全国网球表演赛。

近年来,随着中国网球公开赛、上海网球大师赛、广州国际女子网球公开赛等逐渐发展成为国际知名赛事,李娜、李婷、孙甜甜、郑洁、晏紫、彭帅等一批优秀网球运动员涌现,我国网球运动不仅在国内得到了空前的发展,也逐步在世界网球坛中占得一席之地。

11.1.4 现代网球运动的发展趋势

网球比赛的商业化、职业化不断地刺激着网球运动的高速发展,赛事的频繁与活跃以及比赛场地的多样化,也将进一步促进网球各项技战术的创新与发展。

①网球底线型打法将成为主流,使网球运动更具有观赏性,进而普及网球运动文化。

②网球技术将向精细全面的方向发展。

③灵活的步法和充沛的体能将是比赛获胜的保障。

④稳定的心理素质和顽强的意志品质是赢得比赛的关键。

11.2 基本技术和练习方法

11.2.1 握拍

握拍是学习网球最基本的技术环节。正确的握拍方法是击球效果和质量的有效保障。握拍的基本方法有四种:东方式、大陆式、西方式和双手握拍法。拍柄各部位名称如图11.1所示。

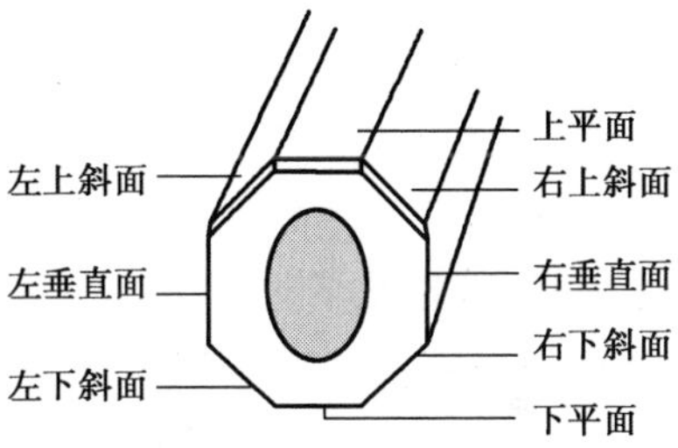

图11.1 拍柄各部位名称

1.东方式握拍法

1)东方式正手握拍法

将球拍平放,大拇指与食指形成的"V"字形虎口对准拍柄右上斜面,拇指绕拍柄与中指接触,手掌与食指第三指节压住拍柄右垂直面,食指稍离中指,手掌根部与拍柄底部齐平。

2)东方式反手握拍法

东方式反手握拍法是在正手握拍法的基础上向左移动1/4,使虎口对准拍柄左上斜面,拇指末节贴住左下斜面,食指第三指节压在右上斜面。

2.大陆式握拍法

将球拍平放,"V"字形虎口对准拍柄上平面与左上斜面的交界处,手掌根部贴住右上平面,拇指直伸为主拍柄,食指第三指节贴住右上斜面。

3.西方式握拍法

1)半西方式握拍法

"V"字形虎口对准拍柄右上斜面与右垂直面交界处,拇指压住拍柄上平面,食指第三指节贴住右上斜面。

2)西方式握拍法

"V"字形虎口对准拍柄右垂直面,手掌根部贴在拍柄右下斜面,拇指和食指都不前伸,拇指压在拍柄上平面,食指下关节握住拍柄的右下斜面,正反手用同一拍面击球。

4.双手握拍法

右手用东方式反手握拍法,握在拍柄底部,手掌根与拍柄底部齐平,左手握在右手的上方,用东方式正手握拍法。

11.2.2 正手击球

正手击球是网球技术中最基本的击球方法,也是网球初学者最先学习的击球技术。正手 击球技术由四个技术环节构成:准备姿势、后摆引拍、挥拍击球和随挥跟进。正手击球技术根据击球时球拍擦击球体的不同部位可分为正手上旋球、正手平击球和正手下旋球(削球)等。

1.正手上旋球

正手上旋球飞行弧线高,下落快,落地反弹高,前冲力强。击球技术动作参照正手击球四个技术环节,击球时,拍面稍稍后仰,球拍从下至上,向前击球的后上部,如图11.2所示。

图11.2 正手上旋球

2.正手平击球

正手平击球速度快,球落地后前冲力大。击球时,击球点在左脚右侧前方与腰齐高的位置，触球时手腕绷紧，拍面与地面基本垂直，如图11.3所示。

图11.3 正手平击球

3.正手击球技术要点

1)准备姿势

面对球网，双脚向前自然分开与肩同宽，双膝微屈，身体略向前倾，重心落在双脚的前脚掌上，右手握拍，左手轻托拍颈，双肘微屈，球拍舒适地放在身前，托面垂直于拍头指向对方，两眼注视对方来球，做好击球准备。

2)后摆引拍

当判断来球需用正拍回击时，转动双脚，左脚跟抬起并向右前方上步，右脚向右转90°与底线平行，同时转肩转髋带动右手向后摆动引拍。引拍时肘部弯曲，自然下垂，拍头低于膝盖，左手伸向前方，保持身体平衡，后摆引拍时身体重心移向右脚，左肩对着右侧的网柱，手腕固定，挥拍转动约180°，拍头指向后挡网。

3)挥拍击球

从后摆进向前挥动时紧握球拍，手腕后伸、固定，用力蹬脚，转动身体和挥拍，正拍的击球点在身体的右侧前方不超过腰的高度，击球时的挥拍速度最快，球打在拍面的中心，击球挥拍时的拍头是自上而下的臂挥动，使球稍带上旋球。

4)随挥跟进

球触拍后，使拍面平行于网的时间尽量长些，挥拍沿着球飞行的方向前送，重心前移落在左脚，身体也随着转向球网，挥拍动作在左肩上方结束，拍头指向上方高出头部。随挥跟进动作要比后摆动作大而充分，保证击球的稳定性。随挥跟进结束，立即恢复准备姿势，准备下一次击球。

4.练习方法

①徒手挥拍练习。

②自抛球，正手击打不落地球。

③自抛球，正手击打落地反弹后下降至腰部位置的球。

④对墙练习，连续正手击球。

5.易犯错误与纠正方法

①**易犯错误：**击球点不准，不能打到球拍上。

纠正方法:击球过程中眼睛始终盯着球,击球时,用另一只手指着球打。

②**易犯错误:**击球时手腕扭动过大。

纠正方法:手腕固定,锁住球拍,用手臂挥拍击球。

③**易犯错误:**击球点太靠后。

纠正方法:提前做好准备动作,主动上前,在身体前方击球。

11.2.3 反手击球

反手击球是网球基本技术中的重要击球方法,其动作技术与正手击球有相似之处。反手击球技术包括反手上旋球、反手平击球和反手下旋球(削球)。

1.反手上旋球

反手上旋球与正手上旋球基本一样,落地反弹高,前冲力强。反拍击球时,首先要迅速侧身转肩转体,调整至反手握拍法向后引拍,击球时,拍面稍向后倾斜,击球完成后,随挥跟进,一直挥拍至右前上方为止,如图11.4所示。

图11.4 反手上旋球

2.反手平击球

反手平击球速度快,飞行路线平直,球落地后前冲力大。来球时,迅速侧身转肩转体,反手握拍引拍至身体左后方,右肩或右背对球网。击球时,拍面与地面垂直,手腕绷紧击球后,球拍应随挥至右肩上方,然后恢复准备姿势。

3.双手握拍打反手

双手握拍打反手击球固定,击球更稳,隐蔽性更强,有较高的准确率和较强的攻击性。来球时,迅速侧身转肩转体,调整至双手反手握拍法向后引拍,侧身对网,击球时,双手握紧球拍,前臂保持伸直,手腕绷紧,用身体重心的高低调节不同高度的来球,击球后跟进时,挥拍至身体另一侧后上方,如图11.5所示。

图11.5 双手握拍打反手

技术要点:转肩、转体要迅速,尽早向后引拍;击球过程中眼睛紧盯住球;握紧球拍,绷紧手腕;击球后随挥至身体另一侧结束。

4. 反手练习方法

①徒手挥拍练习。
②自抛球，反手击打落地反弹后下降至腰部位置的球。
③对墙练习，连续反手击球。

5. 易犯错误与纠正方法

①**易犯错误：**引拍慢，击球不准。
纠正方法：尽早转肩、转体向后引拍，击球过程中眼睛始终盯着球。
②**易犯错误：**击球时，手臂松动或弯曲、击球不稳。
纠正方法：握拍方法固定，手腕绷紧，发力时蹬地转体，动作舒展。
③**易犯错误：**击球结束后随挥不充分。
纠正方法：击球后，随挥跟进，将球拍挥至身体另一侧再恢复成准备姿势。

11.2.4　发球

发球是网球基本技术之一，是比赛中由自己掌握并不受对方影响的重要技术。发球的好坏直接影响一分的得失，因此，良好的发球技术是网球比赛的关键。发球技术一般分为三种：平击发球、切削发球和上旋发球。

1. 发球基本技术

发球基本技术包括握拍法、准备姿势、抛球和后摆、击球和随挥跟进，如图11.6所示。

图11.6　发球

1）握拍法

发球采用大陆式握拍法或东方式反手握拍法。

2）准备姿势

侧身站立于端线外中场标记附近，两脚分开站立，与肩同宽。右区发球时，左脚与右区端线成45°；左区发球时，左脚与左区端线约平行站立，重心在左脚。左手持球轻托球拍。

3）抛球和后摆

抛球和后摆动作是同时进行的。抛球时要协调、平稳，并在最高点将球抛至空中，此时持拍手手肘向后外展同肩高，拍头指向天空，左侧腰胯呈弓形，重心移至右脚。

4)击球

当球抛出时,球拍继续向上摆起,持拍手肘关节放松。当球下降至击球点时,迅速向上挥拍击球,左脚上蹬,手臂和身体充分伸展至身体与球网平行,击球时,持拍手腕带动小臂做一个内旋的鞭打动作。

5)随挥跟进

球发出后,身体向场内倾斜,保持连续、完整的向前上方伸展的随挥动作。

2.练习方法

①原地徒手练习抛球和发球挥拍动作。

②在发球线后蹲下,练习发球动作,并将球打到对方发球区内。

③在发球线后站立,练习向对方发球区发球。

3.易犯错误与纠正方法

①**易犯错误:**抛球不准,无法将球抛到最佳击球位置。

纠正方法:设立标志,做专门性抛球练习。

②**易犯错误:**向后引拍时,无法下降到垂直于地面的位置,小臂不能按规定线路做动作。

纠正方法:将替代物固定在击球处,要求持球拍按动作要领做规定路线的击球练习。

③**易犯错误:**引拍向外偏。

纠正方法:侧对墙站立,重复练习引拍、挥拍的技术动作。

11.2.5 接发球

接发球是网球的基本技术之一,相对较难掌握。接发球是在比赛中争取主动,打破对方发球优势的重要手段。

1.接发球基本技术

接发球基本技术包括握拍法、准备姿势与站位、击球和随挥跟进。

1)握拍法

根据个人习惯选择合适的握拍法,但由于运动员一般会向对方的反手发球,所以建议采用东方式反手握拍法,换成正手握拍也比较容易。

2)准备姿势与站位

两脚自然开立,与肩同宽,膝盖稍屈,脚后跟离地,重心前倾落在前脚掌,拍头指向对方,与腰同高;接发球的站位,在左右方向上应在发球队员与左右两落点连线的分角线上,在前后方向上则根据发球队员发球方式和力量大小来确定。

3)击球

接发球时的击球动作与正常的击球动作基本相同,需要注意的是接球队员从对方发球到接发球击球的过程中,眼睛必须盯住球。

4)随挥跟进

击球完成后,随挥动作较小,顺势结束在较高处,身体重心落在前脚掌,立刻移动到自己的场地中央,准备下一次接球或随球上网。

2.接发球的种类

接发球可分为正拍和反拍两种接法,可打出上旋球、下旋球、平击球等。根据战术的需要,除了用不同的回击力量和落点变化外,还可以直接放轻球或挑高球,也可以接发球上网和接发球破网。

3.练习方法

一人在对方场地发球,另一人分别练习正反手接发球。

11.2.6 截击球

截击球是指在球落地前将球击回对方场地,既 可以在网前截击,也可以在场内任何位置截击空中球,是在网前完成的一种进攻性击球方式。网球比赛中,截击球是一种主要打法和进攻方式,也是比赛中重要的得分手段之一。

1.截击球基本技术

1)握拍法

网前截击时一般采用大陆式握拍法。大陆式握拍法正反手截击都可以用,由于在近网截击中,进攻转换迅速,采取大陆式握拍法可以不需要变换握拍方法。

2)准备姿势与站位

面向球网,两脚自然开立,与肩同宽,双膝稍屈,上身前倾,球拍放在身体前面,拍头朝前并高于握拍手。眼睛注视来球,准确判断来球的方向、路线,并及时起动,移动到位。站位上,网前截击应该是靠近网前较好,越是靠近网前,控制的角度范围越大,更容易占据进攻中的主动。

3)击球

截击球的击球动作有许多,主要包括正手截击球、反手截击球、截击高球、截击低球、近身截击球、中场截击球、凌空抽球等。

2.练习方法

①持拍对镜练习正反手截击球动作。

②距离墙2米左右,分别练习正反手截击球动作。

③两人隔网截击练习。

3.易犯错误与纠正方法

①**易犯错误**:打不准球。

纠正方法:眼睛时刻盯住球。

②**易犯错误**:心里恐惧,面对机会时,不敢上网。

纠正方法:思想上解除顾虑,技术上要求在做准备动作时,重心落在前脚掌,随时移动,准确判断来球方向。

③**易犯错误**:击球时步法不准确,正面对网击球。

纠正方法:截击球击球瞬间停顿,检查击球时手和脚步动作是否正确,击球时必须侧身对网。

11.2.7 高压球

高压球是指在头上用扣压动作完成的一种击球方式,是对付对方挑高球的一项进攻技术。根据挑高球高低程度不同,高压球可分为落地高压球和凌空高压球两种。高压球的击球动作包括近网高压球、后场高压球、落地高压球、反手高压球等。

1.高压球基本技术

①高压球的握拍与动作和发球的握拍与动作技术相似。当对方挑高球时,立即侧身转体 并垫步向后退,同时持拍手上举至头部向后引拍,后腿弯曲,身体重心在两脚前脚掌上。

②准备击球时,另一只手上举指向来球的方向和高度,碎步调整好身体位置。击球时,动作与发球一样,击球点在右上前方。

③近网高球击球点可以偏前,以便于扣球动作的完成,后场高压的击球点可稍靠后,击球动作向前下方挥拍,避免下网。

④击球后的跟进与发球一样,完成随挥动作,如果是起跳高压球,则要保持身体平衡,如图11.7所示。

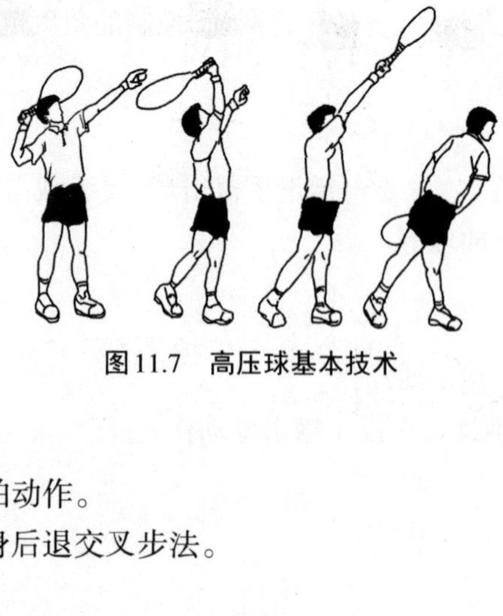

图11.7 高压球基本技术

2.练习方法

①对镜练习高压球挥拍动作。

②重复练习高压球侧身后退交叉步法。

③距墙6米左右,高抛将球击向距离墙根1米左右的地面,当球反弹向墙面再飞向空中时,用高压球技术将球再击向墙根地面,以此方式重复进行高压球技术练习。

3.易犯错误与纠正方法

①**易犯错误**:掌握不好球的落点和击球时机。

纠正方法:看准球,体会空间感觉,找准击球点。

②**易犯错误**:击球无力,没有鞭打动作。

纠正方法:注意球拍的击球角度,保证出球的方向与拍面垂直,击球时,协调腿部、腰腹和手臂发力。

③**易犯错误**:击球的方向不对。

纠正方法:击球时保持侧身对网,左肩对球,击球点在头部前上方。

11.2.8 挑高球

挑高球技术主要是针对网前进攻时使用的一项防御技术,但高质量的挑高球有时不仅能变被动为主动,而且还可以直接得分。挑高球可分为防守性挑高球和进攻性挑高球。

1.挑高球基本技术

1)防守性挑高球

当接球时远离场地且在被动的情况下,一般采用防守性挑高球。击球过程中,眼睛注视来球,并在跑动中后摆引拍,击球动作与正反手击球动作相似,击球的下部,可以打下旋球,将球尽量往高处和深处打。击球完成后,注意随挥动作,并马上回到场中有利位置,如图11.8所示。

图11.8 防守性挑高球

2)进攻性挑高球

进攻性挑高球也称上旋挑高球。击球采用西方式握拍法,击球前,拍头要低于来球,击球时,利用手腕和前臂的滚翻动作,由后向前上挥拍,做弧形击球动作,使球拍与球产生较大的摩擦力,从而使球剧烈地向前旋转,如图11.9所示。

图11.9　进攻性挑高球

2.练习方法

①设定一个目标,在离墙15米左右对墙进行挑高球练习。

②站在底线后,自抛球,做正反手挑高球练习。

③一人在底线中间,一人站在网前,进行挑高球练习,注意控制力度,尽量多回合不失误。

3.易犯错误与纠正方法

①**易犯错误:**击球动作不隐蔽,让对方提前有所准备。

纠正方法:注意击球的突然性,准备动作应与抽击球动作一样,拍面与地面垂直。

②**易犯错误:**挑球的高度与深度不够,回球不到位,让对方直接打高压球或高压截击球。

纠正方法:重复挑高球练习,提高击球手感,找准目标,尽量把球往高处、深处挑。

11.3　基本战术

网球比赛的战术是根据运动员自身的技术特点、特长来确定的,技术是完成战术意图的重要保障。单打战术的运用要求运动员要有独立作战的能力、冷静的头脑和较强的适应能力;在应对不同类型打法的运动员时,要善于观察,富于变化,根据自己的技战术特点,把各种战术有机结合并合理应用。

11.3.1　单打战术

1.上网型打法

上网型打法是指在网球比赛中根据场上的情况,适时地采取上网截击、高压球等技术攻击对方,以获取胜利的一种战术打法。其战术指导思想是利用网前进攻作为主要得分手段。上网型打法的主要战术可分为发球上网、随球上网、接发球上网、偷袭上网、伺机上网和放轻球上网。

2.底线型打法

底线型打法是指以底线正反手抽击球为基础而组成的一种战术。它的指导思想是用速度、旋转、落点的变化来创造进攻机会。底线型打法的主要战术有对攻、拉攻、侧身攻、紧逼攻、防反攻等。

3. 综合型打法（全面型打法）

综合型打法的特点是在场地的任何地方都能将球处理好。这种打法要求选手的各项技术都比较均衡，如发球上网、中场侧身进攻、底线进攻以及防守时都能保持不失误等。作为一名综合型打法的选手，在比赛时不需要什么获胜的战术，但作为教练员则应向他们教授如何应对其他类型打法选手的战术。

11.3.2 双打战术

1. 网前-底线型

1）发球者

通过发球为搭档创造得分机会，同时要负责底线球，可打斜线球、直线球和进攻性挑高球。

2）接发球者

首先选择回斜线球，避免对方网前搭档抢网，其次选择打直线球或挑高球，打乱对方 的进攻。

3）发球者搭档

根据发球落点，适时调整网前位置，盯住接球方，判断回球方向，及时上前抢网，选择打接发球者搭档的脚下或小斜线直接得分。

4）接发球者搭档

首先要提防发球者的直线球和挑高球，同时要提防发球者搭档的抢网球，根据来球不断调整网前位置，如图11.10所示。

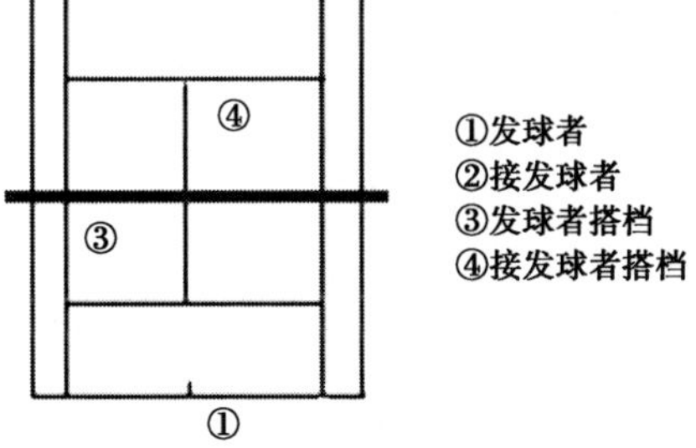

图11.10 网前-底线型

2.双底线型

1)发球者

发球者的首要选择是发出刁钻的一发后上网,在发球线处截击将球推到接发球方的底线深部,待接发球方回球时跟进到网前,在网前打出直接得分球。

2)接发球者

首先选择回斜线球,打到发球者的脚下,使其截击困难,择机出其不意打出直线穿越球或挑高球。

3)发球者搭档

根据发球落点,适时调整网前位置,盯住接球方,判断回球方向,及时上前抢网,同时注意防守双打边线和单打边线之间区域的直线穿越球。

4)接发球者搭档

退到底线防守发球者搭档的截击球,同时要提防发球方第一次截击球,根据不同方向的来球,打出中路穿越球或挑高球,如图11.11所示。

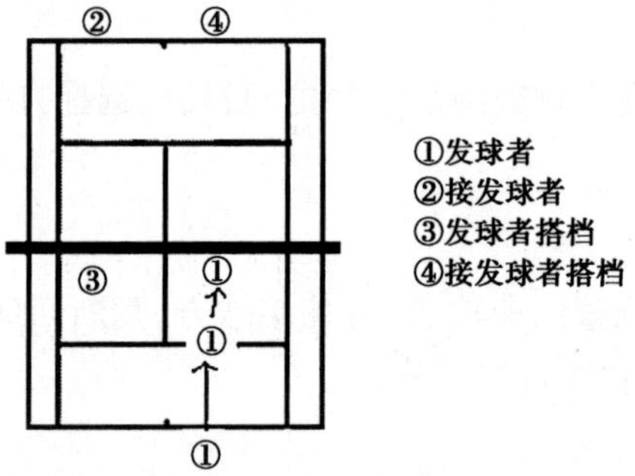

图11.11 双底线型

3.双上网进攻型

1)发球者

发出刁钻的一发后上网,在发球线处截击将球打到接发球方脚下,待接发球方回球时跟进到网前,在网前打出直接得分球。

2)接发球者

选择进攻型的接发球,回到发球者脚下,同时迅速上网,在发球线处截击把球打到对方中间结合部,再来到网前,找机会打出得分球。

3)发球者搭档

根据发球落点,适时调整网前位置,盯住接球方,判断回球方向,及时上前抢网,同时注意防守双打边线和单打边线之间区域的直线穿越球。

4)接发球者搭档

在发球线附近,防守发球者搭档的截击球,同时要提防发球方第一次截击球,根据来球,来到网前打出小斜线或高压球得分,如图11.12所示。

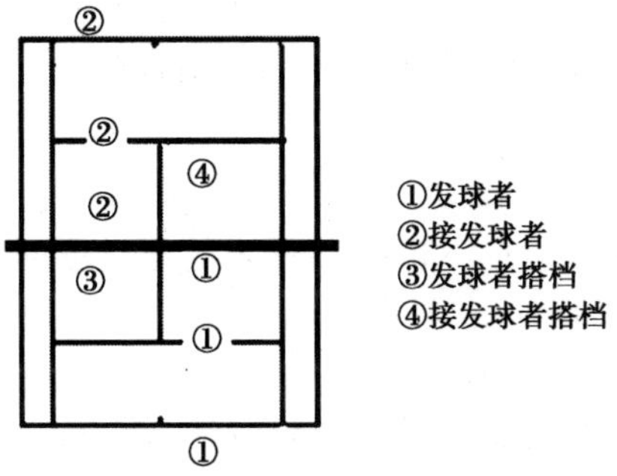

图11.12 双上网进攻型

11.4 网球运动的主要竞赛与裁判规则

11.4.1 国际重大赛事

1.温布尔登网球锦标赛

温布尔登网球锦标赛始于1877年,是近代网球史上最早出现的赛事,1884年设立女子项目。1905年正式成为公开赛。每年6月底至7月初举行。

2.法国网球公开赛

法国网球公开赛始于1891年,是世界网坛享有盛名的传统赛事。每年5月下旬至6月上旬举行。

3.美国网球公开赛

美国网球公开赛始于1881年,1887年设立女子项目。每年8月底至9月初举行。1968年正式成为公开赛。

4.澳大利亚网球公开赛

澳大利亚网球公开赛始于1905年,1922年设立女子项目,每年1月的最后两个周举行。1968年正式成为公开赛。

5.网球大师杯赛

网球大师杯赛是世界男子网坛顶级赛事。2000年,世界男子职业网球协会、四大公开赛赛会和国际网球联合会将原来的大满贯杯(1990—1999年)和男子职业巡回赛世界锦标赛(1990—1999年)合二为一,成为网球大师杯赛。2009年,网球大师杯赛更名为ATP世界巡回赛总决赛。

11.4.2 网球场地和规则

1. 场地设备

单打网球场是一个长方形的场地，长 23.77 米，宽 8.23 米。用球网将全场分隔为两个相等的区域，球网悬挂在直径不超过0.8厘米的网绳或钢丝绳上，球网两端越过或悬挂在直径不超过 15厘米的圆形网柱或边长不超过15厘米的正方形网柱顶上。网柱高不得超过网绳顶部2.5 厘米。网柱中心距边线外沿0.914米。网柱高度应使网绳或钢丝绳的顶部距地面1.07 米。当一个兼有双打和单打的场地挂着双打球网用于单打时，球网必须用高度为1.07米的两根支柱支撑，这两根支柱称为单打支柱。它的直径或边长不得超过7.5厘米，单打支柱中心距单打场地边线外沿0.914米。球网应充分展开，完全填满两柱间的空隙，网孔大小以不让球穿过为准。球网中央高0.914米，并用不超过5厘米宽的白色中心带绷紧束于地面。网顶的绳或钢丝绳要用白色网边布包缝，每边宽不得少于5厘米，也不得多于6.3厘米。在 球网、中心带、网边白布或单打支柱上均不得有广告。球场两端的界线称为端线（也称底线），球场两边的界线称为边线。在球网两侧6.4米处的场内各画一条与球网平行的横线，称为发球线。连接两发球线的中点画一条与边线平行的宽5厘米的横线，称为中线，中线与球网成十字形，将发球线与边线之间的地面分成四个相等的区域，称为发球区。全场除端线可宽至10厘米外，其他各线的宽度均不得超过5厘米，也不得少于2.5厘米。全场各区的丈量，除中线外都从各线的外沿计算。所有的线应是同一颜色。戴维斯杯或国际网联主办的其他正式锦标赛规定，端线以外至少要有6.4米的空地，边线以外至少要有3.66米的空地。双打球场应为10.97米宽，比单打球场每边多1.37米。两发球线间的单打球场边线为发球区的边线。其余各项均与单打相同。

2. 球场固定物

球场固定物包括球网、网柱、单打支柱、绳或钢丝绳、中心带、网边白布，还包括球场四周的挡网、看台、固定的或可移动的座位或座椅，安置在场地周围上空的设备等。除主裁判外，网球比赛还需要有各个位置上的裁判员、辅助裁判员、脚误裁判员、司线员、拾球员等。

3. 网球

网球为白色或黄色，外表毛质均匀，接缝处没有缝线。网球的直径为 6.35 ~ 6.67 厘米，质量为 56.7 ~ 58.5 克。

网球的弹力：网球从2.54米的高处自由落下时，能在混凝土地面上弹起1.35 ~ 1.47米；气温在 20 ℃时，如果在网球上加压 8.165 千克，推进变形应大于 0.89 厘米，小于 1.08 厘米。

4. 网球拍

网球拍如不符合下列规定，不得在比赛中使用：

（1）网球拍的击球面必须是平的，由弦线上下交替编织或联结组成，其组成格式应完全一致。弦线不应有附属物或突起物。如有附属物,只限用来限制或防止弦线的磨损、振动或分散重力,其大小和布置均应合理。

(2)拍框和拍柄的总长不得超过81.28厘米,总宽不得超过31.75厘米。拍框内沿总长不得超过39.37厘米,总宽不得超过29.21厘米。

(3)拍框包括拍柄,不应有附属物或设备。如有附属物或设备,只限用来限制或防止拍框和拍柄的磨损、振动或分散重力。任何附属物或设备,其大小和布置必须合理。

(4)拍框包括拍柄和弦线,在每一分的比赛期间,不应有任何可使运动员改变其球拍形状或改变其重力分配的设备。

5.发球员和接球员

运动员应各自站在球网的一边,先发球的运动员称为发球员,另一边的运动员称为接球员。

6.选择权

第一局比赛用掷硬币的方法来决定选择场区或发球权、接发球权。猜中硬币的规定面者,有权选择或要求对方选择。

(1)选择发球或接发球者,应让对方选择场区。

(2)选择场区者,应让对方选择发球或接发球。

7.发球

发球员在发球前,应先站在端线后、中点和边线的假定延长线之间的区域里,然后用手将球向空中任何方向抛起,在球接触地面以前用球拍击球(仅能用一只手的运动员,可用球拍将球抛起),球拍与球接触,就算完成球的发送。

8.脚误

发球员在完成整个发球动作中应做到以下两点,否则就是脚误:

(1)不得通过行走或跑动改变原来站立的位置。发球员发球时两脚轻微移动而未变更原位,不算行走或跑动。

(2)两脚只准站在端线后、中点和边线的假定延长线之间,不能触及其他区域。

9.发球员的位置

(1)每局开始发球时,发球员应先从右区端线后发球;得(失)1分后,再换到左区发球。这样每得(失)1分就轮流交换发球位置。如发球位置错误而未察觉,比分仍然有效;一旦察觉,应立即纠正。

(2)发出的球在对方还击前,应从网上越过,落到对角的对方发球区内或其周围的线上。

10.发球失误

发球时发生下列任何一种情况，均判为失误：

(1)发球员违反上述规则第7、8和9条的各项规定。

(2)未击中球。

(3)发出的球在落地前触及固定物(球网、中心带、网边白布除外)。

11.第二次发球

发球员第一次发球失误后，应在原发球位置进行第二次发球。如果第一次发球失误后，发觉发球位置错误，应按规则第9条改在另一区发球，但只能再发一次球。

12.发球时间

发球员须等待接球员准备好后才能发球。接球员做出还击姿势就算已做好准备；如接球员表示尚未准备好，即使所发的球没有落到发球区内，接球员也不能要求判此球失误。

13.重发球和重赛

(1)下列情况应判发球无效，重新发球：

①合法的发球触及球网、中心带、网边白布后，仍落到对方发球区内，或发球触及球网、中心带、网边白布后，在落地前触及接球员的身体或其穿戴的物件。

②无论发球成功还是失败，接球员均未做好准备。

(2)遇到下列情况时应判重赛，并给予两次发球机会：

①活球期间球破了，应判重赛。

②观众进入场内妨碍运动员击球。

③当球击中空中的另一只球时。

④裁判员或司线员由于纠正错判而影响运动员还击。

14.发球次序

1)单打

第一局比赛终了，接球员成为发球员，发球员成为接球员。以后每局终了，均依次互相交换，直至比赛结束。

2)双打

应在每盘开始之前，决定发球次序。每盘第一局开始时，由发球方决定由何人首先发球，对方则同样在第二局开始时决定由何人首先发球。第三局由第一局发球方的另一名球员发球。第四局由第二局发球方的另一名球员发球。此后各局均按此次序发球。

15.运动员交换场地

双方应在每盘的第一、三、五等单数局结束后，以及每盘结束且双方局数之和为单数时交换场地。如一盘结束，双方局数之和为双数，则不交换场地，需等下一盘第一局结束后再进行交换。

16. 活球期

自球发出时起(除失误或重发外)至判定该分胜负时止为活球期。

17. 发球员得分

出现下列任何一种情况,判发球员得分:

(1)发出的球(发球无效除外)在着地前触及接球员或其穿戴的任何物件。

(2)接球员违反规则第19条的规定而失分。

18. 接球员得分

出现下列任何一种情况,判接球员得分:

(1)发球员连续两次发球失误。

(2)发球员违反规则第19条的规定而失分。

19. 失分

发生下列任何一种情况,均判为失分:

(1)在球第二次着地前未能还击过网[规则第23条(1)、(3)款除外]。

(2)还击的球触及对方场区界线以外的地面、固定物或其他物件[规则第23条(1)、(3)款除外]。

(3)还击空中球失败(站在场外击空中球失败也算失分)。

(4)在比赛进行中,运动员故意用球拍拖带或接住球,或故意用球拍触球超过一次。

(5)活球期间运动员的身体、球拍(不论是否握在手中)或穿戴的其他物件触及球网、网柱、绳或钢丝绳、中心带、网边白布或对方场区以内的地面。

(6)来球尚未过网即在空中还击(过网击球)。

(7)除握在手中(不论单手或双手)的球拍外,运动员的身体或穿戴的物件触球。

(8)抛拍击球。

(9)比赛进行中,运动员故意改变其球拍形状。

20. 阻碍击球

甲方的举动妨碍乙方击球时,该举动若属故意,判甲方失分,若系无意则判该分重赛。

21. 压线球

落在线上的球都属于界内球。

22. 球触固定物

击出的球落到对方场区地面后再触及固定物(球网、网柱、单打支柱、绳或钢丝绳、中心带、网边白布除外)时,判击球者得分;球在落地前触及固定物,判对方得分。

23.有效还击

下列任何一种情况，都属于有效还击：

(1)球触球网、网柱、单打支柱、绳或钢丝绳、中心带或网边白布后，从网上越过落入对方场区内。

(2)对方发出或还击的球落到对方场区内。或在风吹回对方场区上空时，本方运动员挥拍过网击球，球落到对方场区内，其身体、衣服或球拍并未触及球网、网柱、单打支柱、绳或钢丝绳、中心带、网边白布或对方场区的地面。

(3)球从网柱或单打支柱以外还击至对方场区(不论还击的球是高于还是低于球网或是触及网柱或单打支柱)。

(4)合法击球后，球拍随球过网。

(5)对方发出或击出的球碰到本方场区内的另一球，而还击的运动员仍能回球到对方场区内。

24.意外阻碍

运动员遇到不能控制的意外阻碍(球场固定物及规则第20条的规定除外)，妨碍其击球时，该分重赛。如有观众进入场内妨碍了运动员击球，该分重赛。

25.胜一局

运动员每胜一球得一分，胜第一分记分15，胜第二分记分30，胜第三分记分40，先得四分者胜一局。但遇双方各得三分时，则为平分。平分后，一方先得一分时，为该运动员占先。占先后再得一分，才算胜一局；如一方占先后，对方又得一分，则仍为平分。以此类推，直到一方在平分后净胜两分，才算结束该局。

26.胜一盘

(1)一方先胜六局为胜一盘。但遇双方各得五局时，一方必须净胜两局才算胜一盘。

(2)决胜局计分制可作为本条规则(1)款在平局时处理长盘的变通办法，但要在比赛前宣布这一决定。

①决胜局计分规则：决胜局计分制可应用于每盘的局数为六平时，但三盘两胜制的第三盘和五盘三胜制的第五盘不得使用此制度，应使用本条(1)款的长盘制，除非另有规定并在比赛前宣布。

②决胜局计分如下：

A.单打：

a.先得七分者为胜该局及该盘。若分数为六平时，比赛需延长到某方净胜两分为止。决胜局应全部采用数字计分制。

b.轮到发球的运动员发出第一分球后，接着由对方发第二分及第三分球；此后轮流交替发球，每人连发两分球，直至决出该局与该盘的胜负为止。

c.轮到发球的运动员在右区发第一分球后，即改由对方依次在左区和右区发第二、三分球；此后轮流交替发球，每人连发两分球，其中第一分球均应在左区发球。如果从错误的半区发球，在发觉前已得的分数均有效，但在发觉后应立即纠正错误的站位。

d.运动员应在每六分及决胜局结束时交换场地。

e.更换新球时，决胜局作为一局计算。如逢该局更换新球，应暂缓更换，待下一盘第二局开始时再行更换。

B.双打：单打比赛的规定都适用于双打比赛。轮到发球的运动员发第一分球，此后发球次序仍按该盘比赛中原先的发球次序排定，每人轮流交替发两分球，直到决出该局与该盘的胜负为止。

27.最多盘数

一场比赛最多盘数是五盘，女子最多盘数是三盘。

28.临场官员的任务

比赛时如设裁判员，裁判员的判定就是最后的判定。比赛设有裁判长时，如运动员对裁判员涉及有关规则问题的判定有异议，可提请裁判长解决，裁判长的判定就是最后的判定。比赛中设有司线员、司网和脚误裁判员等辅助人员时，对于具体发生的事例，他们的判定就是最后的判定。如果裁判员认为是明显误判，有权纠正辅助人员的判定或指令该分重赛。当辅助人员不能作出判定时，应立即向裁判员示意，由裁判员作出判定。如裁判员对具体发生的事例不能作出判定时，可指令该分重赛。在戴维斯杯和其他团体比赛中，球场上的裁判长有权更改任何判决，还可以指示裁判员判该分重赛。裁判长认为天色黑暗或因场地、气候等条件不能继续比赛时，可令比赛停止。补赛时双方运动员原有比分和原站方位仍然有效；经裁判长与双方运动员一致同意后，可重赛。

29.连续比赛和休息时间

(1)如第一次发球是失误，发球员必须毫不延误地开始第二次发球。接球员必须按发球员合理的速度进行比赛，当发球员准备发球时，接球员必须准备去接球。交换场地时，从前一局结束至下一局第一分发球球拍击球时，最多有 1 分 30 秒的间歇。当有外界干扰使比赛无法连续进行时，裁判员可酌情处理。由国际网联承认的国际巡回赛和团体赛的组织者，可以决定分与分之间允许间歇的时间，在任何时候，间歇的时间都不得超过 25 秒。

(2)不能为了使运动员能够恢复力量、呼吸或身体素质而暂停、延误或干扰比赛。但是如因事故而受伤，裁判员可允许一次暂停(3 分钟)。由国际网联承认的国际巡回赛和团体赛的组织者，可延长这一次暂停时间，从 3 分钟延长至 5 分钟。

(3)若某些情况非运动员所能控制，如运动员的服装、鞋或器材(不包括球拍)因料理不当而不能或难以继续比赛时，裁判员可暂停比赛，直到料理好为止。

(4)当需要和适宜时，裁判员在任何时候都可以暂停或延缓比赛。

(5)男子比赛在第三盘打完之后，女子比赛在第二盘打完之后，双方运动员可以有不超过 10 分钟的休息时间。如果是地处北纬 15 度与南纬 15 度之间的国家，则以不超过 45 分钟为限。此外，当出现运动员无法控制的特殊情况时，裁判员有权暂停适当的时间。如果比赛被暂停至第二天才能恢复，则在第二天打完第三盘后(女子比赛打完第二盘后)才有休息权。第一天未打完的盘作一盘计算。如果在同一天内比赛设暂停超过 10 分钟，在没有间断的情况下,要再连续打完三盘后(女子比赛打完两盘后)才有休息权。上一段没有打完的一盘作一盘计算。

30.指导

团体赛中,在交换场地时,可由坐在场内的队长给予指导,但在决胜局换边时不得进行指导。在其他比赛时,运动员不能接受指导。在裁判员发出警告后,裁判员有权取消犯规运动员的比赛资格。当使用批准的罚分制(指三级罚分制)时,裁判员应按照罚分制处罚。

31.更换新球

假如在规定的局数以后应换新球,但在正确的次序未换新球,则此错误应等到该轮及发新球的运动员或在双打时该队运动员在其下一轮发球局到来时予以纠正,更换新球。此后,应按原先规定的两次换球间的局数来更换新球。

32.双打规则

除以下各条规定外,上述规则均适用于双打。

33.双打接球次序

应在每盘开始之前,决定接球次序:先接球的一方,应在第一局开始时,决定何人先接发球,并在这盘单数局继续先接发球。对方同样应在第二局开始时,决定何人先接发球,并在这盘双数局继续先接发球。其同伴应在每局中轮流接发球。

34.双打发球次序错误

如果发球次序错误,应在发觉时立即纠正。但已得的分数或已有的失误都有效。如发觉时全局已经终了,此后发球次序就以该局为准,轮流发球。

35.双打接球次序错误

如果接球次序错误,发觉后仍按已错误的次序进行,等到下一局再纠正。

36.发球失误或得分

发出的球,如违反第10条规定,或触及同队队员或其穿戴的物件时,都算失误。发出的球,在着地前触及接球员的同伴或其穿戴的物件时,应判发球方得分。

37.双打还击

接发球后,双方应轮流由其中任何一名队员还击。如果运动员在其同队队员击球后,再以球拍触球,则判对方得分。

38.网球鹰眼挑战规则

每位选手在每一盘比赛中可以向裁判申请三次挑战鹰眼。如果挑战成功,那么这次挑战将不会被计算在三次挑战之中。

12
游泳运动

游泳是人体运用水的浮力和阻力，凭借自身肢体有规律的运动，使身体在水中活动或前进的技能。游泳运动可分为竞技游泳和实用游泳。竞技游泳是奥林匹克运动会中的第二大项目，包括蝶泳、仰泳、蛙泳和自由泳四种泳姿的竞速项目，以及跳水、水球和花样游泳等。实用游泳可分为侧泳、潜泳、反蛙泳、踩水、救护等。

熟悉水性　　蛙泳　　自由泳

12.1 游泳运动概述

12.1.1 游泳与健康

1.游泳与身体健康

游泳是水浴、空气浴和日光浴三者结合的运动。游泳时身体呈水平姿势平躺于水中,不受重力的影响,所以脊柱、关节、肌肉、手臂和腿都在没有负荷的状态下得到全面锻炼。水的阻力、压力和浮力对皮肤血管的压打拍击,能对身体起到良好的按摩作用。经常从事游泳锻炼能明显提高人的身体素质,增强抵抗力,改善健康状况。

2.游泳与心理健康

游泳时人被水包围,这与人们平时生存生活的环境有很大的不同,入水前几乎每个人都会有恐惧心理。通过游泳,逐渐克服这种恐惧心理本身就是一种积极的心理体验。游泳有调节情绪、培养意志品质、增强自信心、增进智力等作用。

3.游泳与社会适应能力

因其活动环境的特殊性,从开始学习游泳就是一个锻炼个体环境适应能力的过程。特殊的生存环境,改变着个体对环境的已有认知,各种刺激都可能成为一种信息来源。经过收集信息认知到适应水中环境,最后在水环境中行动自如,是一个人对环境的完整适应过程。人体通过游泳还能在水中和竞赛中体验自由、平等、进取等意识和精神。此外,通过游泳人们还有机会结识很多新朋友,了解各种各样的信息,这也是社会适应的一部分。

12.1.2 游泳的起源

根据现有史料考证,国内外较一致的看法是早在远古时代,居住在江、河、湖、海一带的古人类为了生存,必然要在水中捕捉水鸟和鱼类等作为食物,通过观察和模仿鱼类、青蛙等动物在水中游动的动作,逐渐学会了游泳。原始人狩猎时,为猎取动物而跋山涉水,在与人或兽的战争及格斗中,游泳是最基本的技能之一。因此,游泳是在社会发展和人类征服自然和改造自然界的过程中产生的。

近代竞技游泳源于英国和澳大利亚,后来传入其他国家,19世纪中期至20世纪初,世界各国的游泳比赛开始蓬勃发展,游泳总会相继成立。1894年,国际体育运动代表大会召开,游泳被列为奥运会正式比赛项目。

12.1.3　我国游泳运动概述

19世纪中叶，游泳运动从欧美传入我国并逐渐流行起来。1887年，广州沙面修建了25码×15码（22.86米×13.71米）的室内游泳池，此后逐渐有了竞技游泳比赛。当时的游泳竞赛多由外国人主办，冠军也多为外国人所得。

中华人民共和国成立后，在党和国家的重视下，游泳运动得以迅速发展。1952年，在广州举行了五大行政区、解放军及铁路工会共7个单位参加的首届全国游泳比赛。

20世纪80—90年代，我国游泳运动取得了辉煌的成绩。我国运动员在全国、亚洲地区及国际游泳比赛中都取得了较好的成绩。

12.1.4　游泳运动重大赛事

1.奥运会游泳比赛

奥运会游泳比赛是目前世界上规格最高的国际游泳比赛。比赛共设有男、女34个项目，赛程为7天。

奥运会游泳比赛设有报名标准，只有达到标准的运动员才有参赛资格。比赛分为预赛和决赛，按所有参加预赛的运动员的成绩排名，取前16名进入决赛。决赛分两组进行，预赛成绩排前八名者参加A组决赛，获前3名的运动员授予金、银、铜牌；后八名参加B组决赛，按成绩排出9～16名的名次。

2.世界游泳锦标赛

1973年，国际业余游泳联合会在贝尔格莱德举办了第一届世界游泳锦标赛。此后每四年举行一次，2001年起每两年举行一次。

3.亚运会游泳比赛

亚运会是亚洲最重要的综合性运动会，从1951年第1届亚运会开始，游泳比赛就被列为正式项目，中、日、韩三国在亚洲泳坛的实力都比较强。

4.世界杯短池游泳系列赛与世界短池游泳锦标赛

世界杯短池游泳系列赛由若干分站赛组成，每两年举行一次。其项目与长池项目略有不同，主要增加了50米仰泳、50米蛙泳、50米蝶泳、100米个人混合泳、4×50米混合泳接力。

世界短池游泳锦标赛是国际泳联主办的在25米游泳池里进行的世界锦标赛，每两年举行一次。

5.欧洲游泳锦标赛

欧洲游泳锦标赛是欧洲泳坛的传统赛事，每两年举行一次。竞赛日程与奥运会相同，比赛水平极高，竞争十分激烈。

12.2 熟悉水性

对于初学游泳的人来说,下水游泳前一定要了解水的基本特性,这样有利于更快、更好地学会游泳。人到水中,首先碰到的是水的浮力、阻力和压力,浮力常常使人站不稳,阻力使人的移动受到限制,压力让人感到呼吸困难。在游泳时,身体是平卧在水中的,呼吸受到约束,不随意。由于这些特点,不会游泳的人初到水中都会产生怕水的心理。

熟悉水性就是让初学者通过一些简单的练习,如水中行走、水中憋气、水上呼吸、漂浮与站立、水中滑行等了解水的特性,消除怕水心理,为学习各种泳姿打下基础。

12.2.1 水中行走

1.练习目的

熟悉水性的第一步就是水中行走。练习的目的是使初学者感受并适应水的阻力。水的 阻力比空气大800多倍,所以在水中行走要比在陆上困难得多。通过在水中行走,可以体会在水的浮力、阻力、压力的影响下,如何保持身体平衡,消除怕水心理。

2.练习方法

①扶池边向前、向后行走。

②集体拉手围成圆圈或者平行一排行走、跳跃。

③完成借助两臂在体侧划水来获得推进力的单人行走练习。

④做各种方向的走、跑、跳、转身、跃起、下沉等动作练习。

12.2.2 呼吸

1.练习目的

呼吸练习是初学者熟悉水性的第二步,掌握在水中憋气的规律,了解水上呼吸与陆上呼吸的不同之处,通过练习较熟练地掌握水上呼吸方法。游泳时,要用嘴在水面上吸气,然后用嘴和鼻在水中缓慢地吐气。

2.呼吸方法

1)水上呼吸方法

水面上用嘴快速深吸一口气,低头浸入水中稍闭气,再用鼻和嘴慢慢呼气,在头即将露出水面时,使劲将最后的气呼出,反复练习,直至逐步熟悉水中的呼吸方法为止。

2)呼吸的节奏

快吸—稍闭—慢吐—猛吐,周而复始,如此循环。无论是快做或慢做,都要保持这个完整的过程，不可打乱，如图12.1所示。

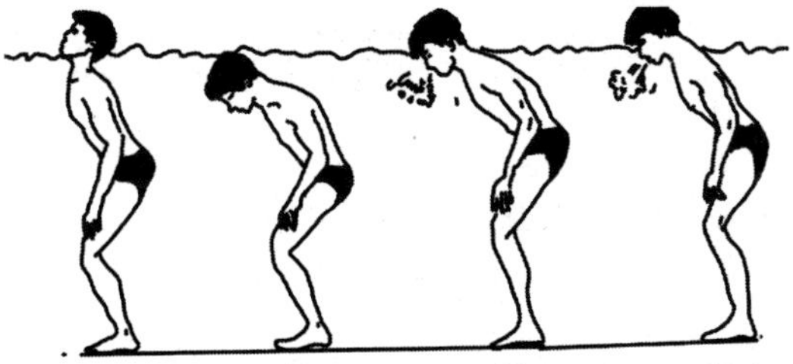

图12.1　呼吸的节奏

3.练习方法

①头浸水闭气练习。头浸水闭气练习可单人扶游泳池壁进行，也可两人手拉手轮流进行。练习的方法是用嘴吸足气后闭气，然后慢慢下蹲把头部浸入水中，稍等片刻后起立，头出水面后再呼吸换气。

②手扶池壁呼吸练习，如图12.2所示。

③双人手拉手呼吸练习，如图12.3所示。

④水中下蹲手摸池底练习浸水呼气。

图12.2　手扶池壁呼吸练习

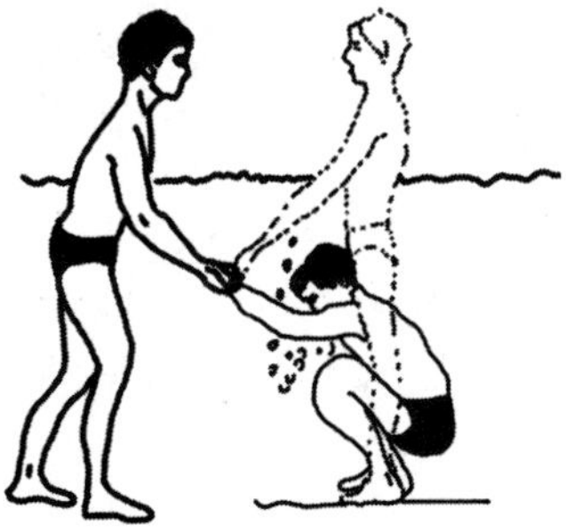

图12.3　双人手拉手呼吸练习

4.易犯错误与纠正方法

①**易犯错误：**鼻子进水。用鼻子吸气或没有在水下吐气。

纠正方法：强调用嘴吸气、用嘴鼻呼气(让练习者看吐气产生的气泡)。若反复纠正效果仍不好，可用鼻夹夹鼻，用嘴呼气和吸气。

②**易犯错误：**假呼吸。只吸不吐气或只吐不吸气。呼气不尽，吸气不深，没有达到换气的目的。

纠正方法：刚开始练习时，空中吸气停留时间可稍长，待气吸进后再低头、慢吐气，将气吐至一半时准备抬头，抬头的同时把剩余的气快速吐光，反复练习。呼吸动作熟练后应缩短空气中吸气所停留的时间。

③**易犯错误：**吸气进水。抬头吸气时脸朝下，头部及脸部的水都集中在嘴鼻部，容易喝水或呛水。

纠正方法：抬头吸气时把水含在下颌内，脸朝正前方。

12.2.3 漂浮与站立

1.学习目的

漂浮与站立练习的主要目的是感受水的浮力，消除怕水心理并使初学者提高在水中控制身体平衡的能力和学习在水中站立的方法。

2.练习方法

1)抱膝浮体

原地站在1～1.2米深的水中，深吸气后闭气下蹲，然后在低头的同时前脚掌轻蹬池底，顺势屈腿团身，两膝尽量靠近胸部，身体会在浮力的作用下自然漂浮起来。想要站立时慢慢地吐气，两臂前伸同时用手掌压水抬头，两腿下伸碰到池底站稳。注意两手在体侧压水保持身体平衡，如图12.4所示。

图12.4 抱膝浮体

2)展体漂浮

站立在水中，深吸气后埋头闭气，两臂放松自然前伸，身体前倾，前脚掌轻轻蹬池底，身体就会自然漂起来，如图12.5所示。练习展体漂浮时应吸足气，蹬地，放松，臂、腿伸直。

图12.5 展体漂浮

3)水中站立

由于游泳时人是横在水面的，无法站立，没有安全感，因此容易慌乱。练习时可以使用浮板或游泳圈，蹬游泳池壁，头埋在水中，双臂前伸，身体蹬直，向前滑行。想站立时收腿，身体抱团,由于人的腿部密度相对较大,身体自然垂直,此时向下伸腿,即可踩到池底站立。

12.2.4 水中滑行

1.练习目的

水中滑行练习的主要目的是使初学者体会水中身体流线型状态,并提高控制身体平衡的能力。初学者学会漂浮以后就可以尝试完成水中滑行练习。它可以提高游泳者在漂浮时 控制身体平衡的能力,因此,滑行练习是熟悉水性练习的重要阶段。练习水中滑行为学习各种游泳姿势打下了良好的技术基础。

2.练习方法

1)蹬池底滑行

两臂前伸,手指并拢,深吸一口气,上体前倾,两膝微屈,同时双脚并拢,前脚掌蹬池底,两腿上浮并拢,使身体呈流线型向前方滑行,如图12.6所示。站立时慢慢吐气,同时收腹屈膝,抬头,脚触到池底就可以慢慢站立了。

图12.6 蹬池底滑行

2)蹬池边滑行

一手抓池边,一手臂前伸,背对池壁,收腹,屈腿,上体前倾,平浮于水中。深吸一口气,低头,随即松开抓池边的手,同时脚用力蹬池壁,两臂并拢前伸,双腿并拢使身体呈流线型,如图12.7所示。站立姿势与蹬池底滑行相同。

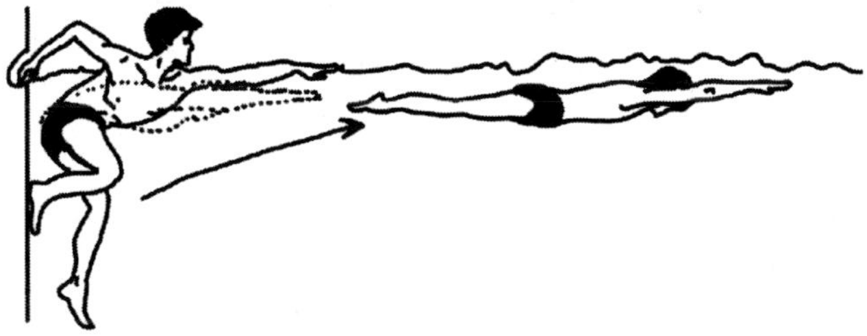

图12.7 蹬池边滑行

12.3 游泳基本技术

12.3.1 蛙泳技术

蛙泳是人们模仿青蛙游泳而衍生出来的一种游泳姿势。蛙泳是所有游泳姿势中最常用的一种，其特点是动作较缓慢、省力，呼吸方便，易于观察方向并能充分利用水的浮力使人体长时间漂游，因此很受游泳爱好者的喜爱。

1.身体姿势

游蛙泳时，身体应俯卧于水中，在完成臂和腿的动作后身体几乎呈水平姿势，两臂向前伸直，两腿并拢向后伸直，头略低使脸部浸入水中，水齐前额，眼睛在水下注视前方，使身体保持流线型状态向前滑行。在游进过程中，躯干跟随臂、腿的动作有节奏地起伏，抬头吸气时，头不要抬得过高，以免下肢下沉。

2.腿部动作

1）收腿

收腿时，大腿带动小腿向身体的侧下方前收，两腿边收边分，腿部肌肉要自然放松。收腿的速度要相对缓慢，如果收腿速度太快，就会增大阻力，影响游泳的速度。收腿结束时，小腿应尽量收在大腿的投影面内，以减小阻力。此时大腿与躯干约成130°，膝关节纵切面与池底垂直，两膝与肩同宽。整个收腿就像压缩弹簧一样，为强有力的蹬水做好准备，如图12.8所示。

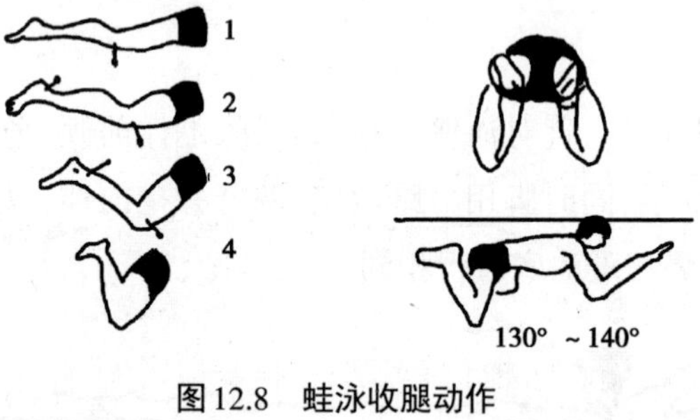

图12.8 蛙泳收腿动作

2）翻脚

收腿接近结束时开始翻脚掌，此时，大腿稍内旋，使膝关节向内扣的同时，小腿向外翻，接着两脚勾脚尖外翻，脚尖向外，使小腿内侧和脚内侧正对蹬水方向，如图12.9③④⑤所示。

翻脚动作的好坏直接影响蹬水的效果，脚部踝关节的灵活性和腿部的柔韧性是翻脚动作好坏的关键。

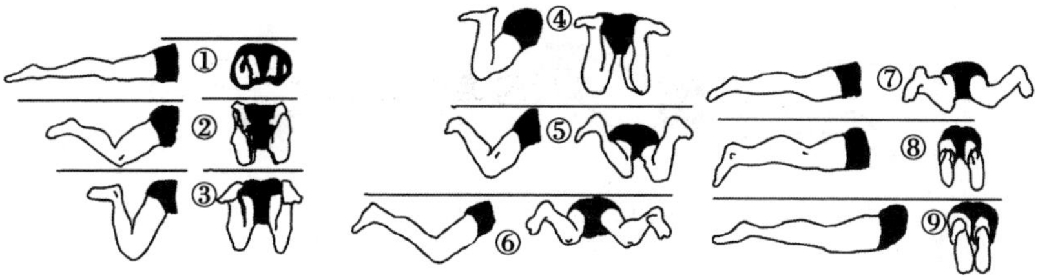

图 12.9　蛙泳蹬腿完整动作

3)蹬夹水

蹬夹水是蛙泳游进中获得推进力的主要阶段,包括蹬腿和夹水两个部分。翻脚动作结束后,大腿立即用力向外、向后,再向内做弧形加速蹬夹水动作至两腿伸直并拢。蹬夹腿是通过伸髋和伸膝,以小腿内侧和脚掌向后蹬水来完成的。蹬腿的移动轨迹像两条弧线,强有力的蹬夹腿能最大限度地提高蛙泳速度。蹬水时,脚踝应该在两腿蹬直后再伸直,如图 12.9 ⑥⑦⑧⑨所示。

4)并腿滑行

蹬腿结束时,身体获得最大速度,两腿充分伸直,身体呈水平姿势向前滑行。在蛙泳动作技术中,腿的动作是掌握蛙泳技术的基础,在腿的一次动作过程中,收、翻、蹬、夹动作要连贯,收腿、翻脚速度要比蹬夹水动作慢一些。

3.臂部动作

蛙泳臂的动作包括开始姿势、抓水、划水、收手、伸臂五个阶段,整个划手路线近似于两个相对的桃心形,如图 12.10 所示。

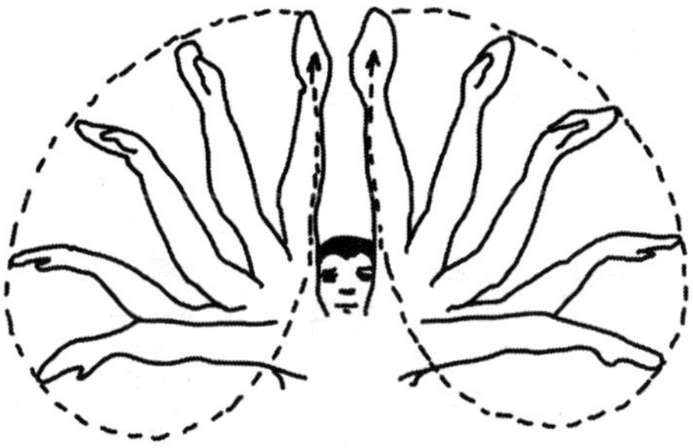

图 12.10　蛙泳划手路线

1)开始姿势

两臂自然伸直,手指并拢,与水面平行,身体成一条直线。

2)抓水

两臂略内旋,两手掌心略转向斜下方,稍勾手腕,两手分开向侧斜下方压水。抓水结束时,两臂与前进方向的夹角为 15°~20°,如图 12.11 所示。

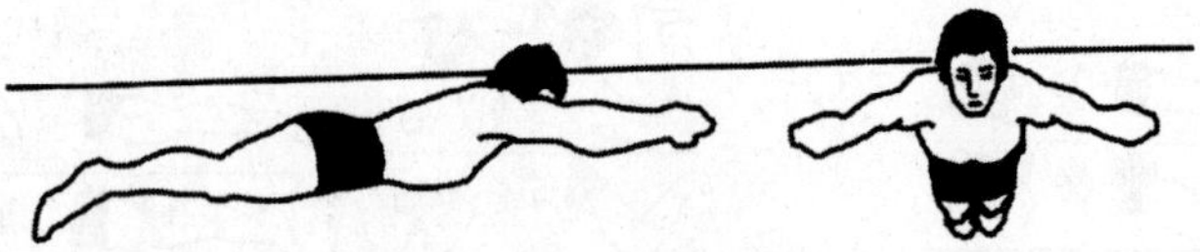

图12.11　蛙泳抓水动作

3)划水

在两手继续外分的同时,使手掌和前臂逐渐积极地向侧、下、后方屈臂划水,肘关节保持较高的位置,在划水主要阶段,与上臂的夹角约为90°,肘关节的角度应保持在120°~130°,这样能在最有效的角度内快速积极地向后划水。划水结束时,手臂与划水方向的夹角约为80°,如图12.12所示。

图12.12　蛙泳划水动作

4)收手

收手是划水阶段的继续,收手过程能产生较大的推进力和上升力。当臂划至肩的延长线时,两臂和掌同时向里,收手至头前下方时,臂与肘应几乎同时做动作,当收手至头前下方时,两手掌心相对,肘关节低于手。整个收手动作快速、连贯、圆滑。收手时,两臂宽不应超过肩宽。

5)伸臂

收手后,两臂继续向前伸直,掌心向下。伸臂动作是伸肩关节的同时伸肘关节。两手先向上再向前伸,掌心由相对逐渐转为向下。两臂伸直后便恢复成滑行姿势,如图12.13所示。

图12.13　蛙泳伸臂动作

4.呼吸和完整动作配合

蛙泳的呼吸方法有两种:一种是早吸气,一种是晚吸气。

早吸气是指两臂分手抓水时抬头做呼吸动作,两臂前伸时低头。早吸气适合于一般游泳锻炼者或初学者,用这种方法呼吸时,在空中停留的时间相对较长,能吸进气,动作也比较平稳，节省体力。

晚吸气是指划水几乎结束时才开始抬头呼吸，收手结束臂前伸时低头。运动员多采用晚吸气，其特点是动作连贯，前进速度均匀，有利于加快速度。

蛙泳的完整配合技术是指在一个动作周期里采用一次呼吸、一次划臂、一次蹬腿的配合技术。即当两臂划水时抬头吸气，划水将结束时开始收腿，手臂开始前伸时收腿结束，两手伸直时用力蹬夹水，蹬水后手腿伸直并拢向前滑行，同时在水中呼气。然后做下一个动作，如图12.14所示。

图12.14 蛙泳完整动作

5. 动作练习

在岸上保持站立姿势，两臂向上伸直并拢，一只腿撑地，另一只腿做腿部动作练习，熟练后 再配合呼吸进行练习。在水中闭气滑行，重复陆 上练习动作，熟练后配合呼吸进行练习。

6. 易犯错误与纠正方法

①**易犯错误**：收腿之后没翻脚。

纠正方法：在陆上进行练习时，收腿之后着重体会翻脚的感觉，在水中练习时，强制性地做翻脚动作。

②**易犯错误**：蹬腿时两膝距离变大，蹬得过宽。

纠正方法：在水中做腿部练习时，由同伴帮助保持两膝间距离，矫正不良姿势。

③**易犯错误**：做蹬夹腿动作时只蹬不夹。

纠正方法：在脚蹬出去，两膝未伸直之前就应积极向内夹水。

④**易犯错误**：划水时手摸水，拖肘。

纠正方法：注意划水时的动作要领，开始划水时臂内旋并勾手腕；划水时肘应高于手，形成屈臂高肘。

⑤**易犯错误**：吸不到气或吸气时喝水。由于在水中未吐气或气未吐尽，在抬头出水后有吐气动作，吸气时间不够，造成吸不到气或喝到水。

纠正方法：练习者可加强水中原地臂与呼吸的配合练习，在出水瞬间将气吐尽。

12.3.2　爬泳技术

爬泳因其动作很像爬行而得名。在竞技游泳比赛中,爬泳速度最快,人们常采用爬泳技术参加自由泳比赛,因此爬泳也称自由泳。

1.身体姿势

游爬泳时,身体自然伸直、平卧于水面,上体位置尽可能高,头的1/3露出水面,水齐发际,眼视前下方;游进过程中身体随划水和呼吸动作绕纵轴做有节奏的转动,转动角度为35°~45°,如图12.15所示。

图12.15　爬泳身体姿势

2.腿部动作

爬泳打腿动作主要起平衡作用,使下肢抬高,保持身体呈流线型,同时具有一定的推进作用。打水时,两腿上下交替,脚尖稍内扣,踝关节放松,以髋关节为支点发力,通过大腿带动小腿和脚做上下鞭状交替打水动作。打水时动作应有力且有弹性,腿上提时放松,下压时用力,如图12.16所示。

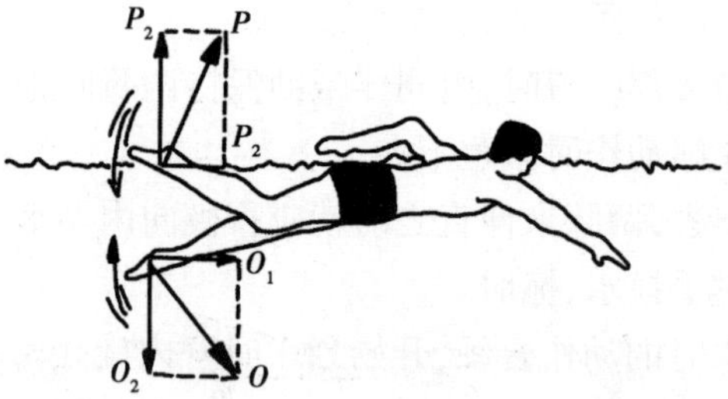

图12.16　爬泳腿部动

1)向上打水

爬泳腿向上打水的重点是以髋为轴,大腿带动小腿,用交替协调的鞭状动作做直腿打水。向上打水有助于体会大腿带动小腿的动作,不要急于过渡到屈腿打水。爬泳打腿练习易累,可以多做辅助练习,如陆上坐、卧交替,扶边打水快、慢交替,漂浮打水可单、双臂在前或双臂在后交替练习。游进中，腿向上打水时，脚应接近水平。从垂直面看，两腿分开的距离为30～40厘米，膝关节弯曲的角度约为160°。

2)向下打水

小腿和脚在向上打水结束后，开始在大腿的带动下向下打水，其打水方向是向后下方。当大腿向下打水到最低点并向上抬起时，小腿和脚与大腿仍保持一个角度，并继续向下移动打水，直至完全伸直为止才随大腿向上移动，开始第二个循环动作。

3.臂部动作

爬泳臂划水是推动身体前进的主要动力，包括入水、抱水、划水、推水、出水和空中移臂六个阶段。水下整个划水过程呈"S"形路线。

1)入水

手在肩的延长线上入水。入水时，手指自然并拢，向前下方斜插入水，指尖先行。

2)抱水

入水后肩随之前伸，同时屈腕提肘向后高肘抱水。

3)划水

继续保持高肘，手臂向内、向上和向后运动至肩下，此时肘关节弯曲最大。

4)推水

当划至肩下时，手臂随身体侧转，向后伸肘加速推水至大腿旁。

5)出水

推水结束后，借助惯性由上臂带动前臂向外上方提拉出水。

6)空中移臂

手肩提拉出水后，借助肩关节自然转动，高肘将两臂前移至肩前方，准备入水。

4.完整配合技术

爬泳完整配合技术形式多样。常见的有6:2:1、4:2:1、2:2:1等配合技术。应用最广泛的是6:2:1，即6次打腿、2次划臂、1次呼吸的配合技术。一般而言，6次打腿技术较适合于短距离项目和初学游泳者，4次和2次打腿技术则有利于中长距离项目，如图12.17所示。

图12.17 爬泳划水的三种交叉配合

1)两臂配合技术

爬泳时两臂交叉轮流划水，可分为前交叉、中交叉和后交叉。

前交叉配合技术特点是容易维持身体平衡，有利于初学者掌握爬泳动作，故对于初学者来说,两臂配合宜采用前交叉技术。后两种交叉配合技术易提高动作频率,加快速度,保持连续的推进力。

2)呼吸动作与划臂的配合

爬泳时,一般在两臂各划水一次的过程中作一次完整的呼吸,即吸气、闭气和呼气。吸气时,肩和头应向一侧转动。以右侧转头呼吸为例,当右手划至肩下方时,头部开始向右侧转动并慢呼气,随着右臂推水与提肘出水动作的进行,迅速转头张嘴换气,右臂出水空中移臂至一半时完成吸气动作,然后憋气将头转正,接着右臂入水并开始下一次呼吸动作周期,如图12.18所示。

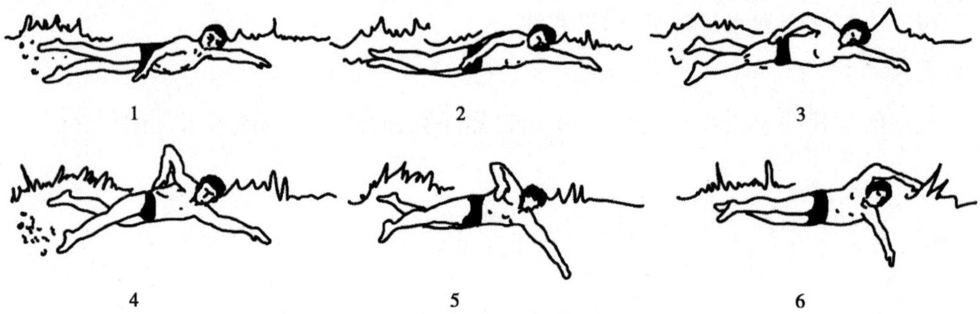

图12.18　爬泳完整动作

5.练习方法

学习爬泳一般按腿部动作、臂部动作、臂腿配合的呼吸,再到完整配合的顺序进行。打腿是学爬泳的基础,呼吸是掌握爬泳技术的关键和难点。

①坐池边,两手侧撑,身体重心前移池沿,两腿伸入水中,做直腿打水,要求前踢水,踝关节内旋。

②水中做浮板打腿或蹬池壁滑行后憋气打腿。

③在陆上站立或水中走动做直臂划水、屈臂前移的练习。先练一臂,后两臂轮换。

④陆上做原地踏步6次、两臂各划水1次的臂腿配合练习。

⑤蹬池壁滑行后做憋气、臂腿配合游。

⑥做两臂各划水1次、换气1次的配合游。

6.易犯错误与纠正方法

①**易犯错误**:向上打水时勾小腿,屈膝过大;没有用大腿带动小腿。

纠正方法:强调向上打水时脚跟不露出水面;多做直腿打水练习,体会大腿带动小腿的动作要领。

②**易犯错误**:入水点偏外,入水后手臂过于外划,伸肘推水动作不充分,急于提肘出水,伸肘肌群力量不足。

纠正方法:手在头的前方入水,强调内划,使手在身体中线的下方划水,在划水的后半段加速伸肘,手指擦到大腿前外侧后再提肘出水。可多做俯卧撑、拉橡皮带等练习来发展伸肘肌群的力量。

③**易犯错误：**臂腿配合不协调；划臂时忘了打腿；臂腿动作过于紧张。

纠正方法：加强打腿练习，臂划水时两腿不停地打水，采用臂入水后前伸稍停打腿游进的练习改进动作。

12.4 游泳安全

12.4.1 游泳的基本常识

1.游泳禁忌

①严禁患有各种传染性疾病（如皮肤病、结膜炎、急性沙眼、性病等）的人游泳，这是因为他们不仅会将疾病传染给其他游泳者，带来交叉感染，而且对自身的健康也是不利的。

②严禁患有心脏病、肺炎（肺结核）和精神疾病、肝肾疾病、高血压的人游泳。禁止酒后游泳，因为人在饮酒后中枢神经系统处于过度兴奋或抑制状态，表现为反应迟钝，此时游泳容易发生事故。

③太饿或者太饱时都不宜游泳，饭后1小时内不宜游泳。这是因为饭后消化系统活动加强，需有较多的血液流向消化器官，如果饭后立刻下水游泳，大量的血液就要流向肌肉以保证全身活动的需要，流向消化器官的血量就会相对减少，从而影响胃肠对食物的消化吸收。

④剧烈运动后不宜游泳。剧烈运动或强体力劳动后，人体处于疲劳状态，此时体力下降、肌肉反应能力减弱、水中动作不易协调，如果马上游泳，会造成疲劳的积累，极易发生溺水事故。

⑤女生例假期不宜游泳。

2.游泳前做好准备活动

在游泳之前一定要做好充足的准备活动。夏季天气炎热，如果不做准备活动马上入水，因水温、体温、气温相差很大，骤然入水，毛孔迅速收缩，刺激感觉神经，轻则引起肢体抽筋，重则引起反射性心脏停搏休克，很容易造成溺水死亡。具体准备活动如下：

①通过跳跃、慢跑使身体发热但不出汗（至少2~4分钟）。其目的是克服各机能器官的惰性，提高神经系统的兴奋性和灵活性，使身体适应低水温的刺激，从而减少痉挛、拉伤等事故的发生。

②伸展运动：使身体各关节、韧带及身体肌肉做好充分的活动准备，以防受伤。

③入水前用冷水淋浴一下，以适应水温，然后下水。

④水上准备工作：入水后不宜马上快速游泳，更不宜马上游入深水区。应在浅水区适应一段时间后，再逐渐加速或游入深水区。

3. 游泳过程中应注意的问题

对自己进行有效保护。如果游泳池中人比较多，应注意互相谦让，不要拥挤，避免意外发生。在水中，应注意观察其他游泳者的位置，避免由于游泳方向不一致发生的头部和鼻子的碰撞。

泳池边不要相互追逐打闹。游泳池的四周大多是马赛克地面，游泳的人在上面来回走动，留下了许多水，地面很滑。不在浅水区跳水，不做比较危险的练习。游泳时如果突然觉得身体不舒服（如眩晕、恶心、心慌、气短等），要立即上岸休息或呼救；如果小腿或脚部痉挛，千万不要惊慌，可用力蹬腿或做跳跃动作，或用力按摩、拉扯痉挛部位，同时呼叫同伴救助。

下水后身体的正常反应与不适应现象。一般在刚下水的几分钟内，皮肤表面的毛细血管收缩，血液循环减慢，流向皮肤的血液减少，皮肤变白，或起鸡皮疙瘩，身体感觉寒冷。这是正常的生理反应，被称为"初期反应"。之后，体内各器官的活动和物质代谢加强，热量增加，体表血管扩张，血液循环改善，身体有温暖的感觉，这是身体适应外界寒冷环境的一种积极反应，被称为"二期反应"。这一阶段是在水中进行活动的最好时期。"二期反应"以后，如果继续在水中，皮肤血管就会再一次保护性地收缩，起鸡皮疙瘩，嘴唇发紫，全身打战，这表明游泳者在水中时间太长，散热过多而出现"三期反应"。

游泳时眼睛的保护。游泳时，眼睛不可避免地会接触到水，为了保护眼睛，最好在游泳时戴上游泳镜。

游泳结束后，要注意个人卫生和保养。游泳后应认真洗澡，游泳穿的衣裤也应及时进行漂洗、晾晒备用。有些人游泳后发觉眼睛发红或刺痒，这是由于游泳池内漂白粉等消毒药水刺激造成眼结膜充血所致，这种现象待出水后几小时即自然消退，一般不需治疗。需要提示的是每次游泳后最好用清水冲洗眼睛，也可用消炎眼药水滴眼，避免眼部炎症的发生。此外，注意清除耳鼻中残存的水。

12.4.2 游泳场所的选择

1. 相应设施须齐全

正规人工游泳池应该配有救生员、救生设备，安全标志要准确明显。常见的救生设备有救生圈、救生绳、救生杆、救生抛球，这些设备应该放置在明显的位置，便于急用。救生员要有相应的从业资格和专业的救生技术。正规游泳场所管理比较规范，水质和安全卫生等条件都有专门的政府卫生部门监督，池水会经常消毒、排污和过滤，清洁度较高。

2. 相应制度须健全

正规的游泳场馆都应有相关的管理规定。特别是有相应的管理制度、责任人来约束游泳场馆管理者的行为，做到责任到人。

12.4.3 水上遇险的生存常识

1. 游泳中遇到抽筋时的自救

抽筋是肌肉不自主地强直性收缩,水温过低或游泳时间过长都可能引起抽筋。发生抽筋时,最重要的是保持镇静,不惊慌。

如果发现有抽筋现象,应马上停止游泳,立即上岸休息,并对抽筋部位进行按摩。如果在深水区发生抽筋,且自己无力处理,而周围又无同伴时,应向岸边呼救,千万不要慌张。在水中解脱抽筋的方法,主要是牵引抽筋的骨肉,使收缩的肌肉伸展。

2. 溺水的急救

1)发现溺水者如何将其救上岸

救助者可将救生圈、竹竿、木板等物抛给溺水者,再将其拖至岸边;若没有救护器材,可以入水直接救护。接近溺水者时要转动他的髋部,使其背向自己然后拖运。救助者通常采用侧泳或仰泳拖运法。

2)如何开展岸上急救

如果溺水者已昏迷,马上拨打"120"急救电话。

救助者将溺水者运到平坦安全处后,应及时进行急救。如果溺水者肚子很大且已昏迷,应先将其口鼻中的泥沙与污物清除。

救助者解开溺水者衣扣、腰带等,然后倒水。可将溺水者的腹部趴在自己一只屈膝的大腿上或用其他隆起的物体垫在溺水者腹下,并将溺水者头部放低,然后用手挤压溺水者背部和腹部,使水排出,也可使溺水者头低脚高地趴在斜坡上。

如果溺水者呼吸很弱或已停止呼吸,救助者要就地进行人工呼吸,通常采用口对口吹气的方法。若心跳停止还应配合胸外心脏按压,进行心脏复苏。

12.5 游泳运动的主要竞赛与裁判规则

12.5.1 游泳运动的主要竞赛

游泳运动的主要竞赛有奥运会、世界游泳锦标赛、世界短池游泳锦标赛、世界杯短池游泳系列赛、亚运会、全运会、全国冠军赛、全国锦标赛等。奥运会、亚运会和全运会每四年举办一次,世界锦标赛和世界短池锦标赛每两年举办一次,世界杯短池游泳赛以分站赛形式举办,其他赛事每年举办。

12.5.2 游泳运动的裁判规则

1.竞赛组织

(1)竞赛主办单位负责任命技术代表、仲裁、总裁判并委派裁判员。

(2)组织委员会或竞赛委员会全面负责大会的各项工作,决定规则未授权于总裁判的一切事宜。

2.技术代表

(1)技术代表作为组织委员会或竞赛委员会成员,代表主办单位对比赛进行技术指导和监督。

(2)技术代表主持竞赛工作,负责裁判员管理,对规则中未明文规定的事项作出决定。

(3)技术代表负责组织检查竞赛场地设施,监督竞赛设施的运行。

(4)技术代表负责组织对比赛中申诉情况的调查,召集仲裁委员对申诉进行裁决。

3.裁判员设置

(1)采用人工计时,裁判人员设置如下:

总裁判1人,副总裁判1~4人;技术检查员4人;发令员2~3人;转身检查长2人(终点端和转身端各1人),转身检查员每条泳道两端各1人;计时长1人,副计时长1~2人,计时员每条泳道3人(其中1人由终点端转身检查员兼任);编排记录长1人,副编排记录长1~2人,编排记录员4~8人;检录长1人,副检录长1~2人,检录员5~8人;宣告员1~2人;替补裁判员2~4人。

(2)采用自动计时装置而未使用录像计时系统时,须使用半自动计时装置或人工计时作替补,需增设自动计时长1人,自动计时员1~2人。

(3)未采用自动计时装置时,可配备终点裁判长1人、副终点裁判长1人、终点裁判员若干人。

(4)基层比赛的裁判员人数可根据比赛的具体条件安排。

4.参赛办法

1)报名

(1)参加单位必须按竞赛规程的规定,确定每项参加的人数和每人参加的项数,并在规定时间内办理报名手续。在报名单上要填写运动员在报名截止日期前指定期限内的最好成绩。

(2)除了竞赛规程另有规定外,在报名后不得替换运动员或更改项目。

2)参赛

(1)接力比赛以队为单位,每个接力队应有4名队员,每名接力队员在一次接力比赛中只能游其中的一棒。每个单位可在报名参加比赛的同组运动员中任选4人参加接力比赛,在预赛、决赛中参加者可任意调换。各队须将参加接力比赛的运动员名单及顺序在该场比赛开始前至少 30 分钟交编排记录处，否则以弃权论。接力队必须按提交的名单和顺序参加 比赛，否则将被取消录取资格。

(2)男女混合接力项目，每队必须由两男两女组成，其分段成绩不能作为记录和（或）报名成绩。

(3)参加比赛的运动员(包括替补运动员)必须在该项比赛开始前至少 20 分钟到第一检录室接受对泳装的检查，检查合格后方可进入第二检录室参加检录。运动员应主动出示泳装标识受检。

5. 出发的规定

(1)自由泳、蛙泳、蝶泳、个人混合泳及自由泳接力的比赛必须从出发台出发。当总裁判发出长哨声信号后，运动员应站到出发台上；当发令员发出“各就位”的口令后，运动员应至少有一只脚置于出发台的前沿，立即做好出发姿势；当所有运动员都处于静止状态时，发令员发出出发信号。

(2)仰泳比赛、混合泳接力比赛的第一棒，必须从水中出发。当总裁判发出第一声长哨声信号后，运动员应立即下水；当总裁判发出第二声长哨声信号后，运动员应迅速游回池端；当所有运动员都做好出发准备时，发令员发出“各就位”的口令；当所有运动员都处于静止状态时，发令员发出出发信号。

(3)在 50 米池进行 50 米项目的比赛，在哪一端出发，应根据组委会的决定执行，并在赛前通知运动员。

6. 出发犯规的判罚规定

(1)任何运动员如在出发信号发出前出发，应判犯规。如果在出发信号发出后发现运动员抢跳，应继续比赛，在该组比赛结束后取消抢跳运动员的录取资格。如果在出发信号发出前发现运动员抢跳，则不再发出发信号，取消抢跳运动员比赛资格后，总裁判以长哨声(仰泳为第二声长哨)开始重新组织其余运动员出发。

(2)因裁判员的失误或器材失灵而导致运动员抢跳时，发令员应将运动员召回重新出发，不作为抢跳犯规。

7. 自动计时

(1)自动计时装置必须在指定裁判员的监督下进行操作。由自动计时装置记录的成绩应当用于确定名次和各泳道的成绩。如果自动计时装置发生故障，或发现其明显失灵，或运动员未能触停该装置，则半自动计时或人工计时的成绩将作为正式成绩。

(2)使用自动计时装置时，成绩只需记录到百分之一秒。当可以精确到千分之一秒时，不记录千分位数，也不以千分位数来确定成绩和名次。比赛中出现相同成绩时，则成绩在百分位相同的所有运动员其名次相同。在电子公告板上只应显示到百分之一秒的成绩。

(3)自动计时工作程序：

①在使用自动计时装置时，由该装置确定的成绩、名次和接力交接棒情况，应当优先被采用。

②某组比赛中，当自动计时装置未能记录到一名或多名运动员的成绩和(或)名次时，遵循以下规则。

A.记录所有可获得的自动计时和半自动计时装置成绩和名次。

B.记录所有人工计时成绩和名次。

C.正式名次按下述方法确定：

a.在同一组中，具有自动计时装置成绩和名次的运动员进行比较，应保持其相对顺序。

b.不具有自动计时装置名次但具有自动计时装置成绩的运动员，须用其自动计时装置成绩与其他运动员的自动计时装置成绩进行比较，确定其相对顺序。

c.既没有自动计时装置名次又没有自动计时装置成绩的运动员，应采用其半自动计时装置成绩或3块数字式计时表记录的成绩来确定其相对顺序。

D.正式成绩按下述方法确定：

a.具有自动计时装置成绩的所有运动员，其自动计时装置成绩即为正式成绩。

b.无自动计时装置成绩的所有运动员，其半自动计时装置成绩或3块数字式计时表记录的成绩即为正式成绩。

E.某项预赛后确定全部运动员相对名次的方法：

a.比较所有运动员的正式成绩，以确定其相对名次。

b.如果一名运动员的正式成绩与一名或多名运动员的正式成绩相同，则该项中具有此成 绩的所有运动员的相对名次并列。

8.人工计时

(1)当采用每条泳道3块计时表计时而未设置终点裁判时，运动员的正式成绩是录取名次的根本依据。

(2)任何由1名裁判员操作的计时装置均应视为1块计时表。

(3)每条泳道必须指派3名计时员，所使用的计时表必须精确至百分之一秒。

(4)人工计时的正式成绩按下述方法确定：

①在3块计时表中，有2块以上计取的成绩相同时，该成绩即为正式成绩。

②如果3块计时表计取的成绩都不相同，应以中间的成绩为正式成绩。

③如果3块计时表中只有2块正常运行，应以平均成绩为正式成绩。

(5)在计时成绩和终点名次顺序不一致时(如第2名的成绩反比第1名的成绩好)，

应以总裁判的判定为准。若总裁判判定以终点名次为准，应将第1名与第2名的正式成绩 相加后平均，作为第1名和第2名的正式成绩(平均成绩取至百分位秒数)。若总裁判判 定以计时成绩为准，应以计时成绩顺序重新排列名次。若出现2名以上终点名次和计时成 绩顺序不一致时，仍按此办法处理。

9. 单项比赛犯规的成绩记录

如果运动员在某项比赛中或比赛后被判犯规，该情况应记录在正式成绩单上，但其成绩或名次不予记录和公布。

10. 接力比赛犯规的成绩记录

接力比赛第一棒运动员的分段成绩应被计取，并公布在正式成绩单上。如接力队被判犯规，则犯规之前的分段成绩应记录在正式成绩单上。

11. 比赛规定

（1）比赛中，不得将不同组别、不同项目的运动员（或接力队）混合编组。除男女混合接力项目外，亦不得将不同性别的运动员（或接力队）混合编组。

（2）运动员应游完全程才能获得录取资格。

（3）运动员应始终在其出发的同一泳道内比赛和抵达终点。

（4）在所有项目中，运动员转身时必须按各泳式的规定触及池壁，不允许在池底跨越或行走。

（5）在自由泳项目和混合泳项目的自由泳段比赛中，允许运动员在池底站立，但不得行走。

（6）不允许拉分道线。

（7）比赛中，运动员不得使用或穿戴任何有利于其速度、浮力、耐力的器具（如手蹼、脚蹼、弹力绷带或黏胶材料等）和泳装，但可戴游泳镜。不允许在身上使用任何胶带，除非得到组委会指定的医疗机构同意。

（8）在比赛场地内，不允许速度诱导及采用任何能起速度诱导作用的装置与方法。

（9）由于某运动员犯规而影响其他运动员获得优异成绩时，总裁判有权允许被干扰的运动员重新参加预赛。如在决赛或最后一组预赛中发生上述情况，可令该组重新比赛。

（10）接力项目如果有预赛，奖牌和证书应授予获名次接力队中参加了预赛或决赛的所有运动员。

（11）只有赛事组委会设置的录像设备才能作为判断运动员犯规和名次的依据。

12. 犯规判罚规定

（1）游出本泳道阻碍其他运动员或以其他方式干扰其他运动员者，应判犯规。如属故意犯规，总裁判应将犯规情况报告主办单位和犯规运动员所在单位。

（2）在一项比赛进行过程中，当所有比赛的运动员还未游完全程前，未参加比赛的运动员如果下水，应取消其原定的下一次的比赛资格。

（3）接力比赛中，如本队的前一名运动员尚未触及池壁，后一名运动员的脚已蹬离出发台，应判犯规。

（4）接力比赛中，在各队的所有运动员还未游完之前，除了应游该棒的运动员之外，任何其他接力队员如果进入水中，应判犯规。

(5)运动员抵达终点后或在接力比赛中游完自己的距离后,应尽快离池,如妨碍其他游进中的运动员,应判该运动员或接力队犯规。

13.各项泳式的比赛规定

1)自由泳

(1)自由泳比赛中,可采用任何泳式。但在个人混合泳及混合泳接力比赛中,自由泳是指除蝶泳、仰泳、蛙泳以外的泳式。

(2)每次转身和到达终点时,运动员身体的某一部分必须触及池壁。

(3)在整个游程中,运动员身体的某一部分必须露出水面。在出发和每次转身后,允许运动员身体完全没入水中,在15米前(含15米)运动员头的一部分必须露出水面。

2)仰泳

(1)在出发信号发出前,运动员应在水中面对出发端,两手抓住出发握手器。禁止两脚蹬在水槽里、水槽上或脚趾勾在水槽沿上。

(2)出发和每次转身后,运动员应蹬离池壁,除在做转身动作外,运动员在整个游进过程中应始终呈仰卧姿势,允许身体做转动动作,但必须保持与水平面小于90°的仰卧姿势,头部位置不受此限。

(3)在整个游进过程中,运动员身体的某一部分必须露出水面。在出发、转身及抵达终点时,允许运动员身体完全没入水中。出发和每次转身后,在15米前(含15米)运动员头的一部分必须露出水面。

(4)在转身过程中,运动员身体的某一部分必须触壁,允许肩的转动超过垂直面,之后立即做一次连贯的单臂划水或双臂同时划水动作,并以此划水动作作为转身动作的开始。运动员必须呈仰卧姿势蹬离池壁。

(5)运动员在到达终点时,必须以仰卧姿势触壁。

3)蛙泳

(1)在出发和每次转身后,运动员可没入水中做一次手臂充分向后划至腿部的动作。在第一次手臂划水动作过程中,允许打一次蝶泳腿接蛙泳蹬腿动作。

(2)从出发和每次转身后的第一次手臂动作开始,身体应保持俯卧,任何时候都不允许身体呈仰卧姿势。只要身体呈俯卧姿势蹬离池壁,允许运动员在触壁后用任何方式转身。在出发后的整个游程中,动作周期必须是以一次划臂和一次蹬腿的顺序完成。

(3)两臂的所有动作应同时并在同一水平面上进行,不得有交替动作。两手应同时在水面、水下或水上由胸前伸出。除转身前的最后一次划水动作、转身过程中及抵达终点前的最后一次划水动作外,肘部不得露出水面。两手应在水面或水下向后划水。除出发和每次转身后的第一次划水动作外,两手向后划水不得超过臂线。

(4)在每个完整动作周期内,运动员头的一部分必须露出水面。出发和每次转身后的第二次划臂至最宽点两手向内划水前,运动员头的一部分必须露出水面。

(5)两腿的所有动作应同时并在同一水平面上进行,不得有交替动作。在蹬腿过程中,两脚必须做外翻动作。不允许做交替打腿或向下的蝶泳打腿动作[本条(1)款所述除外],允许两脚露出水面。

(6)在每次转身和到达终点时,两手应分开(不得重叠)在水面、水上或水下同时触壁。转身和到达终点前的最后一次手臂动作后可不接蹬腿动作。在触壁前的最后一次划水动作结束后,头可以没入水中。但在触壁前最后一个完整或不完整的动作周期中,头的一部分必须露出水面。

4)蝶泳

(1)从出发和每次转身后的第一次手臂动作开始,身体应保持俯卧姿势,允许水下侧打腿。任何时候都不允许呈仰卧姿势。只要身体呈俯卧姿势蹬离池壁,允许运动员在触壁后用任何方式转身。

(2)两臂应在水面上同时向前摆动,并同时在水下向后划水。

(3)所有腿部的上下打腿动作应同时进行。两腿或两脚可不在同一水平面上,但不允许有交替动作,不允许蹬蛙泳腿。

(4)在每次转身和到达终点时,两手应分开(不得重叠)在水面、水上或水下同时触壁。

(5)在出发和每次转身后,运动员可没入水中做一次或多次打腿动作和一次划水动作,这次划水动作应使身体升至水面。在15米前(含15米)运动员头的一部分必须露出水面。运动员应使身体保持在水面上,直至下次转身或到达终点。

关于蛙泳和蝶泳"双手分开"规则的解释:"双手分开"是指双手不能上下叠加,不需要观察两手间是否有空隙或手指间相互接触。

5)混合泳

(1)个人混合泳必须按照蝶泳、仰泳、蛙泳、自由泳的顺序进行比赛。每种泳式必须完成赛程1/4的距离。

(2)混合泳接力必须按照仰泳、蛙泳、蝶泳、自由泳的顺序进行比赛。

(3)在个人混合泳和混合泳接力的比赛中,每一泳式都必须符合对应泳式的有关规定。在仰泳转蛙泳过程中,运动员应呈仰卧姿势触及池壁。

13 瑜　伽

瑜伽起源于古印度哲学，从广义上讲属于古印度六大哲学之一，从狭义上讲是一种融合体位动作、心理调节、心智开发、健康饮食等为一体的一整套健身方法，可以改善身体姿态、增强身体活力、提高新陈代谢，是体育养生的重要组成部分。

动作串联1　　动作串联2　　动作串联3

13.1 瑜伽的主要流派

根据《薄伽梵歌》的记载以及瑜伽的发展史,瑜伽主要可分为以下流派:

王瑜伽:王瑜伽也称八支分法瑜伽,是通往精神世界的必由之路,丢掉了大多数严格的瑜伽体位,偏向于调息和意念。王瑜伽积极提倡瑜伽的八支分法,即禁制、遵行、坐法、调息、制感、内省、静虑、三摩地。

哈他瑜伽:哈他瑜伽也称诃陀瑜伽,是打开瑜伽之门的钥匙,注重生理,是身体洁净、呼吸和身体锻炼方法的体系。哈他瑜伽利用瑜伽之中的体位、呼吸法强化身体、增强能量流动。因为身心本是相互影响的,所以"欲要强心,先强其身",这是哈他瑜伽的基础。

智瑜伽:智瑜伽也称吉纳瑜伽,注重哲学,是探讨真和非真、永久与暂时、生命力与物质等问题的哲学思辨体系。提倡培养知识理念从无名中解脱出来,以期待与梵合一。

业瑜伽:业瑜伽也称实践瑜伽。业瑜伽认为行为是生命的第一表现,倡导将精力集中于内心世界,通过内心的精神活动引导完善的行为。此为净心之道。

巴克提瑜伽:巴克提瑜伽也称奉爱瑜伽。唯有内心充满爱,方能最后与真理合二为一。此为爱心之道。

我国从2017年起,以传统瑜伽为参考,结合中国国情与大众健身需求,研究制定了健身瑜伽108式。在体式的选择上采用前屈、后展、侧弯、中正伸展、扭转、倒置、平衡、坐姿及其他形态特征,兼顾安全与健身效果。

13.2 瑜伽功法及其特点

13.2.1 呼吸法

1.腹式呼吸

仰卧放松,把手放在腹部上,不给腹部压力,用鼻子慢慢吸气,感觉气沉肺底,横膈膜下沉,小腹隆起,注意此时腰背部仍然在地上,双手被小腹抬起,吐气时横膈膜渐渐复位,小腹回落,彻底呼尽肺底残留气体。

2.胸式呼吸

自由盘坐或选择山式站姿,腰背部挺直,骨盆中立,双肩下沉,收缩腹部,鼻子吸气,胸腔壁内收同时下部升高,肋骨向外扩张,吐气时缓慢柔和,肋骨内收,胸腔回落还原。

3. 锁骨呼吸

自由盘坐，腰背部挺直，骨盆中立，双肩下沉，将双手放于锁骨两侧，鼻子吸气，腹部和胸腔始终收紧，感觉双手被锁骨推起，呼气时，腹部和胸腔继续收紧，感觉双手和锁骨回落还原。

4. 完全式呼吸

仰卧放松，身体在一条直线上，双脚自然分开，将锁式和横膈膜、肋间肌三种呼吸技巧结合起来形成完全式呼吸。鼻子吸气，小腹隆起时，肋骨扩张，肺部气体上提，锁骨上推，肩跟随吸气微向上提；呼气时收肩，锁骨回收，肋骨还原，小腹内收上提。

13.2.2 瑜伽的常用坐姿

对于健康的人群而言，瑜伽能使自己在较长时间内保持身体的稳定，强化腰骶肌肉，减缓肌肉紧张，降低血压；减少腿部血液循环，使血液较多地供应到内脏器官，将能量在骨盆区域积累，有助于提升内脏的活力。有坐骨神经痛和骶骨损伤的练习者只能练习雷电坐和英雄坐，而对于膝关节损伤和髌骨劳损、错位的人群需咨询医生方可训练。

1. 简易坐

简易坐也称安逸坐，是用于调息和冥想最简单的坐姿。此坐姿加强髋、膝、踝的能量流动，有效提高其神经系统功能，可以减轻和消除风湿和关节炎。

练习方法：坐在地上，双腿伸直，弯起右小腿，把右脚放在左膝或左大腿下，弯起左小腿，把左脚放在右膝或右大腿下。双手五指自然分开，掌心向下，安放在膝盖上。也可交换体位，继续保持这种姿势。

2. 雷电坐

雷电坐也称金刚坐、钻石坐。对于不能盘坐的人群来说，这是一个很适合的坐姿，它不仅可以强化腰背部，还可以帮助人们控制情绪，达到心灵平和，而且能帮助消化食物，对胃部不适的朋友有很大帮助。这也是产前练习很有效的动作，不仅能帮助伸展盆底肌，同时还能帮助按摩生殖器官的纤维，防止疝气和生殖器官疾病。

练习方法：膝盖并拢，两膝跪地，将两条腿的胫骨和脚背放在地面上，并将两个大脚趾相互交叉重叠，脚跟外展，背部伸直，臀往下坐于两脚内侧的脚跟之间。双手放在膝盖上。

3. 武士坐

武士坐也称神人坐，是最简单的平衡体式，能促进精神上的平衡和自我认知。使髋、膝、踝等关节变得灵活，腿部外侧和臀部肌肉得以拉伸，同时减少腿部和臀部赘肉。

练习方法：双腿并拢，直角坐姿，腰背部伸直。屈双膝，右脚从左膝下穿出，脚跟放在左臀外，左脚跨过右膝，脚跟放在右臀外。此坐姿的两膝盖重叠与鼻尖在一条直线上。

4.至善坐

至善坐也称完美坐，是比全莲花坐更重要的体式。

练习方法：双腿并拢向前伸直，挺直腰背坐着。屈右膝，右脚跟抵会阴，脚底抵左大腿，屈左膝，让左膝的四个脚趾插入右大腿和小腿间，左脚跟和右脚跟在一条直线上，左脚跟尽量抵着耻骨，双手自然置于膝上。

5.全莲花坐

莲花式可以使生命能量从底轮直接到顶轮。此体式可以滋养腹内脏器，使中枢神经充满活力，减缓肌肉紧张，降低血压。但是有坐骨神经痛、骶骨损伤、膝关节损伤、髌骨损伤的练习者需在医生的许可下才能练习此动作。

练习方法：双腿伸直，挺直腰背，将右脚脚心向天，尽量放在左大腿根部，脚跟抵左侧小腹，将左脚脚心朝天，尽量放在右大腿根部，脚跟抵右侧小腹。将双膝尽量压向地面，在极限的边沿停留。双手合十放于胸前。

13.2.3 简单的瑜伽体式

1)山式站姿

身体像山一样站立，挺拔。首先做到两脚内侧缘并拢，收缩小腿和大腿肌肉以及臀大肌和核心肌群；骨盆中立，使身体的两脚后跟、两小腿肚、臀部两点和后脑枕骨保持在一个平面上，如图13.1所示。

2)树式

山式站姿开始，屈左膝，将左脚置于右大腿内侧，足跟靠近会阴，髋外展，双手合十于胸前，吸气，双手沿着眉心向上送，直至两大臂夹于耳后，双手于头顶上方，保持几组呼吸，吐气时还原。两只脚交换方向锻炼。此动作可以缓解肩背部不适，增强双腿的力量，提高身体的平衡能力，如图13.2所示。

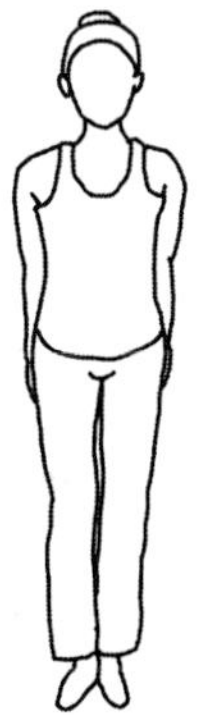

图13.1 山式站姿

图13.2 树式

3)斜板支撑

雷电坐开始,身体前倾,变成四脚板凳,即双手和双脚垂直于地面(也称基本猫动作)。此时在手不动的情况下,双脚向后撤,直到身体呈一条直线。保持几组呼吸,吐气时还原。此动作可以稳定肩袖肌群,增强手臂和核心力量,达到提高身体整体机能的目的,如图13.3所示。

4)增延脊柱前屈伸展

山式站姿开始,吸气时两手臂经体侧向上至两大臂并夹于耳后,掌心向前,延伸脊柱,吐气时髋屈曲,双手抓住脚踝,或抓住小腿。保持背部平直,双腿伸直,但不超伸,尽量垂直于地面。此动作加强腹部器官功能,助消化。有腰椎间盘突出的患者不宜练此动作,如图13.4所示。

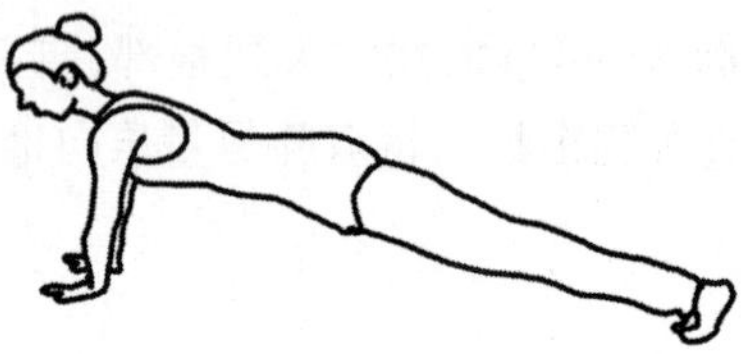

图13.3　斜板支撑

图13.4　增延脊柱前屈伸展

5)侧角伸展

山式站姿开始,双腿分开约两肩半的距离,左脚向左侧转动90°,右脚稍内扣,左脚的脚后跟和右脚的足弓在一条直线上;双臂侧平举,屈左膝,左小腿垂直于地面。躯干向左侧延伸弯曲,左手肘置于左腿上,右臂向斜上方伸展,与身体在一条直线上,如图13.5所示。

6)顶峰

四角板凳(双手和双腿垂直于地面)开始,吸气时两脚脚跟尽量压向地面,两臂和两腿伸直。重心放在脚跟上,身体像一座桥。双臂和背在一条直线上,双脚并拢,双腿后侧充分拉伸。有高血压和低血糖的人群尽量不做头低于心脏的动作。此动作可以有效地拉伸背部和腿部后侧肌群,缓解疲劳,如图13.6所示。

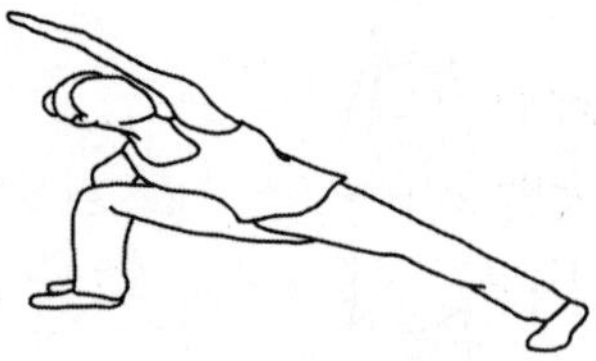

图13.5　侧角伸展

图13.6　顶峰

7)猫式

雷电坐开始,身体前倾变四脚板凳姿势,双脚分开与髋 同宽。吸气时,脊柱逐渐伸展,塌腰翘臀,扩展胸腔;吐气时,收腹,拱背,眼睛看向肚脐。猫式可以很好地增加脊柱的灵活性,放松肩部,如图13.7、图13.8所示。

图 13.7 猫式一

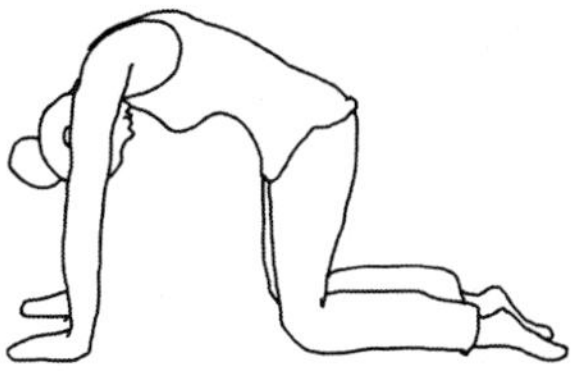

图 13.8 猫式二

8)半骆驼式

双膝跪立,双腿垂直于地面,两膝盖分开一横拳的距离,保持骨盆中立,左手护腰,吸气时顶髋,从腰部向后弯曲身体,胸腔充分伸展,右手掌放于右脚跟上,手指指向脚趾的方向,也可手心和脚心相对,同时左臂向上、向后抬起伸展。身体在极限的边沿停留。

呼气时还原,换反方向的动作。此动作有助于矫正圆肩、驼背,改善不良体态,如图 13.9 所示。

9)鹤禅

山式站姿开始,两腿分开与髋同宽,屈双膝下蹲,双手放于两脚前方,双膝抵住腋窝,身体前移,肘内收微屈,小臂与地面垂直,同时双腿抬离地面,两小腿与地面平行,同时背部保持平整,目视前方。保持自然呼吸,提高专注力和平衡力,如图 13.10 所示。

图 13.9 半骆驼式

图 13.10 鹤禅

10)战士一式

山式站姿开始,双腿分开约两肩半的距离,左脚向左侧转动 90°,右脚稍内扣,向左转髋,保持中立,吸气时两臂经体侧向上抬起,直至两大臂夹于耳后,双手在头顶合十,吐气时屈左膝成 90°,小腿与地面垂直,大腿与小腿垂直。换另一条腿锻炼。战士一式可增强髋、膝、踝的稳定性,增强腿部力量,如图 13.11 所示。

11)船式

上半身垂直坐于垫子上,双腿伸直,如图 13.12 所示。吸气时脊柱延伸,呼气时双手、双脚和躯干同时往上伸,大腿贴近腹部,以坐骨为支点,收紧腹部,让双腿伸直,双手抓住自己的两小腿,让身体形成一个“V”字形,腰背部伸直,吸气时还原。保持几组呼吸。船式可有效增强腹部肌肉,提高平衡力,如图 13.13 所示。

图13.11　战士一式

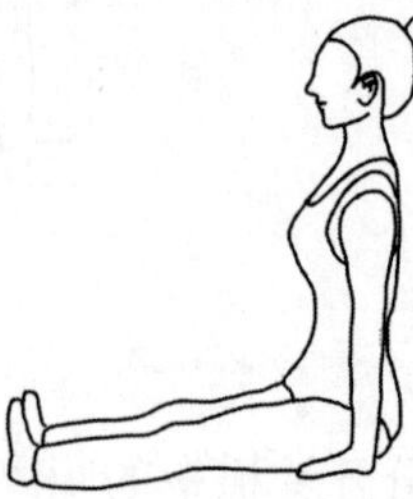

图13.12　直角坐姿

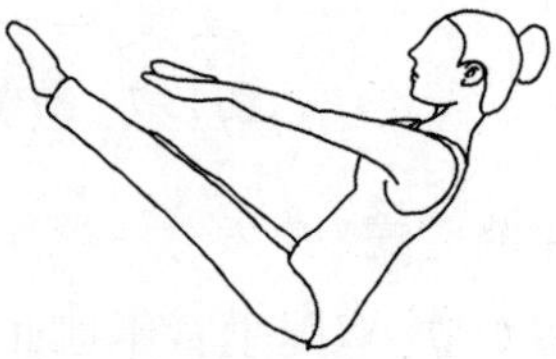

图13.13　船式

13.3　瑜伽太阳敬礼12式

太阳敬礼式也称拜日式，是瑜伽入门的基本动作。许多人会把这一动作作为开始练习瑜伽前的热身。太阳敬礼12式为一个合体，两个回合为一个完整的太阳敬礼式。太阳敬礼式第一回合的前一个骑马式是右脚向后迈出，后一个骑马式开始时右腿由顶峰式屈膝回收至两手间；第二个回合的前一个骑马式左腿向后迈出，后一个骑马式开始时左腿由顶峰式屈膝回收至两手间。

13.3.1　太阳敬礼之祈祷式

山式站姿，挺身站立，身体在放松和警醒中保持平衡放松，两脚靠拢，两掌在胸前合十，正常呼吸，如图13.14所示。

图13.14　祈祷式

图13.15　展臂式

13.3.2 太阳敬礼之展臂式

山式站姿，两脚保持平放在地上。吸气时双手由侧向上，双臂高举头上（举臂时，两手食指相触，掌心向前），缓慢而深长地吸气，上身自腰部起向后方弯下，如图13.15所示。

13.3.3 太阳敬礼之站立前屈式

吸气时，从展臂式慢慢收回身体，大臂仍然靠近双耳，掌心向前，一面呼气，一面慢慢向前弯身，用双掌或两手手指触及地板（不要弯曲双膝）。背部平直，下肢垂直于地面。在极限的边沿达到坐骨上提，小腹贴住大腿，额头寻找胫骨，以不感到太费力为限，尽量使头部靠近双膝，如图13.16所示。

13.3.4 太阳敬礼之骑马式

再次吸气时，抬头，打开双肩，向前看，双手落于脚的两侧，保持两掌放于右脚两侧，向后撤左脚，左膝和左脚趾着地，呼气时屈右膝，右小腿垂直于地面，右脚的膝盖和指尖在同一直线上且膝盖不超过脚趾尖。吸气时脊柱充分伸展，吐气时髋部下沉，目视前方，慢慢呼吸，如图13.17所示。

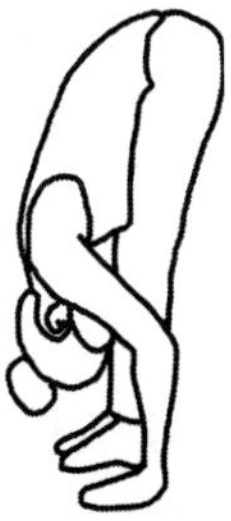

图13.16 站立前屈式

图13.17 骑马式

13.3.5 太阳敬礼之顶峰式

一面慢慢呼气，一面把右脚向后移，使两脚靠拢，坐骨向上即臀部向上方抬起。两脚脚跟尽量压向地面，两臂和两腿伸直。重心放在脚跟上，如图13.18所示。

图13.18 顶峰式

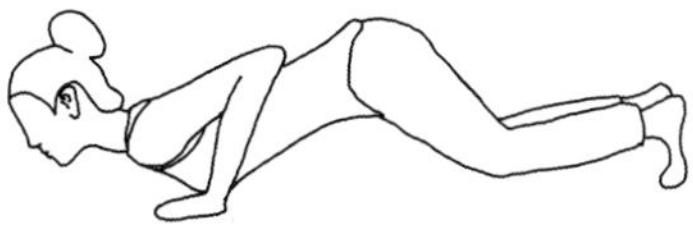

图13.19 八体投地式

13.3.6 太阳敬礼之八体投地式

吐气，由顶峰式开始，屈双膝，落双膝于垫子上，同时竖起双脚脚趾头，屈肘，胸部落于两手之间，下颌、双手、胸部、双膝以及双脚脚尖8个部位与地面接触，如图13.19所示。

13.3.7 太阳敬礼之眼镜蛇式

吸气，由八体投地式慢慢向前推送身体至极限，一边把胸部向前，向上移直到双手伸直，手肘内收，同时腹部及两条大腿接触地面。再次吸气，胸腔上提，手推地伸直双手，上身从腰部向上升起。背部应呈凹拱形，头部像眼镜蛇那样向后，但不过分后仰，如图13.20所示。

图13.20 眼镜蛇式

图13.21 顶峰式重复

13.3.8 太阳敬礼之顶峰式重复

呼气时由八体投地式竖起双脚的脚趾头，脚趾用力、脚跟下压，膝盖上提，由眼镜蛇式往回拉身体，同时把臀部提高到空中再到顶峰式，如图13.21所示。

13.3.9 太阳敬礼之骑马式重复

边吸气，由顶峰式一边弯曲左腿并向前迈一大步，屈左膝，左小腿垂直于地面，膝盖不超过脚趾尖，同时左脚脚趾与两手指尖平行；右脚脚趾回勾，膝盖落地。向上看，胸膛向前挺，后背伸直，眼睛平视前方，如图13.22所示。

图13.22 骑马式重复

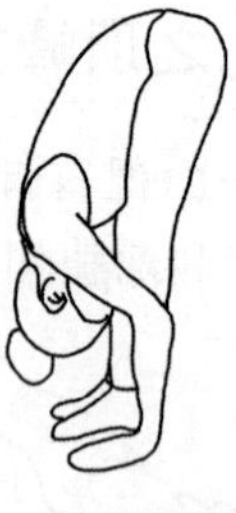

图13.23 站立前屈式重复

13.3.10 太阳敬礼之站立前屈式重复

吸气时由骑马式左腿用力，一边保持两掌放在地上用力推，一边慢慢呼气，把右脚收回与左脚并拢，伸直双腿，尽量使头部靠近双膝。背部平直，双腿垂直于地面，如图13.23所示。

13.3.11 太阳敬礼之展臂式重复

吸气,有前屈体式,两臂由侧向上伸直慢慢抬高,同时慢慢抬起身体,再打开胸腔,两臂和背部向后弯,头不过分后仰至展臂式,如图13.24所示。

13.3.12 太阳敬礼之祈祷式重复

吐气时由展臂式回到祈祷式,山式站姿,挺身站立,放松,两脚靠拢,两掌在胸前合十,正常呼吸,如图13.25所示。

图13.24 展青式重复

图13.25 祈祷式重复

13.4 瑜伽练习的注意事项

①练习瑜伽之前应该将手机等电子设备设置成静音,这是对自己和他人的尊重;练习前,取下身上的首饰,解除束缚,脱掉袜子,赤脚练习。

②饮食无特别要求,可以使胃有一半食物,1/4存水,其余1/4保持空缺,即吃得七分饱即可,以免感到沉重和懒散。练瑜伽前后1小时内不要进食,以免引起胃部不适,饭后2小时内尽量避免练习。

③有高血压或心脏疾病的同学在练习时避免做头部朝下的动作。瑜伽作为一种健身方式,在练习之前记得要先热身几分钟。练习中通过倾听自己深沉平缓的呼吸来感受身体每一寸的变化,引导你从一个姿势到另一个姿势。如果感觉不适,应当延缓瑜伽动作或者停下来稍作休息。同时,不要模仿别人,没有两个人的身体机能和身体状态是相同的,不要跟其他练习者攀比,遵从自己身体的能力,每个人都有自己的优劣势。你只要在自己身体许可的情况下挑战自己的极限即可。

④熟悉自己身体的各个部位,尤其是你的双腿、双脚、双手、尾骨、坐骨、耻骨、骶骨、腹部、肋骨、锁骨、肩胛骨、颈部以及头部等位置,并在做动作的时候随时关注自己身体的状态。做动作时,不要过度用力或勉强做动作,以免身体不适或者受伤。

⑤练习时，专注自己的动作和呼吸，保持有规律、较深沉的呼吸，这将有助于身体放松。适当的时候可以使用瑜伽的辅助道具，它们可以帮助我们更好更有效地伸展身体的各个部位。

⑥在空气清新、流通好的地方练习瑜伽。在可以自由吸入氧气，环境优雅，比较空旷的室内；也可以在室外练习，但环境要轻松愉悦，比如校园、公园、草坪、森林、海边等，但不要在大风、寒冷或不洁的空气中练习。不要在妨碍练习的任何场所练习，以免发生意外，尤其在做倒立体式时。

⑦训练完后，首先需要注意的就是不要立即吃东西，不能大量饮水，如果非常口渴，可以少喝一点，在练习完瑜伽0.51小时后才可以进食。

⑧切忌练习后立即沐浴，建议过0.51小时后再沐浴。练习瑜伽后，皮肤的毛孔随之张开，感觉身体变得特别敏锐，忽冷忽热的刺激易导致身体不适应，可能因此而伤害身体，而且立即沐浴也会洗去一些对身体有益的分泌。

⑨虽然练习瑜伽极为有益，甚至还能够缓解身体的某些症状，有助于某些疾病的辅助治疗，但如果患了严重的疾病，则不要因为练瑜伽而忽视了有效的医疗治理，应把瑜伽看作一种保健措施。

⑩自学练习者在做每个姿势之前应先认真看一些视频，了解其文字说明，注意动作的禁忌，了解动作的起始位置和动作线路，再仔细按照要求去练习。

14

健美操运动

健美操是一项深受广大群众喜爱的、普及性极强的运动。它源于生活，是一项以有氧运动为基础，以健、力、美为特征，融体操、舞蹈、音乐于一体的体育项目。它既是健身美体、陶冶情操的大众健身方式，又是竞技运动的一个项目。健美操是指在音乐的伴奏下，以身体练习为手段、以有氧运动为基础，达到增进健康、塑造形体和娱乐身心的体育运动。竞技健美操是在健美操的基础上，根据规定的竞技规则，在音乐的伴奏下完成连续复杂和高强度的成套动作。

基本手型　　基本步伐　　练习提示　　套路动作完整示范

14.1 健美操运动项目特征

1.身体重心与节律性

竞技健美操的身体重心节律性控制是指在成套的动作实施展现过程中,运动员能始终保持一种明确的节奏感,且运动员对这种节奏感能通过自己身体重心的上下起伏运动,髋、膝、踝等关节的合理弹性屈伸,实现与环境音乐的吻合与融合。该技术体现了竞技健美操独有的运动形式,是其他项目不具有的特征,可以说是竞技健美操运动最本质的技术特征,也是竞技健美操运动项目的核心技术特征。

2.身体姿态控制

竞技健美操的身体姿态控制技术是指在成套动作实施展现过程中,不管具体动作如何变化,身体姿态始终保持或控制在一种良好位置上,躯干、腰、髋等始终保持自然正位,并具有一定的稳固性;腹肌始终处于收缩状态;背部始终保持平直,而脊柱则始终保持正位。即使是长时间复杂多样的步伐动作组合,运动员的整个身体姿态始终保持良好,不被破坏。

3.动作力度感

动作力度感是肌肉发力方式的重要体现。竞技健美操操化动作力度感与基本体操、徒手体操的动作力度感不尽相同,竞技健美操操化动作由于要体现动作组合的连续性特点,要通过肌肉用力、加速到位和延伸制动等来实现。力度感是动作准确控制技术的重要体现,需要做到有力不僵硬,松弛不松懈。

4.动作幅度感

在健美操运动项目中,一般都是以最大幅度来完成某个动作,如侧举、侧伸等。但并不是所有的动作都必须做到最大,如果因为过于追求较大的动作幅度而破坏了正确的身体姿态是得不偿失的。由于动作幅度能很好地体现竞技健美操的运动强度,因此也是重要的评分依据。

14.2 基本技术

14.2.1 基本技术动作分类

健美操的基本动作是根据身体的各部位而确定的,包括头颈部动作、肩部动作、上肢动作、胸部动作、腰部动作、髋部动作和下肢动作。

1.头颈部动作

（1）屈：头颈关节角度的弯曲，包括向前、后、左、右的屈。

（2）转：头颈部绕身体垂直轴的转动，包括向左和向右的转动。

（3）绕和绕环：头以颈为轴心的弧形和圆形运动，包括左、右绕和左、右绕环。

要求：做各种形式头颈动作时，上体保持正直，速度要慢，头颈移动的方向要准确，颈部被动肌群充分伸展。

2.肩部动作

（1）提肩：肩胛骨做向上的运动，包括单肩、双肩的同时提和依次提。

（2）沉肩：肩胛骨做向下的运动，包括单肩、双肩的同时沉和依次沉。

（3）绕肩：以肩关节为轴做小于360°的弧形运动，包括单肩向前、后绕，双肩同时或依次向前、后绕。

（4）肩绕环：以肩关节为轴做360°及以上的圆形运动，包括单肩向前、后绕，双肩同时或依次向前、后绕。

（5）振肩：固定上体，肩急速向前或向后的摆动，包括双肩同时向前、后振和依次向前、后振。

要求：提肩时尽力向上，沉肩时尽力向下，动作幅度大而有力；绕肩时上体不能摆动，两臂放松，头颈不能前探；振肩时要有速度、力度和弹性。

3.上肢（手臂）动作

（1）举：以肩为轴，臂的活动范围不超过180°而停止在某一部位的动作，包括单臂和双臂的前、后、侧以及不同中间方向的举。

（2）屈：肘关节产生了一定弯曲的角度，包括头上屈、后屈，肩侧屈、上侧屈、下侧屈、上前屈，胸前屈、前平屈，腰间屈，背后屈。

（3）绕：双臂或单臂向内、外、前、后做180°以上，360°以下的弧形运动。

（4）摆：以肩关节带动手臂来完成臂的摆动动作，包括单臂和双臂同时或依次向前、后、左、右的摆动。

（5）振：以肩为轴，手臂用力摆至最大幅度，包括上举后振、下举后振、侧举后振。

（6）旋：以肩或肘为轴做臂的旋内或旋外动作。

要求：上体保持正直，位置要准确，幅度要大，力达身体最远端。

4.胸部动作

（1）含胸：两肩内合，缩小胸腔。

（2）展胸：两侧外展，扩大胸腔。

（3）移胸：髋部固定，做胸左、右的水平移动。

要求：含、展、移胸到最大限度。

5.腰部动作

(1)屈:下肢固定,上体沿矢状轴和水平轴的运动,包括前、后、左、右的屈。
(2)转:下肢固定,上体沿垂直轴的扭转,包括左、右转。
(3)绕和绕环:下肢固定,上体沿垂直轴做弧形和圆形运动,包括左、右绕和绕环。
要求:身体远端尽力向外延伸,绕环幅度要大,充分而连贯。

6.髋部动作

(1)顶髋:髋关节做急速的水平移动,包括前、后、左、右顶髋。
(2)提髋:髋关节做急速向一侧上提的动作,包括左、右提髋。
(3)摆髋:髋关节做钟摆式的连续移动动作,包括左、右侧摆和前、后摆。
(4)绕髋和髋绕环:髋关节做弧形或圆形移动,包括向左、右的绕和绕环。
要求:髋关节做顶、提、绕和绕环时应平稳、柔和、协调,稍带弹性。

7.下肢动作

(1)滚动步:两脚同时交替做由前脚尖至全掌依次落地动作。
(2)交叉步:一脚向另一脚前或后交叉行进。
(3)跑步跳:两脚交替进行,跑后支撑阶段有一次跳的过程。
(4)并腿跳:双腿并拢,直膝或屈膝跳。
(5)侧摆腿跳:单腿跳起,同时另一腿向侧摆动。
要求:弹跳要轻松自如,有弹性,注意呼吸配合。

14.2.2 步伐及训练

1.无冲击力步伐及其组合训练

1)无冲击力步伐概念及分类

无冲击力步伐是指两腿始终接触地面的动作,主要包括并腿和分腿两大类。
(1)并腿类
动作描述:这类动作两腿始终接触地面,并且两脚始终并拢,脚尖朝前。
技术要点:膝关节要有弹性地屈伸,把握好弹动的技术。
①膝弹动
动作描述:两腿并拢,膝关节有弹性地屈伸。
技术要点:膝关节由弯曲到还原,还原时膝关节应处于微屈状态。
②踝弹动
动作描述:两腿伸直或屈膝,踝关节有弹性地屈伸。
技术要点:脚尖或脚跟抬起时,保持身体的稳定性和踝关节的弹性。

(2)分腿类

动作描述:这类动作是指两腿分开,膝关节有弹性地屈伸。

技术要点:膝关节屈伸要有较好的弹性,重心移动要平稳自如。

①半蹲

动作描述:两腿有控制地屈和伸。可分为并腿半蹲和分腿半蹲。

技术要点:分腿半蹲时,两腿左右分开稍大于肩,脚尖稍外开,膝关节角度不小于90°,方向与脚尖方向一致,臀部向后45°。方向下蹲,上体保持直立。

动作变化:并腿半蹲、迈步半蹲、迈步转体半蹲。

②弓步

动作描述:两脚前后分开,平行站立,下蹲。

技术要点:半蹲时,后腿膝关节向下,大腿垂直于地面;重心在两脚之间,前腿膝关节弯曲不能超过90°,膝关节不能超过脚尖。

动作变化:原地前后弓步、原地左右弓步、转体弓步。

③移动重心

动作描述:由两腿开立为初始动作,两腿屈膝下蹲之后,身体向右侧移动重心,然后两腿伸直,右脚全脚掌着地,右腿脚尖点地。

技术要点:身体重心的移动要保持平稳。

动作变化:左右移重心、前后移重心。

2)无冲击力步伐组合训练

无冲击力步伐组合由一些简单无冲击力步伐组编而成,其中包括膝关节弹动、踝关节弹动、半蹲、弓步、迈步移重心等步伐。整个组合由8个8拍组成,分为左右两个方向完成动作,右边完成4个8拍之后,再完成左边4个8拍,动作左右对称,方向相反。这个组合简单易学,是在无冲击力步伐的基础上,加上手臂的多种形式变化以及身体不同方向的变化组合而成的。能够使上下肢得到基本的锻炼,提高关节的灵活性和上下肢的协调性,反复练习还能够达到基本的热身效果。这个组合适合刚刚参加健美操锻炼的人群,是进入基本步伐组合的一个基础练习。

2.低冲击力步伐及其组合训练

1)低冲击力步伐概念及分类

低冲击力步伐动作是指在做动作时一脚着地,另一脚离地的动作。低冲击力步伐动作是目前健美操编排运用最多的动作类型。主要有踏步类、点地类、迈步类和抬腿类四种类型。

(1)踏步类

动作描述:此类动作两脚依次抬起,在下落时膝、踝关节有弹性地缓冲。

技术要点:注意两腿的相对位置以及脚尖膝盖的朝向,做动作时注意膝关节、踝关节有弹性地缓冲。另外,根据动作的需要,躯干部分要有适当的起伏变化,与基本步伐协调。

①踏步

动作描述:两腿原地依次抬起,依次落地。

技术要点:下落时,踝、膝、髋关节依次有弹性地缓冲。

动作变化:踏步转体、踏步分腿、踏步并腿、弹动踏步。

②走步

动作描述:迈步向前走时,脚跟先落地,过渡到全脚掌;向后走时则相反。

技术要点:落地时,踝、膝关节有弹性地缓冲。

动作变化:向前向后走步、向侧前和侧后走步、向左右转体或弧线走步。

③一字步

动作描述:一脚向前一步,另一脚并于前脚,然后依次还原。

技术要点:向前迈步时,脚跟先着地,过渡到全脚掌;前后均要有并腿过程;每一拍动作膝关节始终有弹性地缓冲。

动作变化:向前向后一字步、转体一字步。

④"V"字步

动作描述:一脚向前侧方迈一步,另一脚随之向另一方迈一步,两脚开立,屈膝,然后依次退回原位。

技术要点:两腿膝、踝关节始终保持弹动状态,分开后成分腿半蹲,重心在两腿之间。

动作变化:倒"V"字步、转体"V"字步、跳的"V"字步。

⑤漫步

动作描述:一脚向前迈出,屈膝,重心随之前移,另一脚稍抬起,然后原地落下;或向后撤一步,重心后移,另一脚稍抬起,然后原地落下。

技术要点:两脚始终保持交替落地,身体重心随动作前后移动,但始终在两脚之间。

动作变化:转体漫步、跳的漫步。

(2)点地类

动作描述:此类动作两腿有弹性地屈伸,点地时,一腿屈膝,另一腿伸直。

技术要点:整个动作过程中,膝盖要有弹性地屈伸,包括动作完毕时,两腿膝盖也应处于微屈状态,而不应过分伸直,从而破坏健美操特有的弹性。

动作变化:前点地、侧点地、后点地。

①脚尖点地

动作描述:一腿稍屈膝站立,另一腿伸出,脚尖点地,然后还原到并腿姿势。

技术要点:支撑腿始终保持屈膝站立,且随动作有弹性地屈伸。

动作变化:脚尖前点地、脚尖侧点地、脚尖后点地。

②脚跟点地

动作描述:一腿稍屈膝站立,另一腿伸出,脚跟点地,然后还原到并腿姿势。

技术要点:支撑腿始终保持屈膝站立,并且随动作有弹性地屈伸。动作始终保持高度的弹性和节奏感。

动作变化:脚跟前点地、脚跟侧点地。

(3)迈步类

动作描述：一条腿迈出一步，重心移到这条腿上，另一条腿用脚跟、脚尖点地或吸腿、屈腿、踢腿等，然后向另一个方向迈步。

技术要点：注意重心之间的转换和跟进。

①并步

动作描述：一脚迈出，另一脚随之并拢屈膝点地，再向反方向迈步。

技术要点：两膝保持弹动，动作幅度和力度依动作风格而定。

动作变化：左右并步、前后并步、向两侧并步、转体并步。

②迈步点地

动作描述：一脚向侧迈一步，两脚经屈膝移重心，另一腿在前、侧或后用脚尖或脚跟点地。

技术要点：两腿有弹性地屈伸，重心移动轨迹呈弧形，上体不要扭转。

动作变化：左右迈步点地、前后迈步点地、迈步转体点地。

③迈步后屈腿

动作描述：一脚迈出一步，另一腿后屈，然后向相反方向迈步。

技术要点：经过屈膝半蹲，支撑腿稍屈膝，后屈腿的脚跟靠近臀部。

动作变化：侧迈步后屈腿、前后移动后屈腿、转体后屈腿。

④迈步吸腿

动作描述：一脚迈出一步，另一腿屈膝抬起，然后向反方向迈步。

技术要点：经过屈膝半蹲，还原时支撑腿稍屈膝。

动作变化：向前迈步吸腿、向侧迈步吸腿、向侧前迈步吸腿、转体吸腿。

⑤侧交叉步

动作描述：一脚向侧迈一步，另一脚在其后交叉，随之再向侧迈一步，另一脚并拢，屈膝点地。

技术要点：第一步脚跟先落地，身体重心快速随着脚步而移动，保持膝、踝关节的弹动。

动作变化：左右交叉步、转体交叉步。

(4)抬腿类

动作描述：一腿站立，另一腿抬起。

技术要点：这一类动作要求支撑腿有控制地屈膝弹动，另一腿以各种形式抬起，同时收腹、立腰。

①吸腿

动作描述：一腿屈膝抬起，落下还原。

技术要点：支撑腿保持屈膝弹动，大腿上抬至水平，小腿自然下垂，绷脚尖，上体保持正直。

动作变化：向前吸腿、向侧吸腿、向侧前吸腿、转体吸腿。

②踢腿

动作描述：一腿稍屈膝站立，另一腿抬起，然后还原。

技术要点:抬起腿要有控制,保持上体正直。主力脚脚跟不能离地,膝关节微屈缓冲。踢腿的幅度因人而异,避免受伤。

动作变化:前踢、侧踢。

③摆腿

动作描述:一腿稍屈膝站立,另一腿做摆动,然后还原成并步。

技术要点:摆腿时上体顺势前倾、后倒或侧倾。主力腿屈膝缓冲,摆动腿抬起时幅度不要过大且要有控制。

动作变化:向前摆腿、向侧摆腿。

④弹踢

动作描述:一腿站立(跳起),另一腿先向后屈,再向前下方弹踢,还原。

技术要点:腿弹出时要有控制,两膝盖紧靠,弹踢腿,脚尖伸直保持上体正直。

动作变化:向前弹踢、向侧弹踢、转体弹踢、移动弹踢。

2)低冲击力步伐组合训练

低冲击力步伐组合是在低冲击力步伐的基础上,配以上肢动作的变化和身体姿态的变化组编而成的。低冲击力步伐是健美操基本步伐中内容很丰富的一种,在此我们创编了两个低冲击力步伐组合作为动作素材以供学生参考。第一个组合主要由踏步类和点地类组成,第二个组合主要由迈步类和单脚抬起类组成。同样每个组合都是由8个8拍组成,分为左右两个方向完成动作,右边完成4个8拍之后,再完成左边4个8拍,动作左右对称,方向相反。低冲击力步伐组合相对无冲击力步伐组合而言,动作对地面的冲击力加大,动作强度和动作复杂程度也进一步加强。通过低冲击力步伐组合的练习,能够进一步熟悉和巩固健美操的基本步伐,同时也能够激发练习者的锻炼兴趣,提高身体的协调性和节奏感。

3.高冲击力步伐及其组合训练

高冲击力步伐动作是指在做动作时,两脚都离地的动作,即为平常所说的跳类动作。主要包括单脚起跳、两脚起跳、迈步起跳和跑步四大类。

1)单脚起跳类

动作描述:此类动作是指先抬起一腿,另一腿跳起的动作。

①吸腿跳

动作描述:一腿屈膝抬起,落下还原,另一腿离开地面,向上跳起。

技术要点:支撑腿保持屈膝弹动,大腿上抬至水平,上体保持正直,注意身体的稳定性。

动作变化:向前吸腿跳、向侧吸腿跳、向前侧吸腿跳、转体吸腿跳。

②屈腿跳

动作描述:一腿站立(跳起),另一腿向后屈膝,放下腿还原。

技术要点:支撑腿保持弹性,两膝并拢,脚跟靠近臀部。屈膝腿膝关节不宜超过支撑腿膝关节,落地时注意缓冲。

动作变化:左右依次后屈腿跳、转体后屈腿跳。

③弹踢腿跳

动作描述：两腿起跳，单腿落地，另一腿小腿后屈，然后小腿前踢伸直。

技术要点：两脚落地的过程，弹踢腿脚尖伸直，上体保持正直。

动作变化：向前弹踢腿跳、向侧弹踢腿跳、转体弹踢腿跳、移动弹踢腿跳。

④摆腿跳

动作描述：一腿自然摆动，另一腿向上跳起，落地时两腿屈膝缓冲。

技术要点：保持上体正直，主力腿屈膝缓冲，摆动腿抬起时幅度不要过大且要有控制。

动作变化：向前摆腿、向侧摆腿。

2）两脚起跳类

动作描述：这类动作是指两脚起跳、两脚落地的动作。两腿的动作基本一致，两脚需要腾起一定高度，落地时注意屈膝缓冲。

①并腿跳

动作描述：两腿并拢同时跳起，屈膝，然后落地缓冲。

技术要点：起跳时，两脚同时用力，落地缓冲有控制。

动作变化：向前并腿跳、向后并腿跳、向侧并腿跳。

②开合跳

动作描述：由并腿跳起，分腿落地，再由分腿跳起，并腿落地。

技术要点：分腿屈膝蹲时，两脚自然外开，膝关节沿脚尖方向屈，夹角不小于90°，膝关节有弹性地缓冲，脚跟落地。

动作变化：原地开合跳、转体开合跳。

③弓步跳

动作描述：并腿向上跳起，前后成分腿姿势落地，接着再向上跳起，并腿落地。

技术要点：落地时，膝关节有弹性地缓冲，分腿落地时双脚的脚尖都朝前方，并且基本在一条直线上。

动作变化：左右弓步跳、前后弓步跳、侧弓步跳。

3）迈步起跳类

①并步跳

动作描述：以右脚起步为例。右脚迈出，随之蹬地跳起，左脚并右脚，并腿落地。

技术要点：身体重心随身体迅速移动，落地时注意缓冲。

动作变化：向前并步跳、向后并步跳、向侧并步跳。

②迈步吸腿跳

动作描述：右脚向前迈出一步，之后身体重心跟进，同时左腿抬起，抬起至90°时，两脚起跳。

技术要点：跳起时，上体保持正直，收腹立腰。

动作变化：向前迈步吸腿、向侧迈步吸腿。

③迈步后屈腿跳

动作描述：一腿侧迈一步，另一腿向后屈膝，同时两腿起跳，缓冲落地。

技术要点：两腿跳起时，屈膝腿脚尖绷直，落地时，两腿膝关节微屈，不宜伸直。

动作变化：向前迈步后吸腿、向侧迈步后吸腿。

4）跑步类

动作描述：两腿腾空，依次落地缓冲，两臂屈肘摆臂。落地屈膝缓冲，脚跟尽量落地。

①后踢腿跑

动作描述：两脚依次经过腾空后，一脚落地缓冲，另一腿小腿后屈，两臂配合下肢前后摆动。

技术要点：膝、踝关节有弹动地缓冲，落地时由前脚掌着地。

动作变化：原地跑、向前跑、向后跑、弧线跑、转体跑。

②小马跳

动作描述：以右脚起步为例。左脚蹬地跳起，同时右脚向侧迈步落地，随之左脚并右脚点地，随后反方向做一次，动作相同，方向相反。

技术要点：两脚轻松蹬地，身体重心随之平稳移动，注意膝、踝的弹动。

动作变化：原地小马跳、向前小马跳、向侧小马跳、向后小马跳、转体小马跳。

14.3　学习要求

1.基本技术练习

健美操的基本技术是融体操、舞蹈、音乐为一体，经过再创造，按照全面发展身体的要求，组编成操，在音乐伴奏下，达到增进健康、培养正确体态、塑造美的形体的目的。在健美操运动中，基本技术动作是掌握健美操运动的基础，动作相对比较简单，易于初学者练习和掌握。健美操的基本技术包括弹动技术、落地缓冲技术、半蹲技术和身体控制技术，所有这些基本技术的练习都是为了保证在健美操运动中的安全性。

2.套路创编练习

创编普通高校大学生的健美操，目的是增强体质、培养外在形体美和内在气质、精神。创编要以现代艺术理解为基础，根据练习者的身体结构特点、人体活动规律和活动对身体影响的效果，以及创编者对美的认识来进行。因此，人体解剖学、运动生理学、运动心理学、运动医学、人体美学、音乐基础、舞蹈、体操、绘画等都是创编健美操的必备知识。不同水平的创编者可运用不同的方法进行创编，如整体法、分解法、叠加法、递进法、移植法等，以及具体部位的创编方法。健美操技术的创编是我们在进行该项运动项目时不可缺少的一个重要环节。

3. 身体素质练习

身体素质是指人体在体育活动中所表现出的各种机能能力。身体素质训练主要是为提高各种身体素质,改善中枢神经系统及内脏器官的机能,使之承受大运动负荷的训练,保持良好的竞技状态,并延长运动寿命,防止伤害事故发生,从而达到强身健体、提高运动成绩的目的。竞技健美操运动的身体素质训练的内容包括力量、柔韧、速度、耐力、协调性等训练。竞技健美操运动对身体素质要求很高,身体素质的好坏直接影响成绩的高低,故必须花大力气扎实地训练。因此对于健美操运动员来说,身体素质是提高技术能力的前提和保证,而良好的身体素质是保证难度动作质量及完成成套动作的基础。

4. 心理素质训练

竞技健美操不仅是一项竞技项目,也是一门艺术表演。但是对于运动员来说,比赛不仅是一项技能挑战,也是一项心理挑战。运动员往往会在比赛中由于心理状态、个性特征以及环境等因素,影响到比赛的成绩,因此,对运动员进行心理素质的培养是至关重要的。常见的健美操运动员心理素质的训练方法有自我暗示训练、意志力训练、抗干扰训练、表象训练及模拟训练等。

14.4 测试内容与考核

测试内容与分值:①基本技术运用(70分)。②课堂参与情况(30分)。③健美操考核最终成绩为每学期基本技术运用和课堂参与情况的综合成绩。

14.4.1 技能考核内容(70%)

第一学期:基本步伐组合、《国家锻炼标准一级》成套动作。

第二学期:《国家锻炼标准二级》成套动作。

第三学期:拉丁健美操、五级操任选一套参加考核。

第四学期:6~8人编成一组,由组长带领全组人员共同创编一套健美操。

健美操技能考核方法与标准如表14.1所示。

表14.1 健美操技能考核方法与标准

分数	评分标准
90~100分	1.动作准确熟练 2.动作幅度较大、有力度 3.协调、优美 4.表现力强 5.动作完成好 6.质量较好,稍有错误

续表

分数	评分标准
80~89分	1.动作基本准确熟练 2.动作幅度大,有力度 3.较协调优美,有一定表现力 4.节奏感较好 5.动作能完成 6.有明显错误
70~79分	1.不够熟练,有明显错误 2.个别幅度较小,力度稍差 3.不够协调 4.表现力一般 5.不明显,失去节奏 6.能完成,有严重错误
60~69分	1.熟练性差,有严重错误 2.部分动作幅度小,动作松懈 3.不够协调 4.表现力差 5.明显失去节奏 6.动作不能完成
60分以下	1.动作严重错误,不能完成 2.无力度 3.不协调 4.无表现力 5.大部分失去节奏

说明:音乐伴奏下完成成套动作,以动作的准确性、力度、节奏、熟练性等评分。

14.4.2 课堂参与考核办法(30%)

(1)课堂内的学习态度、学习过程的表现。(10%)

(2)课堂外的努力结果在课堂内体现技术、技能的进步程度。(5%)

(3)考勤缺课达三次以上(含三次)不能参加考试。缺课一次扣5分。(15%)

15
定向运动

定向运动可以解释为一项由人们凭借地图、指北针和自身对实际地形地物的判断力，穿梭于地图所标记的实际地形中，按照要求逐一到达若干个在地图上标记的实际检查点，并争取在尽可能短的时间内准确有序地完成比赛的运动。

15.1 定向运动概述

15.1.1 高校开展定向运动的特点及价值

1.提高学生的综合素质

定向运动是一项具有健身性、知识性、趣味性和教育性等多方面特点的体育项目。经常从事定向运动不仅能锻炼身体素质,而且对开发学生形象思维能力、空间判断能力、独立自主能力都有很大的促进作用。在高校开展定向运动越来越被广大学生所认可和喜爱,定向运动在高校发挥的作用主要有以下几点:

①提高学生身体素质。

②使学校体育的空间得到扩展。

③有利于提高学生的独立能力。

2.有利于深化学校国防教育工作

①有利于增强学生的国防素质。

②有助于提高学生学习军事课程的兴趣。

15.1.2 定向运动发展史

19世纪末,"定向"或"方位"一词萌生于瑞典的军队中。当时的定向是一个军事术语——依靠地图和指北针穿越陌生区域。由于北欧地区位于高纬度针叶林地区,森林中湖泊、沼泽、山地、冰川、农舍等星罗棋布,在这样复杂的地形中,安全地穿越就显得尤为重要,定向也就成为当时军队在斯堪的纳维亚半岛广袤的林地里的重要军事训练内容。

定向运动由军营走向社会始于20世纪初,斯德哥尔摩业余运动协会主席,瑞典童子军领袖基兰德少校尝试把军事定向演变成一种大众化 的娱乐形式。1918年,他在离斯德哥尔摩南部不远的小镇上组织了一场名为"寻宝游戏"的大型定向比赛。

1999年,为了庆祝奥斯陆古堡500周年,挪威国家电视台对在古堡中 举行的一场世界公园定向组织的定向赛事进行了全程直播。

2001年,第19届世界定向越野锦标赛在芬兰举行。在比赛中芬兰国家电视台首次对野外的定向越野赛事使用卫星电视进行全程直播,同时第一次使用GPS跟踪运动员的运动轨迹,使芬兰观众不用到赛场,只需要在家中就能看到比赛的盛况。

1979年,香港定向运动爱好者在各界人士的支持下成立了香港野外定向总会。

在许多其他国家和地区,定向运动最初的发展,往往随着一些欧洲优秀定向人群临时性或长期性地移居该国或地区,而以一种全新的体育运动形式从欧洲传播开来,北美地区、澳大利亚就是如此。而中国定向运动的开始和发展似乎在重复国际定向运动的历史——首先是从军队开始这项运动的。

1984年,通过香港野外定向总会,国际定联与广州定向运动爱好者建立联系,提供了有关国际定向运动规则或规范等方面的资料。

1984年,原国家体委派出由原北京体育学院大学生组成的中国大学生定向运动代表团,参加在瑞典举行的第4届世界大学生定向越野锦标赛。

1985年,IOF派瑞典定向运动教练白山保、索伦、斯蒂芬三人来广州介绍定向运动,让内地开始有机会直接了解定向运动。

1992年,中国成为国际定联成员国。

1993年,国家教委(现教育部)在北京化工学院举办全国高等院校定向运动教练员培训班。

1994年,首届全国定向运动锦标赛在北京怀柔举行。教育系统在定向运动的推广中发挥了重要作用。

1994年,中国大学生国防体育协会在吉林市成立,同时举行了首届中国大学生国防体育节暨定向越野锦标赛。

1998年,教育部在湖南大学成立中国大学生定向运动培训中心,作为全国性的定向运动教练员培训基地。

定向越野是一项智力与体力相结合的运动,考验人们在不同环境压力下作出对路线正确的判断和果断的决策及应变能力,年龄限制小、对场地要求不高、参与性强等特点使其以体育项目的形式走进了大学体育课堂并蓬勃开展起来。

15.2 定向运动常识

15.2.1 定向运动常识

1.定向运动简介

①定向运动通常在森林、郊外和城市公园里进行,也可以在大学校园里进行。

一条标准的定向路线包括一个起点(用三角表示)、一个终点(用双圆圈表示)和一系列点标(用单圆圈表示)。这些点标已在地图上用数字标明(有时起点和终点可以重合),如图15.1所示。

②在实际地形中,一个橘黄色和白色相间的点标旗标志着运动员应该找到的点位置,如图15.2所示。

为了证实自己到访,运动员必须在到达的每一个点标处使用打卡器打卡,且不同的打卡器打出不同的针孔,如图15.3所示。目前,电子打卡系统已被广泛使用,它不仅能证实运动员是否按顺序正确到场,还能记录到场时间,如图15.4所示。

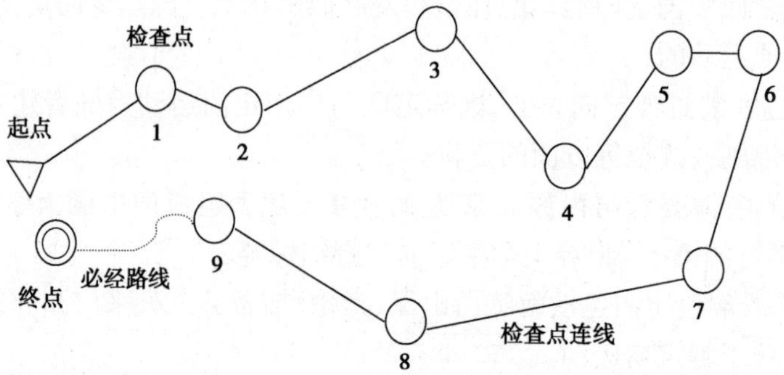

图 15.1　定向路线图

图 15.2　目标位置

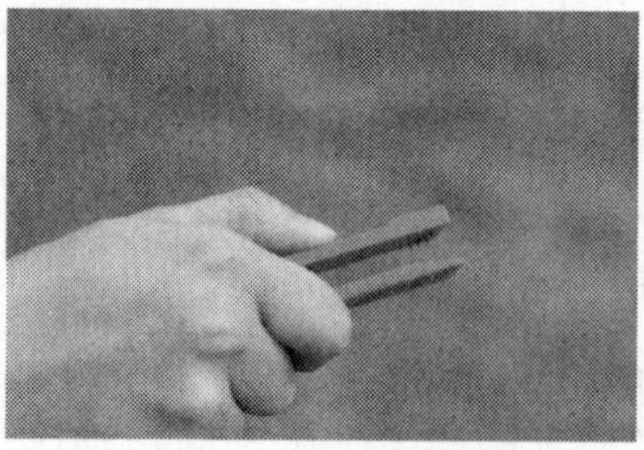

图 15.3　机械打卡器

图 15.4　电子打卡器

③点标与点标之间的路线并不指定或固定。运动员应该独立作出选择,凭借自己的能力选择路线并借助地图和指北针在森林和公园等比赛地点辨明方向,以最快速度按顺序到达目的地便是定向运动的精髓所在。

2. 定向运动分类

1)线型定向赛

线型定向赛为野外定向的主要类型。运动员依靠赛会提供的地图(地图上标注有若干点位及方向线),依照规定的次序,逐一到访全部控制点后,跑向指定终点。

2)积分型定向赛

积分型定向赛也称积分赛。在实际比赛范围内设有很多检查点,每个检查点依照离起点的距离或地形的复杂程度分别被赋予不同的分值。运动员必须在限定的时间内,凭技术、经验和体能夺取尽可能多的分数,而超过限定时间到达终点的运动员则扣除一定的分数。运动员无须依次到访各个检查点,成绩以积分最高者为优胜,如有同分者则以时间最短者为优胜。

3)接力型定向赛

接力型定向赛通常 3～4 人一队,比赛路线分为若干段,每名队员完成其中一段后尽快返回接力区。全队队员时间总和为该队总成绩,以时间最短完成全部赛程者为优胜。

4)团队型定向赛

团队型定向赛通常是 3～8 人一队,以团队协作为基础的比赛形式。一般团队赛的检查点分为两类：一类是要求本队所有成员必须按顺序到访的必经点，另一类是要求至少有一名成员到访的自由点（没有顺序要求）。团队一般会在出发后进行分点，自行按照每个成员的特点分配自由点，每个成员各司其职，以本队最后一名到达终点的成员的成绩作为整个团队的成绩。

目前，在高校校园里最流行的是百米定向和校园越野定向，如图15.5、图15.6所示。

图15.5　百米定向

图15.6　校园越野定向

15.2.2　定向地图

地形图是将实地地形按一定的数学法则和规定，并经过综合取舍后描绘在一张平面图纸上。了解地形图的基本知识，有利于我们读懂定向地图，有利于掌握定向越野的基本技能。

1.定向地图概述

定向地图是地形图的一种，是根据国际定向联合会制定的《国际定向运动图制图规范》绘制成的地图。定向地图与其他地图相比，是一种更为清晰、易读，更适合在野外行进中使用的专用地图，如图15.7所示。

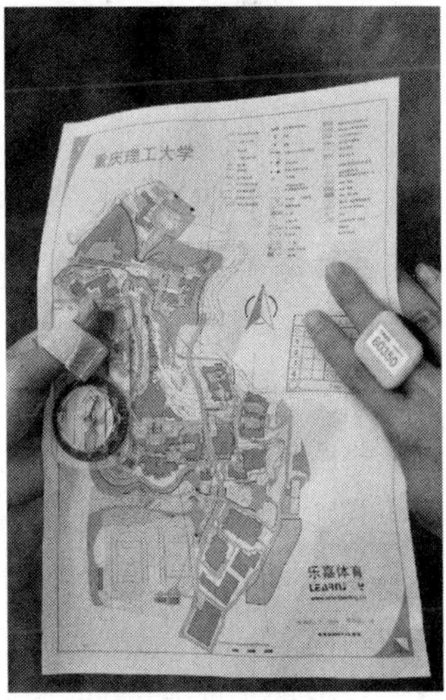

图15.7　定向地图

定向地图具有以下特点：

1）内容与定向运动相关

标有一条连接起终点和各检查点的路线；根据需要确定地 图范围；图的大小适合运动员携带等。

2）地图符号国际通用

采用国际定向联合会制定的《国际定向运动图制图规范》规定的地图符号；一般情况下，无诸如地名等内容的图内注记；正规的比赛用图标有检查点说明表。

3）多种地图颜色

根据通行状况区分不同地图颜色，各种颜色表示各种地形，如黑色表示岩石特征，蓝色表示水体特征等。可多达6～7种颜色，而普通地形图仅4种颜色。

4)较大比例尺和特定磁北线

标准定向地图采用1∶15 000和1∶10 000地图比例尺。一些公园图采用1∶5 000甚至更大比例尺,地图上标有由南向北的磁北线,磁北线间隔通常为250米或500米。

5)有一定特色图廓注记

包括图名、比例尺、等高距、赛会名称、会标,以及修测时间、公益性广告、赞助商广告等。

6)其他特点

定向地图的印刷质量和纸质类型等。

2.定向地图符号

定向地图符号,即图例符号,是一种全球通用的定向专用地图语言。识别和理解定向地图符号,对于正确地使用定向地图是十分必要的,如图15.8所示。

定向地图符号与普通地形图符号的要求一样,需完整而详细地表示地貌、水系、建筑物、道路、植被和境界,即地图的六大要素。

3.地图比例尺和地物符号

1)地图比例尺

地图比例尺是地图最重要的参数之一。要想学会识别、使用定向地图,首先应懂得地图比例尺。

①比例尺的概念:地图上某线段的长度与相应实地的水平距离之比,称为地图比例尺。

$$\text{地图比例尺}=\frac{\text{图上距离}}{\text{实地垂直投影距离}}$$

②定向地图比例尺的常用形式有以下两类:

数字标注形式:直接在地图显要位置标注出“比例尺:1∶10 000”等字样。

图示标注形式:在图上某一合适位置,画出磁北线的间隔标尺,并注上实地距离数。

③比例尺的特点:地图比例尺本身是一种没有单位的比值,但相比的两个数值的单位必须相同,单位不同不能成比。比例尺的大小是按比值的大小衡量的。通常分子取值为1,比值的大小可按比例尺分母来确定,分母小则

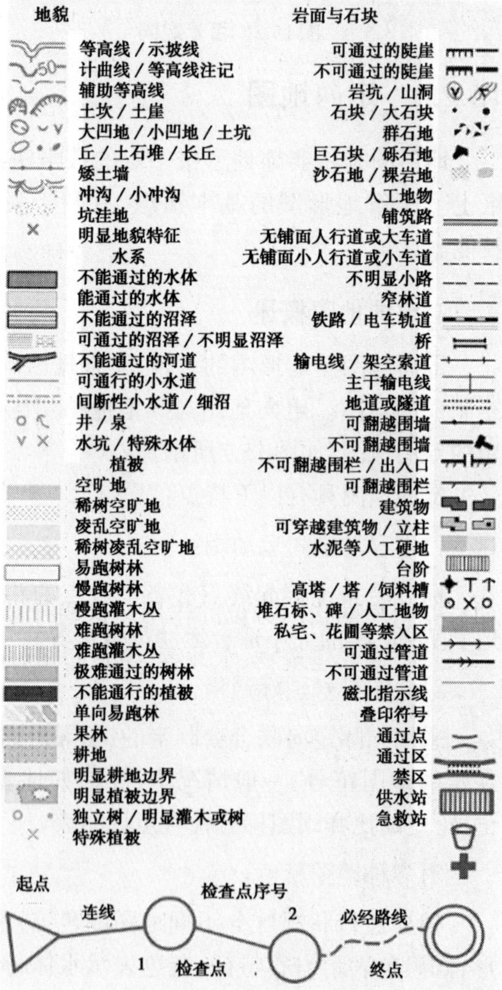

图15.8　定向地图符号

比值大，比例尺就大；分母大则比值小，比例尺就小。如1∶5 000大于1∶10 000，1∶15 000小于1∶10 000等。一张定向地图，当图幅面积一定时，比例尺越大，图幅包括的实地范围就越小，图上显示的内容就越详细；比例尺越小，图幅包括的实地范围就越大，图上显示的内容就越简略。比例尺越大，图上量测的精度越高；比例尺越小，图的精度越低。

④图上距离的量算：

直尺量读法：用直尺在图上量出两点之间的距离，根据所给定的该地图的比例尺，计算出实地距离。这种用直尺量算的方法，具有较高的精确程度，不易出错，能帮助人们对图上距离进行正确的判断，是定向初学者常用的方法。

估算法：估算法也称心算法，在定向越野中具有实用价值。要掌握估算法，需要具备较精确的目估图上距离的能力。在图上能够辨别0.5毫米以上尺寸的差异，如某两点间的准确距离为100米，目估出的距离应为90～110米。

图上距离量算应注意的问题：从定向地图上量得的距离，不论是直线还是曲线距离，都是两点间的水平距离。如果实地的地形较平坦，图上所量算的距离接近于实地水平距离；如果实地两点间的地形有起伏，则两点间的实际距离大于图上量算的水平距离，实际距离则是根据两点间地形起伏的程度大于或等于两点间的水平距离。因此，在计算行进里程时，必须根据地形的起伏状况进行具体分析，将图上量算的距离加上适当修正数。

2）地物符号

地物是指分布在地球表面的固定性物体，地物既有天然的，也有人工的。识别和理解地物符号是解读地图的主要内容。

面状符号：面状符号也称区域符号，这类符号相对应的实地物的面积通常较大，包括树林、湖泊、宽河、淤泥地、建筑群等。面状符号是依照比例尺描绘的，以轮廓符号来表示。

线状符号：线状符号包括小河、公路、铁路、窄林道、石垣等。线状符号的长度是将相对应的地物依比例尺缩绘在图上，宽度则没有依比例尺表示，因此线状符号又被称为半依比例尺表示的符号，如中国地图上的长江、黄河。

点状符号：这类符号相对应的地物在实地的面积或体积通常较小，但它们的外形或功能却具有明显的指示方位的作用。这些符号是运动员在行进中的重要参照物。例如，独立树木、石块、塔形建筑物、水井等，与它们相对应的地物由于超过了比例尺量化的精度所以不依比例尺描绘，只用图案或点状符号表示。点状符号的本身并不指明地物的大小或其所占有的面积，因此不能进行量算。点状符号又被称为不依比例尺表示的符号，如世界地图中的重庆市。

4.等高线

还有一类线状符号在定向地图里面是虚拟的，但是却十分重要，那就是等高线。等高线是高度相等的各点连接成的闭合的曲线。相邻两个平面之间的垂直距离或相邻两条等高线之间的垂直距离称为等高距，如图15.9所示。

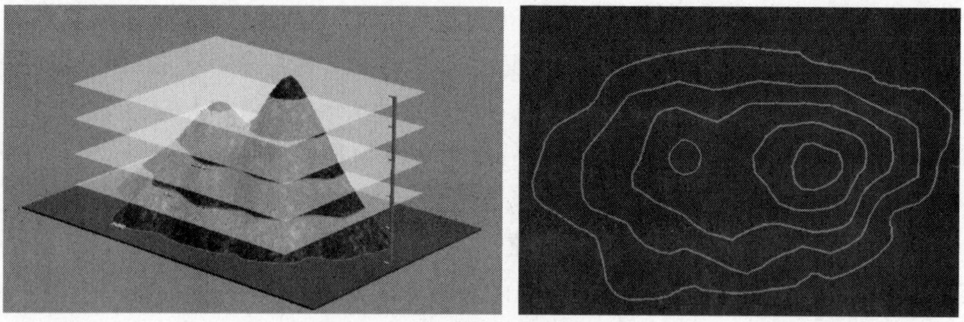

图15.9　等高线及等高距示例

等高线表述地貌特征主要有以下几点：

等高性：同一条等高线上的各点高度相等。

密陡稀缓：在同一等高距地图上，相邻等高线越密，坡度越大(陡)；相邻等高线越稀，坡度越小(缓)。

相似性：等高线的弯曲形状与实际地形中同一高度的地貌分布相似。

正交性：等高线与山脊线、山谷线正交。

15.2.3　指北针

指北针是定向运动最重要的仪器，是找到正确方向最有用的工具。它是定向运动可使用的唯一合法器材。指北针发明于中国，前身是司南。在定向运动中，指北针应水平放置，此时红色的指针永远指北，如图15.10所示。

图15.10　指北针

1)标定地图的方法

将地图与指北针呈水平状态放置，转动地图直到地图上的磁北线与指北针红色指针平行且指向一致，地图即被标定。

2)用指北针确定行进间的方法

把指北针套在左手大拇指水平放在地图上。将指北针上右侧的蓝色箭头从所在的位置指向要行进的位置。然后水平转动指北针和地图(地图和指北针保持相对不动，身体随之转动)，直至指北针上红色的指针与地图上表示南北方向的红线平行。这时指北针上蓝色箭头所指的方向就是要行进的正确方向。

15.2.4　路线选择

路线选择就是指从一个地方出发到另一个地方前，运动员根据自身能力对两个检查点之间的行进路线作出的最佳路线选择，选择最适合自身特点且兼顾安全、迅速、节省体能等因素的实际经过路线。要考虑所选路线的难度及安全性，选择体力消耗少及能最快到达又有明确标志参考的路线。

1.路线

两点之间的最短距离是直线，但直线并不总是最佳选择，应根据实际情况避开高山、河流等障碍来选择更切实际的路线。一般用连续的短箭头表示。

2.速度

在选择一条快捷路线时，并不仅仅是避开爬高山的问题，还必须考虑是否能走公路、小径、草地或其他容易的地形，以提高速度。在不同的地形上，人的行进速度不同。表15.1粗略地指出了在不同的地形上，行进每公里所需的分钟数。数据表明，走丘陵、树林的时间，可能比绕道公路的2倍还多。

表15.1　不同路线所用时间参照表　　单位：分钟

	公路	草地	森林	丘陵丛林
行走	10	15	20	25
慢跑	4	6	8	12
快跑	2	4	6	8

3.选择线形地貌特征

选择路线时，最便捷的方法莫过于沿线形地貌(也称栏杆地貌)走。它们可能是公路、小径、输电线、田野边界、湖滨、溪流等。但通向目的地的路上并不是线形地貌，所以必须利用其他的实物，选择一些必须经过又有明显特征的地形，这时指北针就能真正体现价值了，如图15.11、图15.12所示。

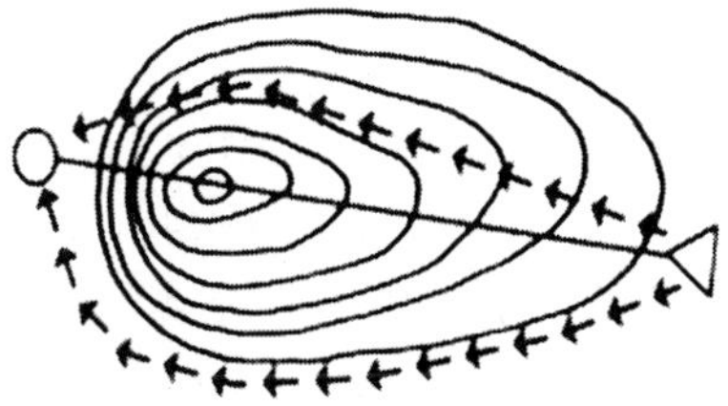

图15.11　线形地貌

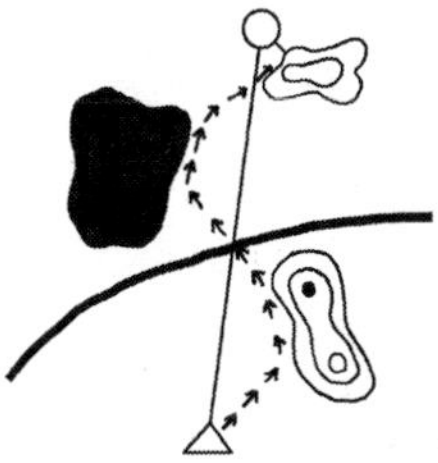

图15.12　线形地貌

4. 选择路线

在图15.13中，标出了三条不同的路线（三角表示起点，圆圈表示终点）。大家会选择哪条路？

关于以上三条路线选择的分析：

路线A：利用小路，会很迅速，但有不确定性。因为很难确切地判断在哪里离开公路，没有明确的安全转折点。

路线B：一段直线道路，看上去很近但是要利用指北针翻越一座陡峭的山，是一种困难的选择，耗费体能而且容易偏离方位。

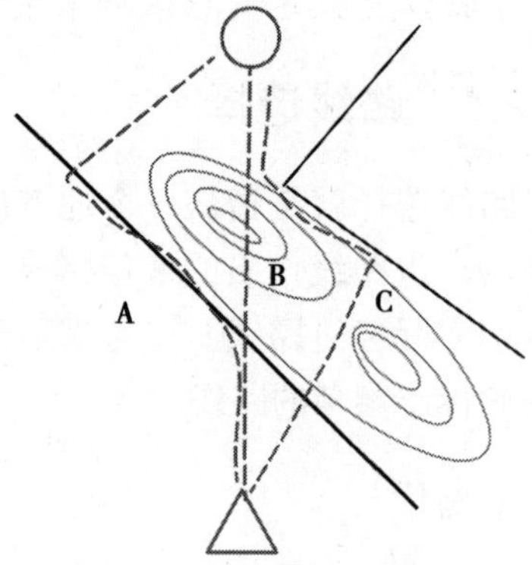

图15.13　选择路线

路线C：或许这是最好的选择，有很好的安全转折点，即穿越两座山峰的鞍部，避免陡峭的山路，遇到小路时向左转弯，再从小路的转弯处开始，只要沿指北针确定的方向行进一小会儿即到达检查点，而且检查点离小路的拐角很近，即使没有找到也可以缩小搜寻范围。

在利用不同特征的地形做安全参照物时，要比沿线形地貌行进更需仔细读图和使用指北针，随着经验的积累，判断不同路线的难度会越来越简单。可以逐步学会如何避开陡峭的山坡或无法穿越的丛林沼泽。

15.3　教学训练技巧

对于高校学生来说，定向越野的练习方法包括体能练习、技能练习和心理练习三个方面。体能练习是指培养学生获得长时间在野外奔跑的能力，同时在跑动中运用不同的技术，以适应各种不同的地形，顺利完成比赛任务。技能练习是指在野外找点过程中路线的选择，检查点的快速捕捉。心理练习是指培养学生良好的品质，热爱定向运动，能独立处理训练和比赛中的各种困难，能够承受挫折，保持乐观的心态。

对于初学者来说，除了个人已有的地形学知识和体能存在差异，其他有关定向越野方面的知识、技术和战术都是空白。初学者在制订训练计划时对相关因素要考虑周全，用时多少要分配适当，突出重点。要做到因人而异，循序渐进。

15.3.1　了解定向越野

1. 观看录像

通过观看录像，了解定向越野比赛的全过程，要知道一位参赛者在比赛的起点、途中、终点都该做哪些事，这些技能就是以后学习中该掌握的东西。

2. 阅读有关定向越野的书籍

通过阅读，了解定向越野的起源、发展、变化、现状，国内外赛事的名称，相关的地形学基础知识，定向越野专用的器材名称等。

15.3.2 识图训练

定向运动的识图训练是对地形图基本知识的一种练习和巩固。通过识图训练，使运动员提高快速读图能力和利用地图判定地形的能力。定向识图训练的方法有以下几种：

1. 对定向运动图地物地貌识别的训练

针对定向运动图的特点，在图上开展作业。掌握定向运动图的地图符号规律和特点，既要学会判定地貌的起伏、高差、坡度和简单的通视度等，又要牢记定向运动图上的特殊符号，即与地形学上不一样的符号。比如实际地形中的大片建筑物，在地图上基本都是直接反应建筑物的轮廓；而实际地形中的高塔，由于垂直投影的面积结合比例尺来说过小，不足以用实际轮廓做表述，则用专用的符号"T"来表示。

对定向运动图地物地貌识别训练可按以下步骤进行：

①通过对图的阅读，理解和记住地图上的各种符号。

②图上作业。在图上根据实际地形独立设计规划越野路线，估算每段路实际距离及各点间的大致方位角等。

③进行记图训练。看几分钟地图，而后凭记忆将越野路线的大致地形进行描述，特别要描述出越野路线的距离和具有明显特征的地物。

2. 检查点说明符号的识别训练

国际定向联合会规定的检查点说明符号对于处于检查点附近的运动员来说作用是非常大的，这样才能在野外寻找目标点时运用自如。一般来说，检查点说明的相关符号是很形象的。对检查点说明符号的识别训练，可采用以下方法：

①浏览全部检查点说明符号，从同类符号中寻找规律，帮助记忆。

②抽测运动员掌握情况，特别是符号相近似的，一定要区分含义。

③多做说明符号的解释练习。

15.3.3 用图训练

用图训练是在野外进行的一种技能训练。根据内容可分为运动中的方向（或标定地图）训练、运动中的站立点和目标点确定训练及图地对照训练等。

1. 运动中的方向训练

训练运动员在野外具有明确的方向感，快速标定地图，可以按以下方法训练：

①利用指北针，在较简单的地形上按方位角进行行进练习，提高学生的方向感和距离感。

②利用太阳与时表判定时间在9:00—16:00之间，按照“时数折半对太阳，12指的是北方”就能较快地判断出大概的方向。

为提高判定的准确性，可在“时数折半”的位置上竖一细针或草棍，并使其阴影通过表盘中心，如图15.14所示。

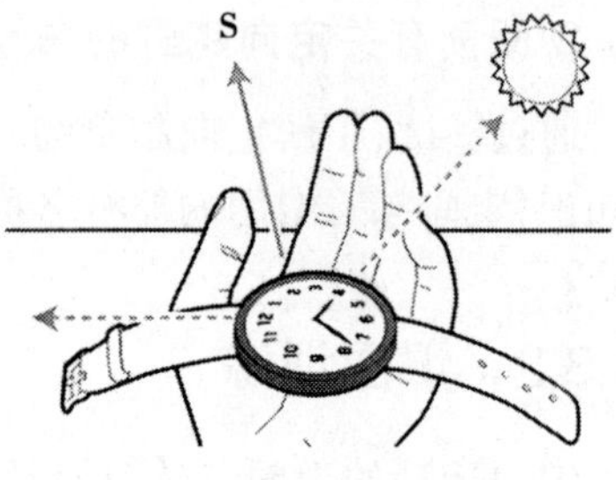

图15.14　时表判定

2.运动中站立点(我在哪)和目标点(要去哪)确定训练及图地对照训练

确定站立点和目标点是定向运动的关键技能，确定站立点、目标点与实地对照是结合在一起的，通常相互配合进行训练。为使运动员尽快地 掌握站立点、目标点的确定，可采用以下方法训练：

①**标图训练法**。在野外发给学生每人一张未标定方向的路线地形图，由老师带领学生一起行进，至特定地点停下，让学生快速标定站立点在图上的位置，反复多次，独立完成，而后由学生讲述各自标绘的越野路线，其他人进行校正。

②**记图训练法**。在起点挂有标绘起点到1号点的路线和地形的地图。学生将该情况熟记，而后至1号点，1号点挂有1号点至2号点的路线及地形的地图，看完后再行进至下一点，以此类推。学生手中不拿地图，跑错了必须跑回前一点位看地图再重新越野至下一点位，以训练学生的记图能力。

③**描绘地形训练法**。将标有定向路线的空图(没有地物地貌符号)发给学生，由老师带领学生前进，学生将行进或越野过程中所遇见的地物地貌，描绘在标有定向路线的空图上，最后与标有定向的地形图相对照，老师讲评。在训练中让学生根据地图去放置检查点。

用图训练中的注意事项：

①用图训练必须根据场地的地形条件和学生的定向技能水平等情况进行，训练中要采取循序 渐进的方法，由易到难，特别是对于初学者来说，要把握让其能够接受的原则，逐渐提高其能力。

②各种方法可以互相交叉进行，但每种方法建议多次练习，即在同一地点同一路线训练两次以上，帮助学生加深印象，特别是在第一次训练中出错的地方，在讨论评讲后复走一次。

③训练用图的现实性不同于比赛用图，有的是以往比赛用的地图，有的是代用图，而且大部分是使用素图或者直接在网络上打印的导航地图。对于地图与实地有差别之处，可以让学生自己去发现、纠正，从而提高使用地图的能力。

④在用图训练中，老师可以在相似的地物地貌处有意识地将点标放偏差，让学生去发现和纠正，锻炼他们的判断能力。但必须安排在学生具有一定技能之后，否则会起到反作用。

15.3.4 体能训练

体能训练不是单独进行的，而是与用图练习同时进行，这里仅用于方法的介绍，真正的练习要靠学习者其他时间完成，贵在坚持不懈。体能训练不可能每一次都到野外去选择不同的地形来练习，在田径场、校园内采用不同的方法练习，也可以达到良好的效果，训练手段与方法的设计必须是针对野外环境而制订的。

1.培养连续跑的能力

这里的连续跑需要的时间很长，一般为1～3小时。在训练初期不作太多要求，只是在公园或类似公园的环境中进行，不考虑速度，只是不停地跑，最低限度是不允许走，但对时间作准确的要求。经过一段时间（指队员能够适应连续跑所规定的长时间）的训练，就可进行下一步训练——速度感、距离的练习。

1）距离上反复跑

比如进行1 500米跑，记录每次跑完的时间并告诉学生，让学生把成绩与跑时的速度进行比较。反复练习，直至学生跑完1 500米后所估计的时间与教练手中秒表所计的时间相差不大，在某时间区域内相对稳定，这样可以锻炼学生对自己速度的感知能力，以及通过时间估算行进距离的能力。

2）定时跑

采用12分钟定时跑，只要学生跑够2 400米，2分钟跑400米，不能快不能慢。记住2分钟400米的速度感觉。先在田径场跑道上完成基础训练，然后带领学生到就近的野外练习，让学生体会地形的起伏和地貌的差异对速度影响的程度。当学生能够根据时间大致确定所跑的距离，那么定时跑训练就可告一段落。

2.培养变速跑的能力

田径长跑比赛中的运动员通常采用变速跑的战术来打乱对手的节奏，从而获得比赛的胜利，也有运动员不采用这种方法，如王军霞的冲刺能力不如别国选手，但她一开始就以较快的速度领跑，始终保持，不给对手机会，直至胜利。定向运动中变速跑是随时都可能出现的。在比赛中不得不多次运用变速跑来捕捉点标，因此在练习中需特别注意变速跑能力的提高。变速跑忽快忽慢，非常消耗体力，对心肺功能要求极高。要练好变速跑，关键在提高心肺功能。开始在田径场上训练时，采用100米快速，100米慢速；最后50米快速，50米慢速。把调整期逐步缩短，使有氧训练和无氧训练有机结合起来，使心肺适应这种快速转换的过程。接下来快慢的距离变化不再有规律。

15.3.5 模拟定向比赛训练

模拟定向比赛训练一般安排在野外定向训练一段时间后进行。通过模拟比赛训练，使学生的定向技能全面得到提高。模拟定向比赛训练既是综合性的定向技能训练,也是对学生定向水平的检测。模拟比赛训练的训练方法和程序可以按一般比赛的程序和要求进行,也可以按平时训练的方式从简组织。模拟定向比赛训练中,学生必须把握以下原则:

1.选准最佳越野路线

最佳越野路线既能减少学生的体力消耗,又能省时,而且能使定向水平得到充分发挥。选择越野路线时必须考虑:

有路不越野:由于在道路上奔跑远比在丛林中越野奔跑的速度快,且不易迷失方向,所以有道路的地区要充分利用道路。

走高不走低:这里的高与低是针对山脊和山谷而言,高处通视度好,易判定方位,越野难度一般也比山谷小,在这种地形上要予以考虑。

遇障提前绕:对河沟水域、峻岭悬崖等障碍,应该在选择路线时全局考虑,以免遇到时绕道行进,走弯路。

就近不就远:在能越野通过,而且离道路较远的地形上,必须权衡利弊,放弃有路不越野的原则,果断越野。

当然,以上原则也要因人而异,如果是穿越能力很强的运动员,可以根据实际情况,权衡得失,计算效率,没有必要盲目遵循以上原则。

2.人在地上走,心在图上移

这是定向运动的首要原则。运动中随时了解自己在地图上的位置,做到每走一步都胸有成竹,便能成功地寻找目标点。

3.充分利用点标说明

检查点标说明对检查点及附近地域的地物、位置都有指示,充分利用能起到快速捕捉检查点的作用。点标说明还能为学生判定站立点位置起一定作用(当然,不需要每个点都采用)。

4.遇到特殊情况要冷静

在野外奔跑,难免会在过程中遇到特殊或出现意外情况,这时学生要非常冷静,妥当处理。如发现自己走错了,就必须采用登高法、回头法等进行处理;如在越野过程中受伤,不能继续参赛,必须设法与就近人员联系,共同采取解决方法。

15.3.6 心理训练

定向越野在训练和比赛中,运动员不仅要消耗巨大的身体能量,还要付出巨大的心理消耗。如果运动员缺乏良好的心理素质,就不能顺利完成训练和比赛任务,更不可能取得优异成绩。因此从某种程度上来说,一个定向运动员心理素质的优劣是其定向运动成功与否的第一要素,比体能、技能都重要。

1.培养优秀的个性特征

有良好个性特征的运动员无论是在训练还是在比赛中，都会有上乘的表现。那些热爱定向运动的队员，在训练中始终能保持精神饱满，情绪积极向上，运动中也就能够承受较大的运动量，能够推迟疲劳出现的时间，在比赛中也相对容易取得好成绩。

2.培养良好的动机

良好的动机是发挥运动员积极性的核心因素。只有在良好动机的支持下才可提高兴趣和能力。鼓励运动员在定向比赛时争取好成绩，但不可把胜负看得太重，使之成为思想包袱和负担，不允许运动员通过不正当手段赢得比赛胜利。要教导运动员相互团结、共同协作，把每次训练或比赛都看作锻炼自己、培养能力的机会，要不断挑战自我，超越自我。通过艰苦的训练能够提高定向运动水平。这种良好的动机主要依靠平时训练中教练的思想教育。

3.培养认真的态度

良好的态度可使运动员对训练比赛有充分的信心和责任感。使运动员始终处在坚定、沉着和充满信心的状态，提供巨大的心理储备。在比赛时遇到不愉快的事，也能耐心处理，不急不躁，不被困难和错误影响心态，照样正常参赛。

4.培养顽强的意志品质

顽强的意志品质在定向训练的比赛中起着巨大作用。克服困难，反败为胜靠的就是它。因此，训练中要有意识、巧妙地安排一些机会来培养运动员的意志品质。如要使运动员树立战胜困难的信心，可从困难少的方面入手，由易到难，逐渐加大难度，使运动员在不断克服困难时，坚定信心，看到自己的力量。教练要以身作则，训练中要认真、坚定，也可使运动员意志品质受到感染。如果教练员朝气蓬勃、勇往直前，困难面前不低头，那么运动员会在遇到训练和比赛中的困难时不妥协、不屈服，坚持完成任务。

15.3.7 注意事项

1.组织模拟定向比赛时要注意的事项

①必须根据运动员掌握的定向技能水平来考虑相对应的地形区域和路线设置，切忌采用难度大的路线，以免人员走丢而影响训练。

②尽可能地考虑运动员综合定向技能的提高，布点的工作由运动员轮流负责，既可减轻教练员的工作，又可提高运动员的技能(准确地设置好检查点，也是提高定向技能的一种训练方法)。

2.运动员参加模拟定向比赛时的注意事项

①出发前，必须保持良好的心理状态，切忌急躁、紧张过度等情绪，任何不稳定情绪都会影响正常水平的发挥，影响比赛成绩。

②准备活动要充分，保持身体适度的活动能力，避免受伤。

③出发取图后，不要盲目跑。首先要注意标定地图，先判定方向、大致路线走向、终点方位等，抓住地形主要特征快速进行图与地的对照，快速选定出发点至1号点的路线。根据判断的大致距离和难易程度分配好自己的体力，快速出发。

④运动途中，要“充分利用别人而不能被别人所利用”，发现对手跟踪要设法摆脱，发现其他运动员行踪时不能盲目跟进，要经判断是正确的才可迅速前进。

⑤捕捉检查点时，要细心而果断。做到接近时速度放慢，以防错过点，离开时要动作利索隐蔽，以防被他人当作目标。打卡时一定要核对点标代号，一旦发觉错点时，不能慌张，重新断定位置捕点。

⑥遇到特殊情况处置要得当，如发现越野路线错了，可以按照所学的知识迅速处置，在比赛中不要轻易怀疑地图出错（训练中地图有可能会出错，而正式比赛用的地图一般不会出错），切莫存侥幸心理、冒险行事，否则后果不堪设想。

⑦由于定向比赛的特殊性，运动员跟自己的直接竞争对手往往不会同时出发，这有别于田径场百米比赛，竞争对手就在身旁。当一个人奔跑时，要随时提醒自己不能松懈，因为对手都在其他批次出发，到了终点不能马上知道自己的名次，等所有运动员抵达终点后也许会发现别人仅比你快一秒钟，这时会非常遗憾。当找点遇到困难时也不要着急，因为别人也会遇到同样的问题。在团体赛或接力赛中，如果一人出现较大失误，会导致全队覆没。所以，必须清楚定向比赛的直接对手就是自己，要把优秀的、坚韧的意志品质贯穿比赛始终，做到紧迫感和平常心并重，才能获得最终的胜利。

16
二十四式太极拳

二十四式太极拳也称简化太极拳，是国家体委（现国家体育总局）于1956年组织太极拳专家汲取杨氏太极拳之精华编制而成的。尽管它只有24个动作，但相比传统的太极拳套路，其内容更精练，动作更规范，充分体现了太极拳的运动特点。

第一组动作示范　　第二组动作示范　　第三组动作示范　　第四组动作示范

16.1 概 述

16.1.1 杨氏太极拳的起源

杨氏太极拳历史悠久，是太极拳的重要流派之一，由河北省邯郸市永年人杨露禅及其子杨班侯、杨健侯，其孙杨少侯、杨澄甫等人发展创编。由于杨氏太极拳姿势开展，平正朴实，练法简易，因此深受广大人民群众喜爱，也开展得最为广泛。杨式太极拳对手眼身法步有严格的要求，练拳和推手，手眼身法步按要求做到正确才能收到良好的效果。目前，国家体育总局正式公布的四十八式、二十四式太极拳，都是由杨式太极拳演化而来的。

16.1.2 杨氏太极拳的风格特点

杨式太极拳拳架舒展优美、身法中正、动作和顺、平正朴实、由松入柔、刚柔相济，一气呵成，犹如湖中泛舟，轻灵沉着兼而有之。因练法简洁，深受大众喜爱，故而流传最广。

杨式太极拳动作要求如长江大河，滔滔不绝；此动作之完成，乃下一动作之开端，绵延相续；心法上要求一气呵成。

16.1.3 练习杨氏太极拳的益处

杨氏太极拳通过改善我们的大脑功能，调节大脑皮层的兴奋和抑制活动，对白领因亚健康产生的神经衰弱、失眠、头晕、头痛、过度疲劳等症状，有着显著的功效。同时，太极拳要求练习者全身放松，使得人体的血管阻力减少，能够加速血液循环，减轻心脏负担。太极拳采用腹式深呼吸，气沉丹田，能够对五脏六腑起到良好的按摩保健作用。

16.2 动作要领与图解

16.2.1 第一组

1.**起式**(图16.1)

①**开步站立**：身体自然直立，两脚开立，与肩同宽，膝关节微微弯曲，脚尖向前；两臂自然下垂，两手放在大腿外侧；目向前平视。

要领：全身放松，头颈正直；排除杂念，精神集中，呼吸自然。

②**提气升掌**：随吸气重心慢慢升高；两臂慢慢向前平举，两手高与肩平，与肩同宽，手心向下。

③**屈膝按掌**:上体保持正直,两腿屈膝下蹲;同时两掌轻轻下按至腹前,两肘下垂与两膝相对;目向前平视。

要领:下蹲时上体要保持正直,不可前俯后仰;手的升降动作与两腿的屈伸、呼吸配合一致;呼吸均匀细长。

图16.1 起式

2.左右野马分鬃

1)野马分鬃一(图16.2)

①**丁步抱球**:上体微向右转,身体重心移至右腿上;同时右臂收在胸前平屈,手心向下,左手经体前向右下划弧放在右手下,手心向上,两手心相对呈抱球状;左脚随即收到右脚内侧,脚尖点地;目视右手。

要领:抱球手离身体约30厘米,双肘不要内夹。

②**转体迈步**:上体微向左转,左脚向左前方迈出,脚跟着地;两手掌微微分开;目视左手。

要领:迈步落脚要轻,重心留在右脚,不要急于前移。

③**弓步分掌**:右脚跟后蹬,右腿自然伸直,左腿前弓,脚掌慢慢踏实,呈左弓步;同时,上体继续向左转,左右手随转体慢慢分别向左上右下分开,左手高与眼平,手心斜向上,肘微屈,右手落在右胯旁,肘也微屈,手心向下,指尖向前;目随左手转视。

要领:分掌和弓步动作同时完成;胸微微内含,双臂保持自然弧形。

图16.2 野马分鬃一

2)野马分鬃二(图16.3)

①**重心后坐**:上体慢慢后坐,身体重心移至右腿,左脚尖翘起;上肢动作保持不变。

要领:重心后坐时,上体保持正直,不要前俯后仰。

②**前移抱球**:左脚尖微向外撇(45°~60°),身体左转,随后右腿蹬伸,左腿慢慢前弓,脚掌慢慢踏实,身体重心慢慢移至左腿;同时左臂收在胸前平屈,掌心翻转向下,右手向左上划弧放在左手下,手臂外旋,掌心上翻,两手心相对呈抱球状;目视左手。

③**丁步收腿**:当重心移至前腿后,右脚慢慢收到左脚内侧,脚尖点地;目视左手。

要领:收腿过程中左腿保持弯曲,身体重心不要升高。成丁步后,右脚虚点地面,重心完全在左脚。

④**斜向进步**:右腿向右前方斜向迈出,脚跟着地;两手掌微微分开;目视右手。

要领:迈步落脚要轻,重心留在左脚,不要急于前移。

⑤**弓步分掌**:左腿自然伸直,右腿前弓呈右弓步;同时上体右转,左右手随转体分别慢慢向左下右上分开,右手高与眼平(手心斜向上),肘微屈,左手落在左胯旁,肘也微屈,手心向下,指尖向前;目随右手转视。

要领:右手分掌动作要和身体右转配合,做到以腰带手。其余同野马分鬃一③。

图16.3 野马分鬃二

3)野马分鬃三(图16.4)

①**重心后坐**:上体慢慢后坐,身体重心移至左腿,右脚尖翘起;上肢动作保持不变。

要领:同野马分鬃二①。

②**前移抱球**:右脚尖微向外撇(45°~60°),身体左转,随后左腿蹬伸,右腿慢慢前弓,脚掌慢慢踏实,身体重心慢慢移至右腿;同时右臂收在胸前平屈,掌心翻转向下,左手向左上划弧放在右手下,手臂外旋,掌心上翻,两手心相对呈抱球状;目视右手。

③**丁步收腿**:当重心移至前腿后,左脚慢慢收到右脚内侧,脚尖点地;目视右手。

要领:同野马分鬃二③。

④**斜向进步**:左腿向右前方斜向迈出,脚跟着地;两手掌微微分开;目视右手。

要领:同野马分鬃二④。

⑤**弓步分掌**:右腿自然伸直,左腿前弓呈左弓步;同时上体左转,左右手随转体分别慢慢向左上右下分开,左手高与眼平(手心斜向上),肘微屈,右手落在右胯旁,肘也微屈,手心向下,指尖向前;目随左手转视。

要领:同野马分鬃二⑤。

完整练习提示:以起式站位的左方为正前方,野马分鬃的三次迈步方向为左右30°,呈之字形路线;迈步动作时,重心不要急于前移,等脚跟着地后再慢慢移动重心;在重心的前后移动中，身体不要前俯后仰，重心不要有太大的起伏。

图 16.4　野马分鬃三

3. 白鹤亮翅(图 16.5)

①**跟步抱球：**上体微向左转，右脚跟进半步；左手翻掌向下，左臂平屈胸前，右手向左上划弧，手心转向上，与左手呈抱球状；目视左手。

②**虚步亮掌：**上体后坐，身体重心移至右腿，上体先向右转，面向右前方，眼看右 手；然后左脚稍向前移，脚尖点地，呈左虚步，同时上体再微向左转，面向前方；两手随转体慢慢向右上左下分开，右手上提停于右额前，手心向左后方，左手落于左胯前，手心向下，指尖向前；目随右手转视。

图 16.5　白鹤亮翅

16.2.2　第二组

1. 左右搂膝拗步

1)搂膝拗步一(图 16.6)

①**转体侧抱：**右手从体前下落，由下向右后上方划弧至右肩外侧，肘微屈，手与耳同高，手心斜向上，左手由左下向上经面部向右下方划弧至右胸前，手心斜向下；同时上体也微向左再向右转；左脚收至右脚内侧，脚尖点地；目视右手。

②**弓步推掌：**左脚向左前迈出，右脚蹬伸，重心前移呈左弓步，上体左转；同时右手屈回由耳侧向前推出，高与鼻尖平，左手向下从左膝前搂过落于左胯旁，指尖向前；目随右手转视。

要领：搂手、推掌动作与重心前移协调一致；上身不要前俯，肘关节微屈；右掌由耳侧向前推出过程中，手腕由直逐渐坐腕，由开始的掌指向前穿变为最后的掌根前推。

图16.6　搂膝拗步一

2)搂膝拗步二(图16.7)

①**重心后坐**:右腿慢慢屈膝,上体后坐,身体重心移至右腿,左脚尖翘起;上肢姿势不变。

②**丁步侧抱**:左脚尖微向外撇,身体左转,随后身体重心移至左腿,右脚收到左脚内侧,脚尖点地;同时左手由左后向上划弧至左肩外侧,肘微屈,手与耳同高,手心斜向上,右手随转体向上、向左下划弧落于胸前,手心斜向下;目视左手。

③**弓步推掌**:右脚向右前迈出,脚跟着地,左脚蹬伸,重心前移呈右弓步,上体右转;同时左手屈回由耳侧向前推出,高与鼻尖平,右手向下从右膝前搂过落于右胯旁,指尖向前;目随左手转视。

图16.7　搂膝拗步二

3)搂膝拗步三(图16.8)

①**重心后坐**:左腿慢慢屈膝,上体后坐,身体重心移至左腿,右脚尖翘起;上肢姿势不变。

②**丁步侧抱**:右脚尖微向外撇,身体右转,随后身体重心移至右腿,左脚收到右脚内侧,脚尖点地;同时右手向外翻掌由右后向上划弧至右肩外侧,肘微屈,手与耳同高,手心斜向上,左手随转体向上、向右下划弧落于胸前,手心斜向下;目视右手。

③**弓步推掌**:左脚向左前迈出,脚跟着地,右脚蹬伸,重心前移呈左弓步,上体左转;同时右手屈回由耳侧向前推出,高与鼻尖平,左手向下从左膝前搂过落于左胯旁,指尖向前。

完整练习提示:三次动作的迈步方向为左右30°,呈之字形路线;完整练习各步骤要连贯,但不要漏做重心后移、脚尖外摆的衔接过程。

1 2 3

图 16.8 搂膝拗步三

2. **手挥琵琶(图 16.9)**

①**顺势跟步:**重心随弓步推掌动作继续前移,右脚跟进半步,上肢姿势不变,目视右手。

②**后坐挑掌:**上体后坐,身体重心移至右腿上,上体半面向右转,左脚略提起稍向前移,变成左虚步,脚跟着地,脚尖翘起,膝部微屈;同时左手由左下向上挑举,高与鼻尖平,掌心向右,臂微屈,右手收回放在左臂肘部里侧,掌心向左;目视左手食指。

1 2

图 16.9 手挥琵琶

3. **左右倒卷肱(图 16.10)**

1)倒卷肱一

①**转体托掌:**上体右转,右手翻掌(手心向上)经腰侧由下向后上方划弧平举,臂微屈,左手随即翻掌向上;眼的视线随着向右转体先向右看,再转向前方看左手。

要领:上体右转不要太大,右手向后上托掌后,双臂保持自然弯曲,配合含胸拔背合抱成圆弧。

②**退步推掌:**左腿轻轻提起向后(偏左)退一步,前脚掌先着地,然后全脚慢慢踏实,身体重心移至左腿上,右脚随转体以脚掌为轴扭正,脚跟离地,呈右虚步;同时右臂屈肘折向前,右手由耳侧向前坐腕推出,手心向前,左臂屈肘后撤,左手回抽至腰侧,手心向上;目视右手。

要领:退步时,左脚向左后方斜向插步,避免两腿落在正方向的同一直线上;右手推掌不要完全伸直,保持肘关节微微弯曲,肘尖自然下垂,做到沉肩垂肘;右手前推和左手回抽要配合转体在胸前交错进行。

图16.10　左右倒卷肱

2)倒卷肱二

①**转体托掌**:上体微向左转,同时左手随转体向左上方划弧平举,手心向上,右手随即翻掌,掌心向上;眼随转体先向左看,再转向前方看右手。

②**退步推掌**:右腿轻轻提起向后(偏右)退一步,前脚掌先着地,然后全脚慢慢踏实,身体重心移至右腿上,左脚随转体以脚掌为轴扭正,脚跟离地,呈左虚步;同时左臂屈肘折向前,左手由耳侧向前坐腕推出,手心向前,右臂屈肘后撤,右手回抽至腰侧,手心向上;目视左手。

3)倒卷肱三

①**转体托掌**:上体微向右转,同时右手随转体向右上方划弧平举,手心向上,左手随即翻掌,掌心向上;眼随转体先向右看,再转向前方看左手。

②**退步推掌**:同倒卷肱一②。

4)倒卷肱四

①**转体托掌**:同倒卷肱二①。

②**退步推掌**:同倒卷肱二②。

完整练习提示:在向后退步的过程中,支撑腿要保持一定的弯曲度,使重心在移动中水平后移,没有上下起伏;转体托掌和退步推掌连贯完成,中间不要有停顿;最后退右脚时,右脚尖要外转,便于做左揽雀尾的动作。

16.2.3 第三组

1.左揽雀尾(图16.11)

①**转体抱球**:身体重心落在右腿上,上体向右转,左脚收到右脚内侧,脚尖点地;同时,左手自然下落逐渐翻掌经腹前划弧至右肋前,手心向上,掌指向右,右手由腰间向右向上弧线撩掌,至肩高时右臂屈肘,手掌收至右胸前,手心转向下,掌指向左,两手相对呈抱球状;目视右手。

②**弓步掤**:上体微向左转,左脚向左前方迈出,脚跟着地,上体继续向左转,右腿自然蹬直,左腿屈膝,呈左弓步;同时左臂向左前方掤出(即左臂平屈呈弓形,用前臂外侧和手背向前方推出,高与肩平,手心向后),右手向右下落放于右胯旁,手心向下,指尖向前;目视左前臂。

要领:迈步时不要急于做上肢动作,掤要配合重心前移完成,做到手脚同时到位;左臂自然弯曲,右臂微屈外撑,配合胸微微内含,形成圆滑的弧形。

③**后坐捋**:身体微向左转,左手随即向左前摆伸,手指前指,掌心向下,同时右手翻掌向上,经腹前向上、向前伸至左前臂下方。然后身体右转,重心移至右腿;同时两手下捋(即上体向右转,两手回拖右髋斜前方,右手继续向后上方划弧,直至右手高与肩平,手心向上,同时左手沿身体右侧上升直至左臂平屈于胸前,手心向后);目随右手转视。

要领:双手左前摆伸时,上体不要前俯,身体只配合微微左转;双手回拖时,要配合身体右转从左上方向右下方弧线斜带,不可直线回抽。

图16.11 左揽雀尾

④**弓步挤**：上动不停，上体微向左转，右臂屈肘折回，右手附于左手腕里侧。右腿蹬伸，身体重心逐渐移向左脚变成左弓步，同时上体继续向左转；同时双手向前慢慢挤出，左手心向后，右手心向前，左前臂要保持半圆；目视左手腕部。

⑤**后坐收掌**：左手顺势前伸翻掌，右手经左腕上方向前、向右伸出，双手掌指向前，掌心向下，与肩同高，两手左右分开，宽与肩同。然后左脚蹬伸，右腿屈膝，上体慢慢后坐，身体重心移至右腿上，左脚尖翘起；同时两手屈肘回收至腹前，手心均向前下方；目视前方。

⑥**弓步按掌**：上动不停，右腿蹬伸，身体重心慢慢前移，左腿前弓呈左弓步；同时两手向前、向上按出，掌心向前；目视前方。

要领：按掌不要完全伸直，保持肘关节微微弯曲，肘尖自然下垂，做到沉肩垂肘；后坐收掌后两手不要停顿，连续做按掌。

2.右揽雀尾(图16.12)

①**转体抱球**：上体后坐并向右转，身体重心移至右腿，左脚尖里扣；右手经体前向右在水平面划弧至右侧，左手位置不变，双臂肘关节微屈，双手保持立掌，掌心向斜前方；目随右手转视。右腿蹬伸，身体重心移至左腿上；右手自然下落，左臂向上屈肘。然后右脚收至左脚内侧，脚尖点地；同时右手由右下经腹前向左上划弧至左肋前，手心向上；左臂屈肘后平屈于胸前，左手掌心向下与右手呈抱球状；目视左手。

要领：重心移动过程要做清楚，做到虚实分明；双掌分开后，不要伸太直，保持自然弯曲，微微向前合抱。

②**弓步掤**：上体微向右转，右脚向右前方迈出，脚跟着地，上体继续向右转，左腿自然蹬直，右腿屈膝，呈右弓步；同时右臂向右前方掤出（即右臂平屈呈弓形，用前臂外侧和手背向前方推出，高与肩平，手心向后），左手向左下落放于左胯旁，手心向下，指尖向前；目视右前臂。

③**后坐捋**：身体微向右转，右手随即向右前摆伸，手指前指，掌心向下，同时左手翻掌向上，经腹前向上、向前伸至右前臂下方。然后身体左转，重心移至左腿；同时两手下捋（即上体向左转，两手回拖左髋斜前方，左手继续向后上方划弧，直至左手高与肩平，手心向上，同时右手沿身体左侧上升直至右臂平屈于胸前，手心向后）；目随左手转视。

要领：同左揽雀尾③。

④**弓步挤**：上动不停，上体微向右转，左臂屈肘折回，左手附于右手腕里侧。左腿蹬伸，身体重心逐渐移向右脚变成右弓步，同时上体继续向右转；同时双手向前慢慢挤出，右手心向后，左手心向前，右前臂要保持半圆；目视右手腕部。

⑤**后坐收掌**：右手顺势前伸翻掌，左手经右腕上方向前、向左伸出，双手掌指向前，掌心向下，与肩同高，两手左右分开，宽与肩同。然后右脚蹬伸，左腿屈膝，上体慢慢后坐，身体重心移至左腿上，右脚尖翘起；同时两手屈肘回收至腹前，手心均向前下方；目视前方。

⑥**弓步按掌**：上动不停，左腿蹬伸，身体重心慢慢前移，右腿前弓呈右弓步；同时两手向前、向上按出，掌心向前；目视前方。

完整练习提示:揽雀尾由“掤、捋、挤、按”四个动作组成,四个动作在衔接上要做到势势相连,动作的虚实转换、姿势变化都要连贯一气,不出现停顿的痕迹;在动作过程中,身体重心保持在相同的高度,不要上下起伏;注意区别两次重心后坐时的脚尖动作,“捋”时前脚全脚掌着地,脚尖不动,“按”时前脚脚尖翘起。

图16.12 右揽雀尾

16.2.4 第四组

1.**单鞭**(图16.13)

①**转体侧抱:**右脚蹬伸,上体后坐,身体重心逐渐移至左腿上,右脚尖里扣;同时上体左转,两手(左高右低)向左弧形运转,直至左臂平举,伸于身体左侧,手心向左,右手经腹前运至左肋前,手心向后上方;目随左手转视。

要领:上体左转和重心左移同时进行,边移边转;双手左移划弧过程中,掌心向后,左手经面部前,到左侧后再向外翻掌,掌心向外,右手经腹前。

②**丁步勾手:**左脚蹬地,身体重心再渐渐移至右腿上,上体右转,左脚向右脚内侧收腿靠拢,脚尖虚点地;右手随上体右转经面部前方向右上方划弧,掌心向内,至右侧方时,掌心外翻变成勾手,勾尖向下,臂与肩平,左手向下经腹前向右上划弧停于右肩前,手心向里;转体过程中目随右手转视,最后目视左手。

要点:收腿动作要在重心右移到右腿后再进行。

③**弓步推掌:**左脚向左前侧方迈出,脚跟着地,上体向左转;同时左掌随上体的左转经面部慢慢移向左侧,掌心向内;接着右脚跟后蹬,左脚掌慢慢踏实,身体重心移向左腿呈左弓步;同时左掌慢慢翻转向前推出,手心向前,手指与眼齐平,臂微屈,右手勾手不变;目视左手。

完整练习提示：转体扣脚和丁步勾手动作连贯完成，双手走圆滑的弧线；目光跟随上面的手。

图16.13　单鞭

2. 云手

1)云手一(图16.14)

①**转体侧抱：**左脚蹬伸，身体重心移至右腿上，身体渐向右转，左脚尖里扣；左手经腹前向右上划弧至右肩前，手心斜向后，同时右手变掌，手心向右前；目视右手。

②**并步云手：**上体慢慢左转，身体重心随之左移；左手掌心向内由脸前向左侧运转，手心渐渐外翻转向左方，右手由右下经腹前向左上划弧，至左肩前，手心斜向后；同时右脚靠近左脚，呈小开立步(两脚距离约10～20厘米)；目随右手转视。

2)云手二(图16.15)

①**开步云手：**上体再向右转，身体重心转移到右脚上；同时左手经腹前向右上划弧至右肩前，手心斜向后，右手掌心向内，经面部向右侧运转，到右侧后手心外翻向右；左腿随之向左横跨一步；目随左手转视。

②**并步云手：**同云手一②。

3)云手三(图16.16)

①**开步云手：**同云手二①。

②**并步云手：**同云手一②。

完整练习提示：身体转动时要以腰为轴；向左移动的整个过程重心要保持同一高度；两臂随腰运转，要自然圆活，速度均匀缓慢，三个云手的手部动作连贯划圈，不要停顿；右手沿顺时针方向划圈，左手沿逆时针方向划圈；当手运行至面部前时为最高点，掌心向面部，前臂

图16.14　云手一

图16.15　云手二

图16.16　云手三

竖立，手指向上，与眼同高；当手运行至腹前时为最低点，双手肘关节保持自然弯曲，不可僵直。

3.单鞭(图16.17)

①**丁步勾手**：身体重心落在右腿上，左脚跟慢慢提离地面，脚尖点地，同时上体向右转；右手随上体右转经面部前方向右上方划弧，掌心向内，至右侧方时，掌心外翻变成勾手，勾尖向下，臂与肩平，左手向下经腹前向右上划弧停于右肩前，手心向里；转体过程中目随右手转视，最后目视左手。

②**弓步推掌**：左脚向左前侧方迈出，脚跟着地，上体向左转；同时左掌随上体的左转经面部慢慢移向左侧，掌心向内；接着右脚跟后蹬，左脚掌慢慢踏实，身体重心移向左腿呈左弓步；同时左掌慢慢翻转向前推出，手心向前，手指与眼齐平，臂微屈，右手勾手不变；目视左手。

完整练习提示：云手后，不要停顿，顺势划弧完成单鞭，使整个动作一气呵成，但动作要匀速缓慢；其余见本组动作的第一个单鞭。

图16.17 单鞭

16.2.5 第五组

1.高探马(图16.18)

①**跟步翻掌**：右脚跟进半步，身体重心逐渐后移至右腿上，同时身体微向右转，左脚跟渐渐离地；右勾手变成掌，两手心翻转向上，两肘弯曲；目视左前方。

要领：在跟步前，身体重心先微微向左脚移动，但不要升高，把重心控制在左脚，使跟步时重心平稳。

②**虚步推掌**：上体微向左转，面向前方；右掌经右耳旁向前推出，手心向前，手指与眼同高，左手收至左侧腰前，手心向上；同时左脚微向前移，脚尖点地，呈左虚步；目视右手。

要领：上体自然正直，沉肩垂肘。

图16.18 高探马

2. 右蹬脚(图 16.19)

①**左手穿掌**:下肢不动;左手手心向上,手指向前伸至右手腕背面,两手相互交叉;目视左手。

②**迈步分掌**:上动不停,左脚提起向左前侧方进步(脚尖略外撇),身体重心前移,右腿自然蹬直,呈左弓步;同时左手翻掌向外,双手向两侧分开并向下划弧,手心斜向下;目视前方。

要领:迈步的脚离地不要太高,步幅要小,落脚时以脚跟先着地,然后慢慢踏实;两手外分时在身体斜前方走曲线,肘关节保持适当的弯曲度。

③**跟步合抱**:上动不停,重心继续前移至左腿,接着右脚向左脚内侧收腿靠拢,脚尖点地;两手由外圈向里圈划弧,两手交叉合抱于胸前,右手在外,手心均向后;目视右前方。

要领:双手向下划弧时身体不要前俯,收腿动作要慢。

④**提膝分掌**:上动不停,重心慢慢升起,右腿屈膝提起,踝关节自然放松;同时两臂左右划弧微微分开,肘部弯曲,两手掌立掌外翻,手心均向前;目视右手。

⑤**蹬腿撑掌**:上动不停,右脚向右前方慢慢蹬出,脚尖向上;同时两掌左右推出;目视右手。

要领:重心升高后,上体要直立,不可为了右腿抬高而后仰身体;蹬腿动作完后,两腿膝关节微屈,右脚脚尖勾紧;两手推掌不要推成直线,微向斜前推出,使双手保持在一个圆弧上,右手与右脚方向一致,做到上下呼应。

完整练习提示:以高探马面对方向为正前方,右蹬脚迈步动作向前,蹬腿方向为右 30°左右。

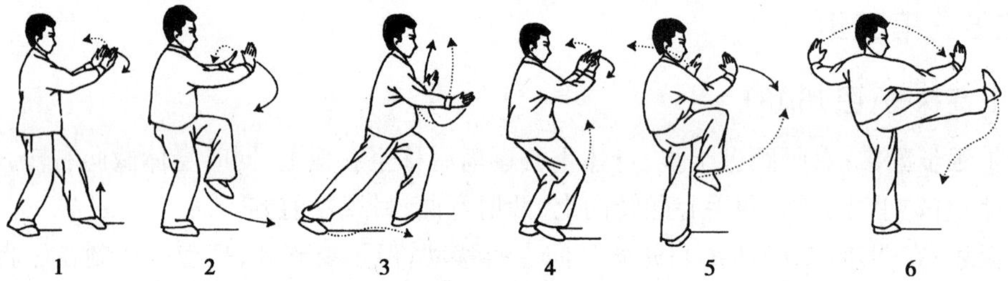

图 16.19 右蹬脚

3. 双峰贯耳(图 16.20)

①**收腿合掌**:右腿屈膝收回,平举,踝关节自然放松;左手翻掌掌心向上,由后向前平摆至体前,右手手心翻转向上,双手掌沿相对,距离同肩宽,双肘微微下落回收;目视前方。

②**迈步收掌**:重心下降,右脚伸膝向右前方迈出,脚跟着地;两手同时向下划弧分落于髋两侧;目视前方。

要领:迈步方向是右蹬脚蹬脚方向的右 10° ~ 15°。

③**弓步贯拳**:左腿蹬伸,身体重心渐渐前移,呈右弓步,面向右前方;同时两手慢慢变拳,分别从两侧向上、向前划弧至面部前方,呈钳形状,两拳相对,高与耳齐,拳眼都斜向前下方(两拳中间距离 10 ~ 20 厘米);目视右拳。

要领:两手向前贯拳时,伴随划弧动作,前臂逐渐内旋;完成后,双臂屈肘平抬。

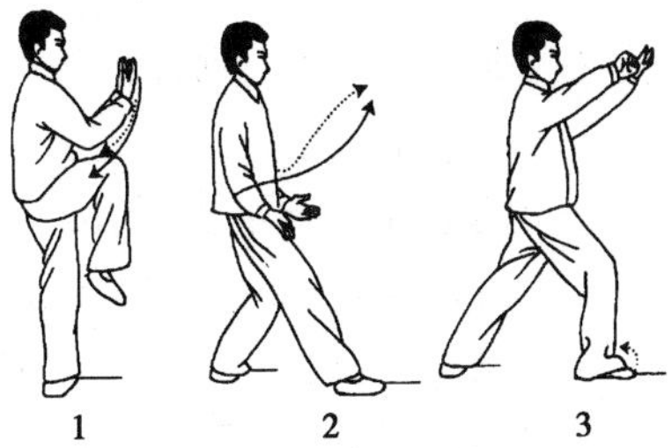

图16.20 双峰贯耳

4.转身左蹬脚(图16.21)

①**转身扣脚**:右脚蹬伸,左腿屈膝后坐,身体重心移至左腿,上体左转,右脚尖里扣;同时两拳变掌,由上向左右划弧分开平举,手心向前;目随左手转视。

要领:移重心同时转体。

②**收腿合抱**:上动不停,左腿蹬伸,身体重心再移至右腿,左脚收到右脚内侧,脚尖点地;同时两手由外圈向里圈划弧合抱于胸前,左手在外,手心均向后;目视左方。

要领:收腿动作不要太早太快,当重心完全控制在右腿上时再收腿,以保持身体平稳;重心左右移动时不要有起伏。

③**提膝分掌**:上动不停,重心慢慢升起,左腿屈膝提起,踝关节自然放松;同时两臂左右划弧微微分开,肘部弯曲,两手掌立掌外翻,手心均向前;目视左手。

④**蹬腿撑掌**:上动不停,左脚向左前方慢慢蹬出,脚尖向上;同时两掌左右推出;目视左手。

要领:同右蹬脚。

完整练习提示:转身动作时上体转动要约大于90°,最后左脚蹬腿方向与右蹬脚的蹬腿方向相反,夹角约为180°,连贯练习时不要忽略了重心移动,重心移动时要虚实分明。

图16.21 转身左蹬脚

16.2.6 第六组

1.左下式独立(图16.22)

①**收腿勾手**:左腿收回平屈,踝关节放松,上体右转;右掌变成勾手,勾尖向下,左掌向上、向右划弧下落,立于右肩前,掌心斜向后;目随左手转视。

②**仆步穿掌**:上动不停,右腿慢慢屈膝下蹲,左腿由内向左侧(偏后)伸出,呈左仆步;左手沿身体右侧下落至腹前,然后向左下顺左腿内侧向前穿出(掌心向外,掌指向前,手掌拇指侧向上),右手微微下落;目随左手转视。

要领:仆步时左腿不要伸太远,以便把重心完全控制在右腿上;左脚脚尖内扣。

③**弓步挑掌**:上动不停,身体重心前移,左脚以跟为轴脚尖尽量向外撇,左腿前弓,右腿后蹬,右脚以前脚掌为轴脚跟后顺,上体微向左转并向前起身;同时左臂继续向前上弧线伸出(立掌),掌心向右,右勾手下落,勾尖向后;目视左手。

④**提膝挑掌**:上动不停,身体重心继续前移至左腿,右腿慢慢提起平屈,呈左独立式,踝关节放松;同时右勾手变掌,由后下方顺右腿外侧向前弧形摆出,屈臂立于右腿上方,肘与膝相对,手心向左,左手下落于左胯旁,手心向下,指尖向前;目视右手。

要领:重心升高和提膝动作要在重心完全移至左腿后再做,以便控制身体平衡;提膝和挑掌动作要配合重心上升同速完成。

完整练习提示:整个动作中间没有定式,各步骤要连贯完成;左手回收、前穿的路线在同一圆滑的弧线上。

图16.22　左下式独立

2.右下式独立(图16.23)

①**落脚转体**:右脚下落于左脚前,前脚掌着地,然后以左脚前掌为轴脚跟转动,身体随之左转;同时左手向后平举变成勾手,勾尖向下,右掌随着转体向左侧划弧,立于左肩前,掌心斜向后;目视左手。

②**仆步穿掌**:上动不停,左腿慢慢屈膝下蹲,右腿由内向右侧伸出,呈右仆步;右手沿身体左侧下落至腹前,然后向右下顺右腿内侧向前穿出(掌心向外,掌指向前,手掌拇指侧向上),左手微微下落;目随右手转视。

③**弓步挑掌**:上动不停,身体重心前移,右脚以脚跟为轴脚尖尽量向外撇,右腿前弓,左腿后蹬,左脚以前脚掌为轴脚跟后顺,上体微向右转并向前起身;同时右臂继续向前上弧线伸出(立掌),掌心向左,左勾手下落,勾尖向后;目视右手。

④**提膝挑掌**:上动不停,身体重心继续前移至右腿,左腿慢慢提起平屈,呈右独立式,踝关节放松;同时左勾手变掌,由后下方顺左腿外侧向前弧形摆出,屈臂立于左腿上方,肘与膝相对,手心向右,右手下落于右胯旁,手心向下,指尖向前;目视左手。

1　2　3　4　5

图16.23　右下式独立

16.2.7　第七组

1.左右穿梭

1)左穿梭(图16.24)

①丁步抱球:左脚向左前落地,脚尖外撇,右脚跟离地,两膝屈膝呈半坐盘式,身体微向左转;同时右手向左翻掌向腹前搂抱,掌心向上,左手自然下落于胸前,平抬肘,掌心向下,两手在左胸前呈抱球状;然后重心移至左脚,右脚收到左脚的内侧,脚尖点地;目视左前臂。

②弓步架推:右脚向右前方迈出,脚跟着地,然后左腿蹬伸,脚跟后顺,右腿屈膝弓腿,呈右弓步,身体右转;同时右手由脸前向上举并翻掌,屈肘停在右额前上方约30厘米处,手心斜向上,左手在迈步时先向左下落至左肋,再随重心前移呈立掌向前推出,高与鼻尖平,手心向前;目视左手。

要领:右手上架和左手前推的动作速度要与重心前移协调一致,做到手脚同时到达;左手不要推得过直,肘关节微屈,肘尖向下垂;推掌完成时,上体不要前倾和侧倾,两肩保持相同高度。

1　2　3　4

图16.24　左穿梭

2)右穿梭(图16.25)

①丁步抱球:身体重心略向后移,右脚尖稍向外撇,随即身体重心再移至右腿,左脚跟进,停于右脚内侧,脚尖点地;同时左手弧线下落向腹前搂抱,掌心向上,右手自然下落于胸前,平抬肘,掌心向下,两手在右胸前呈抱球状(右上左下);目视右前臂。

②弓步架推:左脚向左前方迈出,脚跟着地,然后右腿蹬伸,脚跟后顺,左腿屈膝弓腿,呈

左弓步，身体左转；同时左手由脸前向上举并翻掌，屈肘停在左额前上方约30厘米处，手心斜向上，右手在迈步时先向右下落至右肋，再随重心前移呈立掌向前推出，高与鼻尖平，手心向前；目视右手。

完整练习提示：左右两次迈步的方向与正前方约成30°夹角，之字形前进；连贯练习时不要漏作左右穿梭的衔接过程（重心后坐，脚尖外摆）。

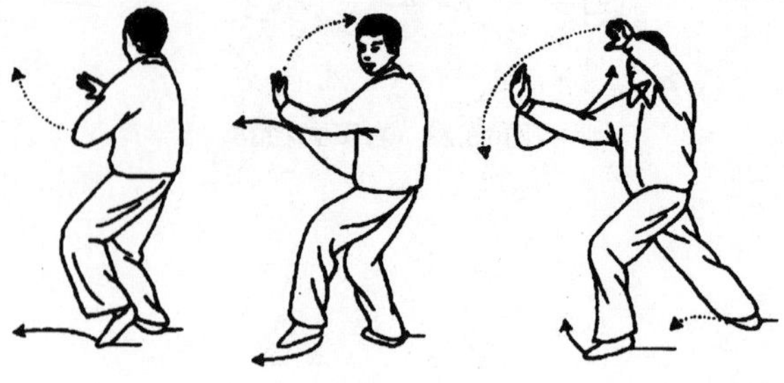

图16.25　右穿梭

2.海底针（图16.26）

①**跟步提掌**：右脚顺势向前跟进半步，身体重心后移至右腿，左脚微微提离地面，身体稍向右转；重心后移时，右手下落经体侧向后、向上提抽至肩上耳旁，左手自然下落至胸腹前；目随右手转视。

②**虚步插掌**：重心微微下坐，上体转正，左脚稍向前落，脚尖点地，呈左虚步；随身体左转，右手由右耳旁斜向前下方插出，掌心向左，指尖斜向下，左手向下划弧落于左胯旁，手心向下，指尖向前；目随右手转视。

要领：插掌时上体不要太前倾，避免低头和凸臀。

图16.26　海底针

3.闪通臂（图16.27）

①**迈步提掌**：上体稍向右转，左脚微微提起；同时双手上提至胸前；目视前方。

②**弓步架推**：左脚向前迈出，屈膝弓腿呈左弓步；同时右手由体前上提，屈臂上举，停于右额前上方，掌心翻转斜向上，拇指朝下，左手由胸前向前推出，高与鼻尖平，手心向前；目视左手。

完整练习提示:注意不要同左右穿梭的动作混淆,此处的推掌和弓腿动作是同侧,而左右穿梭的推掌和弓腿动作是异侧。

图16.27　闪通臂

16.2.8　第八组

1. **转身搬拦捶**(图16.28)

①**转身抱拳:**左脚蹬伸,脚尖里扣,身体向右后转,上体后坐,身体重心移至右腿上;同时右手从头上向右弧线下落,右手微上举。然后身体重心再移至左腿上;与此同时,右手随着转体向下(变拳)经腹前划弧至左肋旁,拳心向下,左掌上举于头前,掌心斜向上;目视前方。

要领:握拳不要太紧,拳心微空。

②**圈步搬拳:**上动不停,右脚收回后(不要停顿或脚尖点地)即向前迈出,脚尖外撇,重心控制在左脚上,身体继续右转;右拳经胸前向前翻转撇出,拳心向上,左手落于左胯旁,掌心向下,指尖向前;目视右拳。

③**上步横拦:**身体重心前移至右腿上,左脚向前迈一步,身体右转;左手上起经左侧向前上划弧横向拦出,掌心向前下方;同时右拳向右划弧收到右腰旁,拳心向上;目视左手。

④**弓步冲拳:**右腿蹬伸,重心前移,左腿前弓呈左弓步;同时右拳向前立拳冲出,拳眼向上,高与胸平,左手微微回收附于右前臂内侧,指尖向上;目视右拳。

完整练习提示:转身和搬拳时双手动作路线可理解为同时在身体左侧顺时针划立圆;上步横拦时双手动作路线可理解为同时在齐腰高的水平面上顺时针划圆弧。

图16.28　转身搬拦捶

2.如封似闭(图16.29)

①**前穿分掌**:左手由右腕下向前伸出,右拳变掌,两手手心逐渐翻转向上并慢慢分开,距离同肩宽;目视双手。

②**后坐收掌**:左脚蹬伸,左脚尖翘起,身体后坐,身体重心移至右腿;同时两手掌心向后回收,在胸前向外平转翻掌(前臂内旋)后降至腹前,掌心向前;目视前方。

要领:重心后移时,上体保持正直,不要后仰;收掌至腹前的动作不可直线收回。

③**弓步推掌**:右腿蹬伸,重心前移,左脚掌慢慢踏实,左腿前弓呈左弓步;同时两手经腹前向上、向前推出,腕部与肩平,手心向前;目视前方。

要领:推掌不要完全伸直,保持肘关节微微弯曲,肘尖自然下垂,做到沉肩垂肘。

完整练习提示:注意同"揽雀尾"的"按"相区别,"按"收掌时掌心是向前的,而"如封似闭"的后坐收掌是掌心向后。

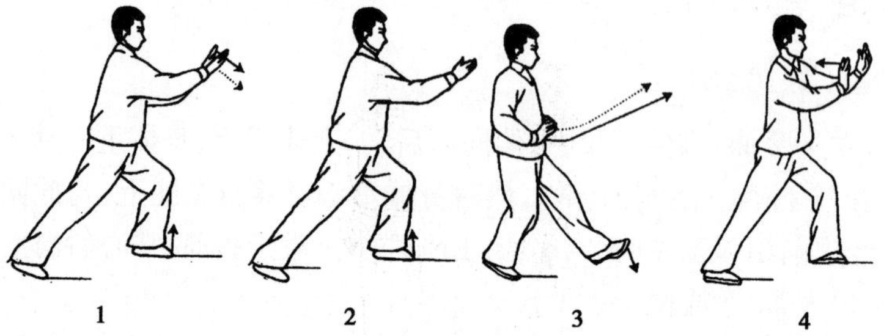

图16.29 如封似闭

3.十字手(图16.30)

①**转体分掌**:左脚蹬伸,右脚屈膝后坐,重心移向右腿,身体右转,呈右侧弓步,右脚尖随着转体稍向外撇,左脚尖里扣;同时右手随着转体动作向右平摆划弧,与左手呈两臂侧平举,掌心向前,肘部微屈;目随右手转视。

要领:右手平摆动作要用身体右转带动,做到以腰带手;重心平移,不要有起伏;脚尖扣转后均向前。

②**收腿合抱**:右脚蹬伸,身体重心慢慢移至左腿,随即向左收回,两脚距离与肩同宽,两腿逐渐蹬直,呈开立步;同时两手向下经腹前向上划弧交叉合抱于胸前,两臂撑圆,腕高与肩平,右手在外,呈十字手,手心均向后;目视前方。

要领:双手向下划弧时重心不必下降,上体保持正直,不要前俯或低头;双手合抱时须圆满舒适,沉肩垂肘;重心升起要在收腿完成后进行,避免边收腿边站起。

1 2 3 4

图 16.30 十字手

4.收式(图 16.31)

两手向外翻掌,手心向下,两臂慢慢下落,停于身体两侧;接着收左脚呈并步站立;目视前方。

要领:双手翻掌动作是水平翻转,手指始终向前;双掌下落时,手臂动作按沉肩、降肘、落手的顺序进行,不要做成按掌。

1 2

图 16.31 收式

17 广播体操

徒手体操是由身体各部位的各种不同动作组成的单个动作或成套动作。徒手体操的内容主要包括各种类型的基本动作，广播体操属于徒手体操的一种练习形式。

17.1 概 述

17.1.1 广播体操的概念

广播体操是根据人体各部位的解剖特点，由举、摆、踢、振、蹲、立、弓步、转体、绕环、屈伸、跑跳等一系列徒手动作，在一定的音乐伴奏下，以不同的方向、路线、速度、幅度、频率和节奏，按照一定的程序进行的身体练习。

17.1.2 课间操的诞生

晨间体育活动在民国以前就已在学校普遍开展。随着军事学堂的创立，出现了为增强士兵体能的早操训练。如光绪六年(1880年)设于天津的水师学堂早晚进行的“英式兵操”。光绪七年(1881年)，广东实学馆(西学馆)的功课也规定：“学生至学业有成，将下船学习，前数月教以洋枪队伍步伐口号，每日早晚在场操演二次。”

17.1.3 清末学校课间活动的出现

近代课间活动最早在教会学校出现。如1884年耶稣教美以美会在江苏镇江设立的女子学校的校规规定：“本校上课每日从8时开始，11时半午食，午后上课从1时到4时结束。在休息期间可使用以备好的器具各自进行游戏。”1885年，美国长老会在山东烟台开办的汇文书院，每日上午有一次课间活动，称为“放小学”，常作“抢球”游戏。清华大学建校伊始，就由美籍教师舒美科与布礼士推行强制运动，使体育活动得以普及。从台湾学者苏云峰著的《从清华学堂到清华大学(1911—1929)》一书可知，1914年清华学校就已有组织地开展了课间操活动，这比目前公认的我国课间操于1921年在北师大附中首创还要早七年。

17.1.4 “万人国操”兴起的背景

新中国的成立为发展体育提供了有利条件，而新中国的经济和国防建设也要求广大人民群众提高健康水平和身体素质，使我国体育达到世界先进水平。因此，体育肩负着重要的政治使命，是国家事业发展重要的一环。1949年9月，《中国人民政治协商会议共同纲领》明确规定，“提倡国民体育”。同年10月，朱德同志在出席中华全国体育总会成立大会筹备会议时指出：“努力发展体育事业把我国的国民都锻炼成为身体健康、精神愉快的人，这样才能更好地从事生产、学习和工作，才能担当起繁重的新中国建设的任务。”1950年，中华全国体育总会召开第四次常务会议，会议制定了实事求是地开展体育运动的方针，即在经济恢复期，不搞大型运动会，注重普及，体育工作要由学校到工厂、由军队到地方、由城市到农村。

17.1.5 广播体操热的兴起与普及

1951年,中华全国体育总会筹委会和中央广播事业局决定在中央人民广播电台和各地人民广播电台举办广播操节目,筹委会邀请北京市体育教师编制第一套成人广播体操。这套操由著名作曲家何士德作曲,于1951年11月24日公布。为此,中华全国体育总会、教育部、卫生部、总政治部、共青团中央、全国总工会、全国妇联、全国青联、全国学联等九个单位联合发出通知,号召"全国的体育工作者、各级人民政府、军事机关和人民团体的文化教育部门,积极推行并动员所属单位以及广大人民参加这个体操活动"。从此,每天喇叭一响,千百万人随着广播乐做操成为中国历史上破天荒的新鲜事。广播体操是根据人体生理状况和各部位合理锻炼的要求编排,将成套徒手动作配上音乐,通过广播来指挥的一种基本体操。

17.2 我国广播体操发展演变

17.2.1 广播体操蓬勃发展的影响因素

1.活动时间集中统一

每天个工作日上午和下午,各抽出十分钟做广播体操。

2.参加者十分广泛

在国家的积极动员和号召下,再加上媒体的大力宣传,全国上下出现了声势浩荡的体操热潮和人人皆锻炼的壮观景象。

3.内容单一

编排广播体操时没有充分考虑到不同年龄、不同层次、不同职业、不同性别群体的需要。

4.经费投入低

广播体操自身具有的简单易学、不受场地器材限制、不需要大的经费投入等特点,适应了当时社会发展的需要。

17.2.2 成人广播体操的种类

目前,我国广播体操已编成人广播体操9套(表17.1),少年广播体操5套,儿童广播体操7套,中小学生(幼儿)系列广播体操2套。

表 17.1 9套成人广播体操基本信息

套数	推出时间	节数	拍数	特点
第1套	1951-11-24	10	256	通过人民广播电台举办广播体操节目而初步形成
第2套	1954-07-27	8	224	比第一套增加了难度和运动量
第3套	1957-10-07	8	240	增加了中国特色，融入传统武术动作
第4套	1963-04-15	9	272	趋于成熟，首次出现少数民族语言版
第5套	1971-09-01	8	240	因“文化大革命”影响一度中断
第6套	1981-09-01	9	256	配有两支民族风格的乐曲，提高广播体操的吸引力
第7套	1990-05-08	10	320	李宁做示范，难度较大，不容易学习
第8套	1997-04-29	8	256	推广得最广泛的一套广播体操
第9套	2011-08-08	8	56	针对性更强，科学性更强

17.3 第九套广播体操的教学

第九套广播体操相对于前几套广播体操，新操的针对性更强。同时，第九套广播体操也经过生理和生化的测试，科学性更强。实验表明，第九套广播体操对心肺功能有明显的改善，运动量和消耗量都属于中等，对血脂、免疫球蛋白、血糖、胰岛素都有良好的作用。因此，坚持做广播体操，对身体有积极的影响。

17.3.1 第一节：伸展运动（4×8）

第一拍：左脚向左一步与肩同宽，同时两臂侧平举（掌心向下），头向左转90°。

第二拍：右脚并于左脚，同时半蹲，双臂屈臂于胸前（拳心相对），含胸低头。

第三拍：两臂伸出至侧上举（掌心相对），抬头挺胸，眼看前上方。

第四拍：手臂落下，还原成立正姿势。

第五至八拍：动作相同，方向相反。

17.3.2 扩胸运动（4×8）

第一拍：左脚向前一步，同时手臂经前举扩胸至侧举，握拳，拳心向前。

第二拍：身体向右转90°，手臂经体前交叉，曲臂向后扩胸。

第三拍：身体向左转90°，同时手臂经体前交叉，向后扩胸。

第四拍：左脚收回，还原成立正姿势，同时手臂经前举，还原至体侧。

第五至八拍：动作相同，方向相反。

17.3.3 踢腿运动(4×8)

第一拍:左腿向侧摆起45°,同时两臂侧平举,掌心向下。

第二拍:双腿并拢,屈膝半蹲,同时两臂还原至体侧。

第三拍:左腿向后踢起,离地10~20厘米,同时两臂经前摆至侧上举,掌心相对。

第四拍:收手收脚,还原成立正姿势。

第五至八拍:动作相同,方向相反。

17.3.4 体侧运动(4×8)

第一拍:左脚向侧一步比肩稍宽,同时左臂侧平举掌心向下,右臂胸前平屈,掌心向下。

第二拍:下体保持第一拍的姿势,同时上体侧倾45°,左手叉腰,右手摆至上举掌心向内。

第三拍:左腿并与右腿,同时半蹲左臂上举,右臂贴于体侧。

第四拍:还原成立正姿势,同时左臂经侧还原至体侧。

第五至八拍:动作相同,方向相反。

17.3.5 体转运动(4×8)

第一拍:左腿向侧迈出,比肩稍宽,同时两臂侧平举,掌心向下。

第二拍:下体保持第一拍姿势,身体向左转90°,同时双手胸前击掌两次。

第三拍:上体向右转180°,同时双臂伸直至侧上举掌心向内。

第四拍:左脚还原成立正姿势,同时身体转正,两臂经侧还原至体侧。

第五至八拍:动作相同,方向相反。

17.3.6 全身运动(4×8)

第一拍:左脚向左迈出,比肩稍宽,两臂经侧摆至上举交叉掌心向前,抬头看手。

第二拍:身体前屈,双臂体前交叉,掌心向内,低头看手。

第三拍:收左脚,成半蹲姿势,同时双手扶膝,肘关节向外低头,眼看前下方。

第四拍:站起,成立正姿势。

第五至八拍:动作相同,方向相反。

17.3.7 跳跃运动(4×8)

第一拍:跳成左脚在前的弓步,同时撑手叉腰,肘关节向外,虎口向上。

第二拍:跳成立正姿势。

第三拍:跳成右脚在前的弓步。

第四拍:跳成立正姿势。

第五拍：跳成两脚开立，脚尖微微向外，膝盖向脚尖方向缓冲，同时两臂侧平举，掌心向下。

第六拍：跳成立正姿势。

第七、八拍：动作同第五、六拍。

第二至第四个八拍，动作同第一个八拍。

17.3.8 整理运动(2×8)

第一至四拍：原地踏步。

第四拍：还原成立正姿势。

第五、六拍：左脚向侧迈出，比肩稍宽，手臂经侧摆起至侧上举，抬头45°，眼看前上方。

第七、八拍：左脚收回，同时手臂经体侧还原成立正姿势。

第二个八拍，动作同第一个八拍，方向相反。

注意事项：

①跳跃运动，部分学生习惯第一拍换脚，需要时刻提醒。

②整理运动，部分学生容易同手同脚，需要加强练习。

17.4 广播体操的评分标准

17.4.1 基本动作练习时应注意的问题

1.动作的规范性

动作的规范建立在动作的准确性上，因此，练习时肢体的位置、方向及运动的路线一定要准确。此外，注意动作速度、肌肉力度和动作幅度，使肌肉充分拉长与收缩，只有这样才能达到动作的整体效果。

2.动作的弹性

动作富有弹性是广播体操的特点一，其所涉及的身体部位有踝关节、膝关节、髋关节、肘关节、肩关节和脊柱。在练习时，应注意肌肉的收缩与放松要有控制，使动作富有弹性，节奏均匀，避免动作过分僵硬和关节过度伸展。应注意调整好呼吸，使广播体操运动达到完美的最佳效果。

3.动作的节奏感

掌握好动作节奏对做好广播体操非常重要。练习者想要表现出较好的动作节奏感，必须具有一定的肌肉控制能力、音乐节奏感及动作的完成能力。因此，在开始练习时，要重视开发、训练学生的动作节奏感。

17.4.2 考试

考核内容:第九套广播体操1—8节。

考试场地:在平坦、坚实的地面上,设置长和宽均为3米的正方形区域,场地四周设置明显的标志线。

考试方法:学生在测试区域内配合音乐完成第九套广播体操。

评分方法:根据评分标准打分(表17.2)。

表17.2 评分标准(技术完成占80%)

序号	分值(分)
预备节 原地踏步	5
第一节 伸展运动	10
第二节 扩胸运动	10
第三节 踢腿运动	10
第四节 体侧运动	10
第五节 体转运动	10
第六节 全身运动	10
第七节 跳跃运动	10
第八节 整理运动	5

1.评分标准

动作质量:动作要有控制力,轻松而不懈怠,有力度而不僵硬。

动作规范性:始终保持正确的身体姿势、动作技术规范、动作路线清晰、动作方向明确、大幅度舒展地完成动作。

一致性:动作位置与经过路线,力度与幅度、节奏与速度均保持一致。

2.动作错误种类

①动作姿态错误:指完成动作时未能始终保持正确的身体姿态。

②动作部位错误:指完成动作时技术规范性及运动部位的规格准确性欠缺。

③动作方向错误:指完成动作时未能达到规定的动作方向及身体方位要求。

④动作路线错误:指完成动作时未能清晰并正确地展示出动作的开始位置、动作的过程及动作到达位置,动作的轨迹不准确。

⑤动作节奏错误:指完成动作时未能正确地按照音乐节奏完成动作,动作节奏与音乐节奏或口令不吻合。

⑥漏做:指完成动作时出现停顿漏做两拍,没有按原规定动作完成。

⑦附加动作:指完成动作时没有按规定动作完成,出现多余动作。

3. 动作错误程度的界定

动作错误程度的界定如表17.3所示。

表17.3　动作错误程度的界定

错误	错误10%以下	错误 10%～30%	错误 30%～50%	错误50%以上	说明
小错误	扣1分	扣2分	扣3分	扣4分	分节扣分
中错误	扣2分	扣3分	扣4分	扣5分	分节扣分
大错误	扣3分	扣4分	扣5分	扣6分	分节扣分

①小错误：指与正确动作姿态、动作规格、动作方向和节奏等有小偏差。每次出现漏做及附加动作视为小错误。

②中错误：指与正确动作姿态、动作规格、动作方向和节奏等有明显的偏差。

③大错误：指动作严重偏离正确动作姿态、动作规格、动作方向和节奏等。

17.5　广播体操的发展趋势

17.5.1　科学化

创编一套广播体操，一定要符合科学的原则，使动作结构日趋合理完善，更符合人体生理心理规律，具有科学性、普及性、健身实效性，才能更好地服务群众、服务社会，才能更好地锻炼练习者的身体素质，因此，广播体操所选择的内容必须符合身体全面锻炼的原则。运动部位应包括头颈、上肢、躯干、下肢及全身；动作方向需围绕左、右、前、后、上、下各方位；从身体素质角度，应包括力量、速度、柔韧性、协调性、灵活性等，使身体各部位都能得到充分的锻炼。一套广播体操一般由9节组成，每节动作的重复次数应根据对象和任务需要来确定。在创编广播体操时，应特别注意练习对象，综合考虑各方面的因素，使广播体操的创编更科学、更全面，最大限度地满足不同人群的需要。

17.5.2　个性化

现阶段我国广播体操的内容不断丰富，正在向个性化方向发展，如目前许多学校倡导特色课间操，有的学校推行自编套路，有的学校以搏击操作为课间操的练习形式，甚至开展自编操比赛，通过广播体操比赛和表演展示师生的风采，以赛促学，极大地提高了学生对广播体操的学习兴趣，提高了学校师生对广播体操的认识，在锻炼学生组织能力的同时，培养了学生的创新意识、创新能力、适应能力，增强了学生的集体荣誉感。

17.5.3 娱乐化

创编广播体操不仅需要考虑其对身体锻炼的益处，而且需要重视其趣味性。心理学有研究表明，体育学习活动效果与体育兴趣是成正比的。广播体操的创编需遵循安全、简单、有趣、丰富、形式多样、独特等原则，以便吸引更多的广播体操爱好者，更好地宣传广播体操。调动群众广播体操学习的趣味性是学习的内部动力，帮助学习者产生积极的学习动机，更好地参与课间操活动，因此娱乐化是广播体操开展效果的一个重要因素。

17.5.4 系列化

传统广播体操由国家统一编排，缺乏针对性，而学生和上班族都喜欢一些适合自己年龄阶段特征的，既可以健身又能休闲的社会流行的运动项目。广播体操系列化是指在动作编排上引进一些国内外有益的健身方案，根据不同年龄、不同性别、不同职业、不同健康状况的社会群体进行不同类型、不同强度、不同难易程度的系列化广播体操。

18
大学生体质健康测试

为建立国家学生体质健康监测评价机制，鼓励学生积极参加身体锻炼，教育部印发了《国家学生体质健康标准》(2014年修订)，要求各学校每学年开展覆盖本校各年级学生的标准测试。《国家学生体质健康标准》倡导“健康第一”的指导思想，涵盖了与学校体育密切相关的学生健康范畴，突出了对发展和改善学生健康有直接影响且关系密切的身体成分、心肺循环系统的功能、肌肉的力量和柔韧性，体现了现代社会对健康的具体要求，满足了社会发展对体质健康评价的要求。

18.1 学生体质健康测试概述

学生体质健康测试评分标准

18.1.1 健康

《国家学生体质健康标准》是衡量学生体质健康状况和运动效果的评价标准，是对不同年龄段学生体质健康方面的基本要求，是学生体质健康的个人评价标准。健康是各界学者研究的永恒命题，也是人类向往的共同梦想，从古至今对健康的研究都具有时代持续性。健康不仅包括身体健康，还包括心理健康和社会适应方面的良好状态。1989年，世界卫生组织(WHO)将健康扩展到道德健康，即不以到达个人目的损害他人利益，并能通过社会准则规范的思想行为。

18.1.2 体质健康测试的要求

《国家学生体质健康标准》(以下简称《标准》)是学校教育工作的基础性指导文件和教育质量基本标准，是评价学生综合素质、评估学校工作和衡量各地教育发展的重要依据，是《国家体育锻炼标准》在学校的具体实施，适用于全日制普通小学、初中、普通高中、中等职业学校、普通高等学校的学生。

《标准》的修订坚持健康第一，落实《国家中长期教育改革和发展规划纲要(2010—2020年)》、《国务院办公厅转发教育部等部门关于进一步加强学校体育工作若干意见的通知》(国办发〔2012〕53号)和《教育部关于印发〈学生体质健康监测评价办法〉等三个文件的通知》(教体艺〔2014〕3号)有关要求，着重提高《标准》应用的信度、效度和区分度，着重强化其教育激励、反馈调整和引导锻炼的功能，着重提高其教育监测和绩效评价的支撑能力。

《标准》从身体形态、身体机能和身体素质等方面综合评定学生的体质健康水平，是促进学生体质健康发展、激励学生积极进行身体锻炼的教育手段，是国家发展学生核心素养体系和学业质量标准的重要组成部分，是学生体质健康的个体评价标准。

《标准》适用对象：大学一、二年级为一组，三、四年级为一组。

大学各组别的测试指标均为必测指标。其中，身体形态类中的身高、体重，身体机能类中的肺活量，以及身体素质类中的50米跑、坐位体前屈为各年级学生的共性指标。

《标准》的学年总分由标准分与附加分之和构成，满分为120分。标准分由各单项指标得分与权重乘积之和组成，满分为100分。附加分根据实测成绩确定，即对成绩超过100分的加分指标进行加分，满分为20分；大学的加分指标为男生引体向上和1000米跑，女生1分钟仰卧起坐和800米跑，各指标加分幅度均为10分。

根据学生学年总分评定等级：90.0分及以上为优秀，80.0～89.9分为良好，60.0～79.9分为及格，59.9分及以下为不及格。

每个学生每学年评定一次，记入《国家学生体质健康标准》登记卡。特殊学制的学校，在填写登记卡时可以按规定和需求相应地增减栏目。学生毕业时的成绩和等级，按毕业当年学年总分的50%与其他学年总分平均得分的50%之和进行评定。

学生测试成绩评定达到良好及以上者，方可参加评优与评奖；成绩达到优秀者，方可获体育奖学分。测试成绩评定不及格者，在本学年度准予补测一次，补测仍不及格，则学年成绩评定为不及格。普通高中、中等职业学校和普通高等学校学生毕业时，《标准》测试的成绩达不到50分者按结业或肄业处理。

学生因病或残疾可向学校提交暂缓或免予执行《标准》的申请，经医疗单位证明，体育教学部门核准，可暂缓或免予执行《标准》，并填写《免予执行〈国家学生体质健康标准〉申请表》，存入学生档案。确实丧失运动能力、被免予执行《标准》的残疾学生，仍可参加评优与评奖，毕业时《标准》成绩须注明免测。

各学校每学年开展覆盖本校各年级学生的《标准》测试工作，《标准》测试数据经当地教育行政部门按要求审核后，通过“中国学生体质健康网”上传至“国家学生体质健康标准数据管理系统”。上传测试和数据时间由教育行政部门确定。

18.1.3　实施学生体质健康测试的意义

体育是一门重要的基础学科，从小学一直到大学都是必修学科，由此可见，国家非常重视体育工作。体育教学目的明确，以培养良好的锻炼身体的习惯，培养终身体育意识为目标。一个人拥有健康的体魄是最幸福的事情。为民族为国家建功立业，都是以一副好身体为前提。为此，国家出台了大学生体质健康测试标准。那么，实施大学生体质健康标准有何意义呢？健康标准有何重要性？

①有利于培养合格的社会主义事业的建设者和接班人。教育以培养德智体美劳全面发展的社会主义建设者和接班人为目标，体质健康标准就是一把尺子，是一把刚性评价人才的尺子。

②有利于规范体育教学，全面深入推进实施素质教育。体质健康标准合格才能毕业，才能顺利就业。因此要求学生积极上好体育课，在教师的指导下进行规范的训练。

③有利于提高学生的身体素质，为幸福人生奠基。体质健康测试为学生的健康保驾护航，在大学阶段养成了良好的锻炼习惯可以终身受用。

总之，实施学生体质健康测试，能促使学生积极参加体育锻炼，促进身体健康，成为具有正确的体育意识和健康的生活方式的高素质人才。

18.2　大学生体质健康测试的项目

18.2.1　身高体重测试

1.身高

身高是指人体站立时颅顶到地面的垂直距离，是骨骼生长发育情况最具有代表性的指标。

1)测试目的

测试学生身高，与体重测试相配合，评定学生的身体匀称度，评价学生生长发育的水平及营养状况。

2)场地器材

使用前应校对0点，以钢尺测量基准板平面至立柱前面红色刻线的高度是否为10.0厘米，误差不得大于0.1厘米。同时应检查立柱是否垂直，连接处是否紧密，有无晃动，零件有无松脱等情况并及时加以纠正。

3)测试方法

受试者赤足，立正姿势站在身高计的底板上(上肢自然下垂，足跟并拢，足尖分开成60°)。足跟、骶骨部及两肩胛区与立柱相接触，躯干自然挺直，头部正直，耳屏上缘与眼眶下缘呈水平位。测试人员站在受试者右侧，将水平压板轻轻沿立柱下滑，轻压于受试者头顶。测试人员读数时双眼应与压板水平面等高进行读数，记录员复述后进行记录。以厘米为单位，精确到小数点后一位。测试误差不得超过0.5厘米。

4)注意事项

①身高计应选择平坦靠墙的地方放置，立柱的刻度尺应面向光源。

②严格掌握"三点靠立柱""两点呈水平"的测量姿势要求，测试人员读数时两眼一定与压板等高，两眼高于压板时要下蹲，低于压板时应垫高。

③水平压板与头部接触时，松紧要适度，头发蓬松者要压实，头顶的发辫、发结要放开，饰物要取下。

④读数完毕，立即将水平压板轻轻推向安全高度，以防碰坏。

⑤测量身高前，受试者应避免进行剧烈体育活动和体力劳动。

2.体重

体重是指人体的总重量，是反映人体骨骼、肌肉、皮下脂肪等重量综合变化的一个重要指标，可以说明营养状况和体育健身对肌肉的影响程度。

1)测试目的

测试学生体重，与身高测试相配合，评定学生的身体匀称度，评价学生生长发育的水平及营养状况。

2)场地器材

杠杆秤或电子体重计。使用前需检验其准确度和灵敏度。准确度要求误差不超过0.1%，即每百千克误差小于0.1千克。准确度的检验方法是：以备用的10千克、20千克、30千克标准砝码(或用等重标定重物代替)分别进行称量，检查指标读数与标准砝码误差是否在允许范围。

灵敏度的检验方法是：置100克重砝码，观察刻度尺变化，如果刻度抬高了3毫米或游标向远移动0.1千克而刻度尺维持水平位时，则达到要求。

3)测试方法

测试时，体重秤应放在平坦地面上，调整0点至刻度尺水平位。受试者赤足，男性受试者身着短裤；女性受试者身着短裤、短袖衫，站在秤台中央。测试人员放置适当砝码并移动游标至刻度尺平衡。读数以千克为单位，精确到小数点后一位。记录员复述后进行记录。测试误差不超过0.1千克。

4)注意事项

①测量体重前受试者不得进行剧烈体育活动或体力劳动。

②受试者站在秤台中央，上下秤时动作要轻。

③每次使用杠杆秤时均需校正。测试人员每次读数前都应校对砝码标重以避免差错。

Tip：

如何保持良好的体重：①管住嘴、迈开腿，每顿八分饱，少吃高油、高糖、高脂肪食品，减少垃圾食品的摄入，晚餐不能吃太饱；②定期锻炼，坚持运动，提高新陈代谢。

18.2.2 肺活量测试

肺活量是体质测定的生理指标之一，也是评价肺功能的重要指标，是反映人体生长发育水平的重要机能指标。肺活量是指在时间不限的情况下，一次最大吸气后再用最大力量所呼出的气体量，这代表肺一次最大的机能活动量。肺活量在一定意义上反映了呼吸机能的潜在能力。一般来说，呼吸肌力量大，肺活量测试值就大。肺活量大说明，受试者的心肺功能好，而肺活量的增大，与受试者是否经常进行各种运动有关。测量肺活量，可判断健康人呼吸机能的强弱、某些呼吸机能降低的性质和程度以及疾病恢复后的劳动能力。人的肺活量有一定的差异，其大小与身高、体重、胸围的关系密切，故在评价时应充分考虑这些因素对肺活量大小产生的影响，因此，在对学生进行评分时采用了肺活量体重指数。肺活量的单位为毫升，测量时保留整数。肺活量指数是反映人体肺通气机能的重要指标，直接反映了呼吸系统机能的好坏，也能反映个体或群体肺功能的变化，可以更加准确地反映个体的有氧耐力水平。

1)测试目的

测试学生的肺通气功能。

2)场地器材

电子肺活量计。

3)测试方法

房间通风良好；使用干燥的一次性口嘴(非一次性口嘴，则每换测试对象需消毒一次，每测一人时将口嘴朝下倒出唾液并注意消毒后必须使其干燥)。肺活量计主机放置在平稳的桌面上，检查电源线及接口是否牢固，按工作键液晶屏显示“0”即表示机器进入工作状态，预热5分钟后测试为佳。

4)注意事项

①电子肺活量计的计量部位的通畅和干燥是仪器准确的关键，吹气筒的导管必须在上方，以免口水或杂物堵住气道。

②每测试10人及测试完毕后用干棉球及时清理和擦干气筒内部。严禁用水、酒精等任何液体冲洗气筒内部。

③导气管存放时不能弯折。

④定期校对仪器。

Tip:

体育锻炼可以提高心肺机能。首先告知受试者不必紧张，并且要尽全力，以中等速度和力度吹气效果最好。令受试者面对仪器站立、手持吹嘴，面对肺活量计试吹1~2次，首先看仪表有无反应，检查是否漏气，调整嘴和用鼻夹(或自己捏鼻孔);深吸气(避免耸肩提气，应该像闻花似的慢吸气)。受试者进行一两次较平日深一些的呼吸动作后，更深地吸一口气，屏住气慢慢呼出至不能再呼为止，防止此时从嘴处吸气，测试中不得中途二次吸气。吹气完毕后，液晶屏上最终显示的数字即为肺活量毫升值。每位受试者测三次，每次间隔15秒，记录三次数值，选取最大值作为测试结果。以毫升为单位，不保留小数。

①吹气时，要把气的量平均一点，切忌快吹。

②口鼻同时吸气，仰头大量吸进气体，吸气后憋好，迅速贴紧吹嘴，吹嘴贴紧嘴唇周围皮肤。

③缓慢并保持一定的气流量来吹，吹气持续时间稍长一些。当感觉气体快要吹完时，鼓足力气，赶紧吹出剩余气体。

18.2.3 立定跳远

立定跳远是测试学生下肢爆发力的一项重要指标，是发展一般身体素质和专项身体素质的良好手段，也是反映全身协调力的有效手段，对提高学生的弹跳力，改善腰腹肌力量和身体协调性有重要作用。立定跳远是发展下肢肌肉力量、腰腹力量、协调性及跳跃能力的重要指标，是测试爆发力的项目，主要测量向前跳跃时下肢肌肉的爆发力。爆发力要求在最短时间内发挥最大的力量。爆发力的大小不仅取决于力量，而且取决于力量和速度的结合。立定跳远是一项综合性素质练习项目，也是其他球类训练的基础练习，它不受场地器材和外界条件的限制，容易被人们接受，在日常生活、劳动中有重要的意义和作用。

1)测试目的

测试学生下肢爆发力及身体协调能力的发展水平。

2)场地器材

沙坑、丈量尺。沙面应与地面平齐,如无沙坑,可在土质松软的平地上进行。起跳线至沙坑近端不得少于30厘米。起跳地面要平坦,不得有坑凹。

3)测试方法

受试者两脚自然分开站立,站在起跳线后,脚尖不得踩线(最好用线绳做起跳线)。两脚原地同时起跳,不得有垫步或连跳动作。丈量起跳线后缘至最近着地点后垂直距离。每人试跳三次,记录其中成绩最好的一次。以厘米为单位,不计小数。

4)注意事项

①发现犯规时,此次成绩无效。三次试跳均无成绩者,应允许再跳,直至取得成绩为止。

②可以赤足,但不得穿钉鞋、皮鞋、塑料凉鞋参加测试。

Tip:

立定跳远是发展下肢爆发力与弹跳力的运动项目,要求下肢与髋部肌肉协调快速用力,并与上肢的摆动相结合,需要一定的灵巧性。提高立定跳远的成绩,力量是基础,尤其需要提高膝、踝、髋三个关节的协调用力及爆发力。

①起跳前,双脚分开与肩同宽,半蹲压低身体重心,身体略微前倾,先前后预先摆臂,与呼吸配合好。

②起跳前一瞬间,双腿用力蹬地往前跳,双臂用力向后摆动。

③落地时,收紧腹部,原来后摆手臂回到原位,双腿由半蹲变成自然状态。

18.2.4 坐位体前屈

坐位体前屈测量的是在静止状态下躯干、腰、髋等关节可能达到的活动幅度,是用于反映人体柔韧性的测试项目。柔韧性是指人体完成动作时,关节、肌肉、肌腱和韧带的伸展能力。柔韧素质与健康的关系极为密切,柔韧性的提高对增强身体的协调能力,更好地发挥力量、速度等素质,提高技能和技术,防止运动创伤等都有积极的作用。一个人的柔韧性越好,表示其关节的活动幅度越大,关节灵活性越强。柔韧性差意味着相应的关节和肌肉缺乏运动,长时间缺乏发展柔韧性的练习,可导致关节或关节周围软组织发生变性、挛缩,甚至粘连,因而限制了关节的运动幅度,牵拉时必然产生疼痛,所以扩大关节运动的幅度就是扩大了人体活动的无痛范围。

1)测试目的

测量学生在静止状态下躯干、腰、髋等关节可能达到的活动幅度,主要反映这些部位的关节、韧带和肌肉的伸展性和弹性及学生身体柔韧素质的发展水平。

2)场地器材

坐位体前屈测试计。

3)测试方法

受试者两腿伸直,两脚平蹬测试纵板坐在平地上,两脚分开约10~15厘米,上体前屈,两臂伸直前,用两手中指尖逐渐向前推动游标,直到不能前推为止。测试计的脚蹬纵板内沿平面为0点,向内为负值,向前为正值。记录以厘米为单位,保留一位小数。测试两次,取最好成绩。

4)注意事项

①身体前屈,两臂向前推游标时两腿不能弯曲。

②受试者应匀速向前推动游标,不得突然发力。

Tip:

受试者坐在垫子上,背及臀部紧靠在垂直面上,两脚并拢,膝关节保持伸直状态。

①测试前先向下弯腰,做下拉伸动作,拉拉腿部韧带,做热身。

②测试时把腿伸直,深吸一口气,然后手臂伸直往前推(小技巧憋一口气)。

18.2.5 引体向上

引体向上是用背阔肌的收缩力量将身体向上拉,主要测试受试者上肢力量的发展水平,是衡量男性体质的重要参考标准和项目。

1)测试目的

测试学生的上肢肌肉力量的发展水平。

2)场地器材

高单杠或高横杠,粗杠以手能握住为准。

3)测试方法

受试者跳起双手正握杠,两手与肩同宽呈直臂悬垂。静止后,两臂同时用力引体(身体不能有附加动作),上拉到下颌超过横杠上缘为完成一次。记录引体次数。

4)注意事项

①受试者应双手正握单杠,待身体静止后开始测试。

②引体向上时,身体不得做大的摆动,也不得借助其他附加动作撑起。

③两次引体向上的间隔时间超过10秒停止测试。

Tip：

当下巴超过单杠时稍作停顿，静止1秒，使背阔肌彻底收缩，然后逐渐放松背阔肌。

①引体向上主要的发力点不在手臂，而在背部，平时应加强背部练习。

②双手抓住把柄或单杠，使腰背以下部位放松，背阔肌充分伸长，两小腿弯曲抬起。

③吸气，集中背阔肌的收缩力，屈臂引体，上拉最高处稍停2～3秒。然后呼气，以背阔肌的收缩力量控制住，使身体慢慢下降还原，重复练习(使劲往前推，到了极限才呼气)。

18.2.6 仰卧起坐

仰卧起坐测试是评价肌肉力量和耐力的方法之一。由于它能比较安全地测试肌肉的力量和耐力，同时在做仰卧起坐时主要是腹肌在起作用，髋部肌肉也参与工作，因此这种测试既评价了腹肌的耐力，也反映了髋部肌肉的耐力。仰卧起坐通常用于女生测试，从女生仰卧起坐测试结果可以看出，肌力强，表示其腰腹肌纤维强健有力，局部少有脂肪堆积，反之则说明其腰腹肌力较差，多数是因腰腹部多余脂肪堆积所致。这是一项易于自测的项目，既可增强腹部肌肉的弹性，又可收到保护背部和改善体态的效果。

1)测试目的

测试学生的腹肌耐力。

2)场地器材

垫子若干块(或代用品)，铺放平坦。

3)测试方法

受试者仰卧于垫子上，两腿稍分开，屈膝成90°，两手指交叉贴于脑后。另一同伴压住其踝关节，以固定下肢。受试者坐起时两肘触及或超过双膝为完成一次，仰卧时两肩胛必须触垫。测试人员发出"开始"口令的同时开表计时，记录1分钟内完成次数。1分钟到时，受试者虽已坐起但肘关节未达到双膝者不计该次数，精确到个位。

4)注意事项

①如发现受试者借用肘部撑垫或臀部起落的力量起坐时，该次不计数。

②测试过程中，观测人员应向受试者报数。

③受试者双脚必须放于垫上。

Tip：

一分钟仰卧起坐：测试者由测试同伴按住踝关节，双手交叉放于脑后，肘关节碰触或超过膝关节时计一个，计时1分钟。

①要保持好平稳节奏，不要求快。

②让同伴尽量把脚压实，更好借力。

③抱头不要抱得太紧。

④实在累，调整好呼吸再起来，也可让同伴喊口号来调整节奏。

18.2.7　中长跑

1 000米/800米跑是反映生理机能、身体素质、运动能力、心理素质、耐力素质等的一个重要指标。

1)测试目的

测试学生耐力素质的发展水平，特别是心血管呼吸系统的机能及肌肉耐力。

2)场地器材

400米、300米、200米田径场跑道，地质不限。也可使用其他不规则场地，但必须丈量准确，地面平坦。秒表若干块，使用前需要校正。

3)测试方法

受试者至少两人一组进行测试，站立式起跑。当听到“跑”的口令后开始起跑。计时员看到旗动开表计时，当受试者的躯干部到达终点线垂直面时停表。以分、秒为单位记录测试成绩，不计小数。

4)注意事项

①测试人员应向受试者报告剩余往返圈数，以免跑错距离。

②如果在非400米标准场地上进行测试，测试人员应向受试者报告剩余圈数，以免跑错距离。

③测试人员应告知受试者在跑完后应继续缓慢走动，不要立刻停下，以免发生意外。

④受试者测试最好穿运动鞋或平底布鞋，赤足亦可。不得穿钉鞋、皮鞋、塑料凉鞋。

⑤发现有抢跑者，要当即召回重跑。

⑥对分、秒进行换算时要细心，防止出现差错。

Tip：

耐力素质是体质健康最重要的指标之一。耐力跑技巧：发展耐力素质一般可采用越野跑、30～40分钟定时跑、球类活动等。800米/1000米跑既需要速度又需要有氧耐力，难度较大，学生一般对此项项目有所抵触，但通过针对性训练可以改善学生的状态。

①多练，每天练十几分钟，周期性练习。

②跑前热身，大幅度地动态拉伸，如高抬腿20～30秒，快速提升心率。

③随跑战术，自己把握不好节奏，跟随在领先者或小集团后面，力争冲刺。

18.2.8 50米短跑

50米跑属于典型的速度项目，反映人体快速移动的能力，是用于测试位移速度的一项身体素质指标。50米跑成绩可综合反映神经过程的灵活性、身体的协调性、关节和肌肉的柔韧性以及肌肉的力量和耐力。它既能部分地反映身体运动的综合素质，也是人从事体育活动、学习运动技能所必须具备的身体基本素质。50米跑是国际上通用的测试项，通过较短距离的高强度跑测试速度素质，是田径短跑的基础。速度素质可以反映人体中枢神经系统的机能状态和神经与肌肉的调节机能。

1)测试目的

测试学生速度、灵敏素质及神经系统灵活性的发展水平。

2)场地器材

50米直线跑道若干条，地面平坦，地质不限，跑道线要清楚。发令旗一面，口哨一个，秒表若干块(一道一表)。秒表使用前，应用标准秒表校正，每分钟误差不得超过0.2秒。标准秒表选定，以北京时间为准，每小时误差不超过0.3秒。

3)测试方法

受试者至少两人一组测试。站立起跑，受试者听到"跑"的口令后开始起跑。发令员在发出口令同时要摆动发令旗。计时员视旗动开表计时，受试者躯干部到达终点线的垂直面停表。以秒为单位记录测试成绩，精确到小数点后一位，小数点后第二位数按非零进一原则进位，如10.11秒读成10.2秒记录之。

4)注意事项

①受试者测试最好穿运动鞋或平底布鞋，赤足亦可。不得穿钉鞋、皮鞋、塑料凉鞋。

②发现有抢跑者，要当即召回重跑。

③如遇风时一律顺风跑。

Tip:

50米短跑的完整技术分为起跑、起跑后加速跑、途中跑和终点冲刺跑四个部分，短跑可以从反应、速度、技术、力量、灵敏等方面提高成绩。

①用站立式起跑，跑出后迅速加快速度，并努力以最快的速度冲过终点线。

②改善步频、步幅的技术动作及学练相结合方法使跑步自然、协调，摆腿蹬地有力，前后摆臂，蹬摆协调，相互配合。

18.3 大学生心理健康

健康不仅是指免于疾病和虚弱,而且是保持身体上、精神上和社会适应能力方面的完满状态。无论是体质还是健康,其概念和内涵中心理因素都是十分重要的组成部分。心理健康被视为“一种内外协调的良好状态,强调个体内部的协调与外部的适应”。因此,人们对心理健康下的定义是:心理健康是指个体心理发育健全,具有适应能力的一种良好状态,在这种状态下个体能够充分发挥潜能、努力追求成功。

18.4.1 心理健康的六条标准

①对现实的正确认识。

②自知、自尊与自我接纳。

③自我调控能力。

④与人建立亲密关系的能力。

⑤人格结构的稳定与协调。

⑥生活热情与工作效率。

18.4.2 心理健康研究相关数据

有研究表明,我国大学生的心理健康状况令人担忧:20世纪80年代中期,我国大学生中有23%的人存在心理障碍,90年代为25%,近年来已达到30%,有心理障碍的学生人数正以10%的速度递增。据统计,高校休学、退学的学生中有50%的人患有心理疾病。

18.4.3 心理健康表现症状

目前,心理健康问题已成为大学生辍学的主要原因。主要表现症状有恐惧症、焦虑症、多疑病症、强迫症、抑郁症等。

18.4.4 心理问题影响因素

大学生发生心理问题的原因是多方面的,既有学习任务重、人际交往困难、自我认知偏差、情绪影响认知等个体的生理基础,也有社会责任、竞争压力等各种心理社会因素。通常是心理社会因素作用于个体易感的生理基础之上而导致心理问题。

人类的进步和社会对人才需求质量的不断提高,使大学生在面临良好机遇的同时,也承受着巨大的心理压力,由此而产生心理问题和心理疾病的比例不断上升。体育科学研究作为改善和调动人类自身能力的重要学科,心理研究也是其重要的研究领域。学生体质研究是为我国学校体育卫生工作提供数据支持的基础性研究,有关心理和社会的研究应走在教育的前面。要全面而准确地把握学生心理发展规律，以便在后续教育中制订有针对性的措施促进学生心理健康发展，积极引导学生合理对待自己的需要，使学生学会在各种挫折面前选择正确的方式去适应，同时，还应充分发挥体育活动的专业优势，增加学生间的交往，引导学生形成良好的合作关系，使学生在享受快乐体育的同时形成健康的心理。心理因素是体质健康重要的组成部分，反映出一种内外协调的良好状态，强调个体内部的协调与外部的适应。在社会、家庭、学校等各种压力下，大学生心理异常现象日益增多，正确测试和科学分析大学生心理状况，对加强大学生的心理健康教育，指导他们保持身心健康，提高大学生的心理素质，预防各种心理疾病的发生有十分积极的作用。

18.4 提高学生体质的相应措施

将平衡膳食营养选修课程改为必修课程，使学生系统地了解膳食平衡知识。组织食堂相关部门设立平衡营养餐食，做到思想与行动一致，认真做好监督管理。科学健康地管理自身身体形态。运动与饮食相结合，合理控制自身身体形态。调整宿舍作息时间管理制度，从电源及门禁等方面进行限制。合理正确地引导学生日常生活与饮食习惯。

增加体育选修课，将定向越野、花样跳绳等课程加入大学生普修课中，增强学生的肺活量，在准备活动时通过教授运动时的正确呼吸方法。高度重视体育器材、体育设备的检查与更换，为老师和学生提供强有力的硬件条件，科学合理地安排学校场地及设施，营造出良好的体育氛围。建设《体质健康营养知识》网络课程。积极宣传体育健身的重要性，促进学校体育的发展。

在体育课前引导学生充分热身，并带领学生进行柔韧拉伸，同时将柔韧动作加入学期末考试评估，促使学生课下主动练习与拉伸。加强学生使用“乐跑”App的频率，老师做到课下监督，课上检查。增加运动次数，逐渐提高学生的耐力素质。通过在课前准备活动中加入高抬腿、蛙跳、计时往返跑、提踵等热身活动，提高学生的爆发力与下肢力量。将体质测试成绩加入奖学金、保研评选，促进学生重视体育、关注体育，增加学生的锻炼次数并提高他们的兴趣。组织开展关于体育文化的讲座及活动，将体质测试项目与体育教学相结合，对学生进行相关测试技术指导，从思想与行动上达到关注体育、热爱体育的目的。

参考文献

[1] 陈武山 . 游泳运动教程[M]. 北京:人民体育出版社,2007.
[2] 葛坚,曲丽萍,夏飞 . 高职体育与健康[M]. 西安:西安交通大学出版社,2015.
[3] 国家体育总局职业技能鉴定指导中心 . 体育舞蹈[M]. 北京:高等教育出版社,2012.
[4] 何志林 . 现代足球[M]. 北京:人民体育出版社,2000.
[5] 胡红,夏思永 . 大学体育理论教程[M].3 版 . 重庆:重庆大学出版社,2011.
[6] 黄宽柔,姜桂萍 . 舞蹈与健美操[M]. 北京:高等教育出版社,2001.
[7] 黄宽柔,周建社 . 健美操　团体操[M]. 桂林:广西师范大学出版社,2000.
[8] 黄宽柔 . 形体健美与健美操[M]. 北京:高等教育出版社,1997.
[9] 姜桂萍 . 舞蹈、体育舞蹈、艺术体操[M]. 桂林:广西师范大学出版社,2000.
[10] 井文华 . 新编体育与健康[M]. 天津:天津科学技术出版社,2011.
[11] 堀井岳也 . 最新足球战术图解[M]. 周志燕,译 . 长沙:湖南科学技术出版社,2015.
[12] 梁源 . 大学体育与健康[M]. 北京:清华大学出版社,2014.
[13] 刘东智 . 健身教练[M]. 北京:高等教育出版社,2009.
[14] 刘建国,范秦海,李建英 . 田径[M].3 版 . 北京:高等教育出版社,2014.
[15] 罗加冰,向超宗 . 大学体育[M]. 重庆:重庆大学出版社,2013.
[16] 马骥 . 大学体育与健康[M]. 武汉:武汉大学出版社,2016.
[17] 秦虎,邢峰,姚证 . 高职体育教程[M].5 版 . 重庆:重庆大学出版社,2020.
[18] 孙雄华 . 体育[M]. 北京:化学工业出版社,2009.
[19] 陶志翔 . 网球运动教程[M]. 北京:高等教育出版社,2003.
[20] 田麦久 . 运动训练学[M]. 北京:高等教育出版社,2006.
[21] 王锋 . 体育舞蹈[M]. 北京:石油大学出版社,1996.
[22] 王红,邹静,孙东辉 . 游泳[M].2 版 . 北京:高等教育出版社,2010.
[23] 王翔,彭光辉,梁方勇 . 定向运动[M].2 版 . 北京:高等教育出版社,2009.
[24] 向超宗,邢峰 . 大学体育选项课教程[M]. 重庆:重庆大学出版社,2015.
[25] 肖光来 . 健美操[M]. 北京:人民体育出版社,2008.
[26] 姚荣,陈功立 . 高职高专体育教程[M]. 重庆:重庆大学出版社,2013.
[27] 袁建国,白富帅,尹斯年 . 大学体育与健康教育教程[M]. 西安:西安交通大学出版社,2014.
[28] 张清澍,陈瑞章,伏宇军 . 体育舞蹈[M]. 北京:北京体育大学出版社,1997.
[29] 张晓威 . 定向越野[M].2 版 . 北京:星球地图出版社,2013.